U0784560

社会工作价值与伦理

Social Work
Values and Ethics

高等院校社会工作专业
精编通用教材

社会工作价值与伦理

主　编　高鉴国
副主编　赵新彦
　　　　张　健

Social Work Values and Ethics

山东人民出版社
全国百佳图书出版单位　一级出版社

总 序

社会工作作为专门化职业和专业学科，致力于实现社会福利、社会进步和社会正义。社会工作实务和研究有助于改善生活质量，发展个人、团体和社区的潜能。社会工作者把直接服务、社区发展、政策倡导、教育和研究作为介入方法，促进人们与社会环境的互动。随着中国经济的快速发展和社会转型的逐步深入，社会问题和社会需求日趋复杂化和多样化，建立一支专业化的社会工作人才队伍成为必然选择。在这一时代背景下，社会工作专业方法的优势凸显，社会工作专业教育快速发展起来。特别是从 2000 年到 2014 年，社会工作专业教育在数量和质量上都有很大突破，由教育部批准和予以备案的开设社会工作专业的院校从 27 所增加到 252 所，另有几十所高校开办专科、高职层次的专业教育。① 自 2009 年社会工作专业硕士(MSW)教育被正式纳入高校研究生专业教育体系以来，到 2015 年共有 104 所大学和研究机构开设了社会工作专业硕士研究生课程计划。② 同时，社会工作专业博士点的设置也被纳入国家学科规划和建设的议事日程。在这一阶段，社会工作专业学科和教育体系开始在中国逐渐建立起来。

中国专业社会工作事业在很大程度上是从专业教育起步的。由于整体上专业化社会服务事业的弱小甚至缺失，专业教育长期缺少坚实的社会基础。然而，中国学者和教学工作者立足于中国社会的现实基础，努力学习和借鉴国际上社会工作的发展成果，初步建构了具有科学性和系统性的社会工作专业知识。比如，在一个很长时间内，中国社会工作的视角曾经局限于社会问题和社会管理取向，随着社会工作专业理论知识的引用和普及，越来越多的教育和服务工作者开始自觉地掌握“能力”、“增权”、“权利”、“福利”、“公正”等更广阔的视角和方法。由于国情和文化的差异，借鉴国外现代知识体系和教育方法需要一个本土化的过程，不断编写和更

---

① 中国社会工作教育协会：《中国社会工作教育通讯》，2004 年第 21 期；中国社会工作教育协会：《关于开展社会工作专业评估的通知》(协会文〔2011〕001)，2011 年 2 月 28 日。

② 王思斌、阮曾媛琪、史柏年主编：《中国社会工作教育的发展》，北京：北京大学出版社，2014 年；中国社会工作教育协会：《引领专业 继往开来——中国社会工作教育协会成立二十周年纪念册(1994～2014)》，2014 年 10 月。

新适合国情的专业教材，是逐步提高社会工作教育和专业化（职业化）水平的必由之路。

在过去十几年中，社会工作专业教材建设经历了一个不断提升的过程。在专业教育出现早期，国内同仁在文献资料极为有限的条件下编写出版了一些教材，初步介绍社会工作专业理论和知识，填补了专业教材的空白。随着高校社会工作专业教育规模的日益扩大，需要加快教材建设，以应对课程开设的急需。于是，中国社会工作教育协会组织国内最早开办社会工作专业的高校骨干老师，编写出版了普通高等学院社会工作专业主干和实务课程系列教材，代表着专业教材建设系列化、规范化的新开端，并全面展示了当时中国社会工作专业教学和研究的水平。此后，国内陆续出版了多套社会工作专业教材以及国外经典译丛，在社会工作教育和学科建设中发挥了积极作用。当前社会工作职业化进程加快的大环境对高校专业学生培养和教材建设提出了更高要求：即在已有教材建设基础上，不断更新、充实专业内容，编写出理论知识体系更全、更新和实务操作性更强的教材。在这种情况下，山东人民出版社策划并组织了这套“高等院校社会工作专业精编通用教材”的编写，以期出版一套更接近时代需要和专业教育要求的教材。

教材的编写力求遵循以下原则：

1. 通用性。其中基础课教材主要根据《社会工作专业主干课程教学基本要求》（教育部高教司，2004）、《全国社会工作师职业水平考试大纲》（教材编写组，2010）、《全国 MSW 考试指导范围》（2010）等指导性文件规定的大纲编写，教材内容在较大程度上与国内已经发布的指导性大纲相吻合，可满足全国社会工作师职业水平考试和社会工作专业硕士入学考试的需要。

2. 完整性。在编写过程中，要求参编老师充分掌握现有国内同类教材的出版信息，借鉴和吸收已有成果，注重学科知识体系涵盖全面，保证学科体系的相对完整性，避免以不同院校的教学时数限制和编写者的个人偏好对大纲内容进行取舍。各教材的章节内容相互衔接和协调，知识要点齐全。

3. 专业性。准确和全面体现社会工作专业视角，避免仅以“问题”、“案主”、“管理”为取向，而忽视“需求”、“环境”、“结构”、“过程”以及“能力”、“增权”等多重视角。内容设计有所遵行，基于充分和可靠的文献依据。对理论、问题和工作模式等内容方面的编写，根据专业视角进行层次和类型划分或展开设计，避免简单罗列其他学科教材或出版物上的内容。

4. 实务性。比国内已有教材更加注重介绍相关实务模式和操作技巧，并加大实务技巧内容篇幅。在体例设计上，力求突出实务知识，特别是那些在本土化过程中积累的经验知识。在教材文本上，增加本土的适当案例介绍和扩展阅读，并且在练习题部分中提供本土的场景设计，引导对学生专业方法能力的训练。

5. 先进性。尽量吸收国内外最新教材的优点，反映最新的实务模式或方法。在实务模式和方法介绍中，努力将理论、过程、社会工作者的角色与技巧、以证据为基础的成效评估等内容有机衔接、整合。

社会工作是一个新兴专业，需要对很多理论和实务知识进行不断研究和探索。中国社会工作教育协会会长、北京大学王思斌教授曾指出，编写高水平的专业教材谈何容易。毕竟中国内地的社会工作专业教育恢复重建时间不久，要拿出相对成熟的教材，需要众多学者同仁的不懈努力。但是学无止境，社会工作专业的快速发展使得人们又不能再等下去①。本套教材的编者大都是社会工作专业的中青年教师，他们结合已有的教学和实践经验，对相关问题进行了有益探索。在各分册教材主编的悉心统稿和具体组织下，多易其稿，反复修订。教材编者们通过查阅大量专业文献和相互切磋，大都经历了一个新的专业提升和积累的过程，并将所收获的知识信息和技能再转化为新的教科书文本。当对社会工作知识和技能所知不多时，编者们往往对专业上的"学无止境"没有更深的体会和敬畏心理；在更多地了解和掌握社会工作知识的时候，编者们反而更加清楚地体会到自身的专业知识水平与先进的专业知识水平之间所存在的差距。由于能力积累和资料收集等方面的局限，本套教材难免存在许多不足之处，希望专业同仁、学生和其他读者能够给予批评指正，以期不断改进教材的内容和质量。

中国社会工作教育协会会长、北京大学王思斌教授认真审阅了本套教材的部分初稿，提出一系列体现社会工作专业本质要求的指导意见。加拿大多伦多大学社会工作学院曾家达教授、不列颠哥伦比亚大学社会工作学院殷妙仲教授对部分教材大纲的修订和充实提出诸多建设性建议，使编者们受益匪浅。山东人民出版社原社长金明善先生、现任社长郭海涛先生和副总编辑丁莉女士对于本套教材的编写始终给予大力支持。本套教材的出版策划和责任编辑王海玲和马洁女士怀着对社会工作的满腔热情，积极参与整套教材编写的组织协调工作，认真细致地对待每一个细节，每一章教材的完稿都浸透着她们辛勤的汗水。总之，本套教材的面世是大家共同协作和努力的结果，愿它成为中国社会工作教育和实务事业的一块新铺路石。

高鉴国

2012 年 8 月于山东大学

2015 年 11 月第一次修订

---

① 王思斌：《社会工作导论》总序，北京：高等教育出版社，2004 年。

目 录

第一章 导 论

社会工作作为一门助人的专业，要受专业价值和伦理的支配。专业价值和伦理不仅决定社会工作的性质、目标和意义，而且决定社会工作方法与技巧的基本原则。本章主要论述社会工作价值与伦理的相关概念、结构体系、历史发展过程、核心地位以及制度文化差异对其建构所产生的影响等。

第一节 专业价值与伦理守则

社会工作的使命植根于专业价值之中。从广义上来说，专业价值包含专业伦理的内容。但在实践中，专业价值和专业伦理经常被分别使用，前者主要指专业核心价值，后者主要指伦理原则和伦理标准。

一、基本概念

价值、价值观、专业价值、伦理、专业伦理、职业道德、伦理守则这些概念的内涵究竟是什么？彼此之间有哪些相同点与区别？以下将逐一展开论述。

（一）价值与专业价值

价值一般指某一事物满足某一主体需要的有用性。价值观是指在人的行为、道德等领域中对人以及事物的是非、善恶、美丑的一种判断以及评判标准，是主体（个体、群体、社会）看待客体（认识或实践对象）及评价其重要性或社会意义所依据的观念系统。在用于表达特定的文化属性或主观取向时，价值与价值观是同一概念。

在社会工作领域，价值或价值观被认为是社会工作的重要基础，并且不可或缺，同时价值是社会工作技术的源泉，是对主体进入某种职业的动机和社会工作者与服务对象互动关系的说明与解释。列维（Charles Levy）认为，社会工作是一个以价值为本的专业，价值不仅是做事情的一种方式，而且是关于做什么事情是有价值的和应该如何去做的准则。[①] 瑞默(F. G. Reamer)指出,价值是一种概括性的、对期望的事物有感情色彩、有历史起源与经验基础、被某一群体共同认定同时也模塑群体的行为规范,在工作使命的本质、社会工作者与服务对象的关系等方面扮演了关键的角色。[②]

专业价值通常指一种专业或职业指导其全部服务实践的基本理念和准则。本教材中所使用的"专业价值",指社会工作者所遵守和奉行的专业服务理念和准则。社会价值、专业价值和个人价值属于不同的价值类型或范畴(见图 1-1)。

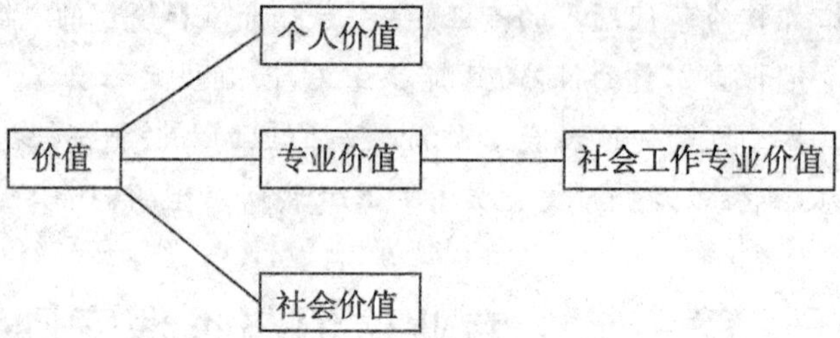

图 1-1 价值与专业价值的关系[③]

巴勒特(H. M. Bartlett)认为:价值被认为是好的或应当追求的东西,是一种主观判断,其间杂有情感的因素,社会工作所朝向的目标或者所追求的目的,便是社会工作价值。史魄林(Max Siporin)认为,社会工作价值是一种与理想的目标、满足人类基本需要、有益于人群的最终状态相关的态度。这里所涉及的人类基本需要,包含人的生存、认知、安全、认同、归属、自尊、胜任、隐私、成就和自我实现等等[④]。

(二) 专业伦理与伦理守则

专业伦理主要关注道德指导,用来区分什么是正确的行为,什么是错误的行为。一个专业的伦理可能形成了正式守则也可能只是非正式规范。

---

① Levy, C. S., *Social Work Ethics*, New York: Human Science Press, 1976. 转引自王思斌主编:《社会工作概论》,北京:高等教育出版社,2006 年,第 41 页。

② Reamer, F. G., Values and Ethics, In A. Minahan (Ed.-in-Chief), *Encyclopedia of Social Work* (18th ed., Vol. 2, pp. 801-809), Silver Spring, MD: National Association of Social Workers, 1987. 转引自顾东辉主编:《社会工作概论》,上海:复旦大学出版社,2008 年,第 45 页。

③ 于晶利主编:《社会工作概论》,济南:山东人民出版社,2012 年,第 65 页。

④ Bartlett, H. M., *The Common Base of Social Work Practice*, New York: Columbia University Press, 1970; Siporin, M., Moral Philosophy in Social Work Today, *Social Service Review*, 1989, p 56. 转引自李迎生主编:《社会工作概论》,北京:中国人民大学出版社,2004 年,第 62 页。

1. 伦理与价值

价值处于社会意识的较高层次，告诉人们什么是对的，而伦理告诉人们怎么去做才是对的。伦理是从价值观推导出来的、与价值观相一致的道德指导准则，包含着对人们行为的约束和鼓励两个方面。多戈夫(Ralph Dolgoff)认为，两者的最大不同在于，价值观关注的是好的和想要拥有的东西，而伦理关注的是对的和正确的东西。[①]

2. 伦理与道德

“伦理”与“道德”都涉及行为准则或规范，在日常语境中的内涵边界常常相互交叉、模糊不清。在现代社会，伦理与道德两个概念又有其显著区别，通常运用于人类生活的不同领域，有着各自的概念内涵和使用范围。“道德”常运用于生活或私人领域中的非职业情境，指向一种个人生活的内在的文化规范，具有主观性、个体性、习俗性等特征；“伦理”则多运用于工作或公共生活中的职业情境，指向一种公共生活中外在的理性规范，具有客观性、普遍性、法理性等特征。伦理规范是客观的、他律的，相对具有刚性；道德规范是主观的、自律的，相对具有弹性。“伦理类似于规则、准则，是人们的行为尺度，对人们的行为具有约束和束缚作用。”[②]

3. 专业伦理与职业道德

专业与职业是十分相近的概念，前者通常指知识或技术含量较高的职业；后者从广义上包含前者，从狭义上通常指知识或技术含量相对不高的职业。一般而言，专业伦理与职业道德在概念上是同义词。专业伦理是指在专业(职业)活动中符合专业(职业)目标要求的核心价值及其行为准则的总和。换言之，专业伦理“以协调职业关系为目的，所涉及的是对具体人群的特殊道德要求，因而又被称为职业道德”[③]。(参见图 1-2)

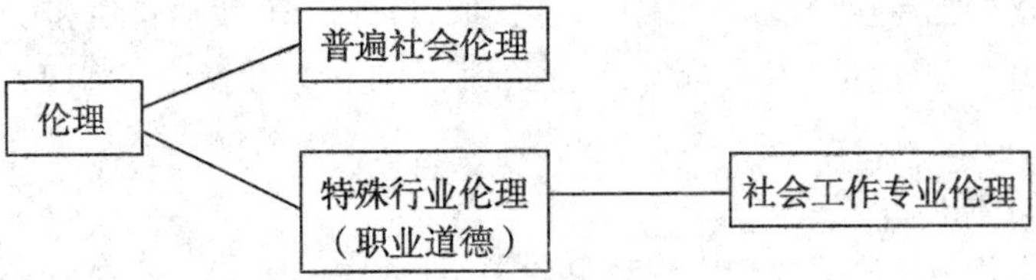

图 1-2 伦理与社会工作伦理的关系[④]

① 〔美〕拉尔夫·多戈夫等:《社会工作伦理——实务工作指南》，隋玉杰译，北京：中国人民大学出版社，2005年，第18页。

② 李增禄:《社会工作概论》，台北：巨流出版公司，2000年，第1页。

③ 罗肖泉:《践行社会正义——社会工作价值与伦理研究》，北京：社会科学文献出版社，2005年，第170页。

④ 于晶利主编:《社会工作概论》，济南：山东人民出版社，2012年，第72页。

伦理守则是由专业协会或主管部门制定并发布的一套成文规则，它以正式文件的形式规定了该专业的从业人员“应该做什么”和“不应该做什么”。每一个专业伦理守则一般都包含着与这个专业的实务工作有关的伦理原则，不仅如此，许多专业伦理守则还规定了违反原则的制裁措施。一般认为，社会工作伦理是作为应用伦理学分支的专业伦理的一个组成部分，“它以社会工作职业实践中的伦理问题和社会工作者应当遵循的道德规范为研究对象，也为评判社会工作从业者的道德行为提供依据”[①]。

二、专业价值的体系结构

各国学者基于专业价值体系的内容抽象程度或应用对象的类别，对其内容结构主要进行了两类划分。

(一) 纵向分类

根据应用层次，庞佛瑞(Muriel Pumphrey)将社会工作价值分为终极价值(抽象价值)、中介价值、工具价值(操作价值)[②]。这些价值类型表现为三组(对)价值范畴：第一组价值范畴强调专业价值和外在文化价值之间的关系，注重社会工作使命(如关注社会正义、社会变迁和满足人类基本需要)与更大范围的文化价值之间的兼容性；第二组价值范围涉及社会工作者的具体价值认知，主要是这个专业所理解和践行的价值与所鼓励的伦理行为之间的互动方式；第三组价值范围强调社会工作者与其服务的群体和个体之间的关系，特别是对服务对象价值的理解与回应，其中特别重要的是不同价值之间的潜在冲突。

夏学銮把专业价值体系分为社会价值、目标价值、手段价值和职业道德四个层次[③]，王思斌则界定为社会价值、专业价值、专业伦理和操作守则四个层次[④]。

(二) 横向分类

根据价值评判对象或应用对象的类型，莫拉莱斯(A. T. Morales)和谢弗(B.

---

① 罗肖泉：《践行社会正义——社会工作价值与伦理研究》，北京：社会科学文献出版社，2005年，第169页。

② Pumphrey, Muriel W., *The Teaching of Values and Ethics in Social Work Education*, New York: Council on Social Work Education, 1959. 转引自范燕宁：《社会工作专业的历史发展与基础价值理念》，《首都师范大学学报(社会科学版)》，2004年第1期。

③ 夏学銮：《论社会工作价值教育的问题》，载《现状　挑战　前景》，北京：北京大学出版社，1991年；转引自王思斌主编：《社会工作概论》，北京：高等教育出版社，2006年，第50页。

④ 王思斌主编：《社会工作概论》，北京：高等教育出版社，2006年，第52页。

W. Sheafor)将专业价值体系分为对人的价值观、对社会的价值观、对工作的价值观等三个范畴[①];列维将社会工作价值体系分为四个维度:社会价值、组织和制度价值、专业价值和人类服务实践价值[②]。以上分别从个人、社会行为、目的及手段、自我原则及成长四个维度阐述社会工作价值观所覆盖的内容。在每一个维度之下又细化为若干方面,即在一个相对宏观的维度构架下形成一些具体的细则,能为专业服务提供具体指导。(参见表 1-1)

表 1-1　　专业价值体系的理想类型

纵向分类(层次)		横向分类(维度)	
学者	价值层次	学者	价值维度
庞佛瑞	终极价值 中介价值 工具价值	莫拉莱斯和谢弗	对人的价值观 对社会的价值观 对工作的价值观
王思斌	社会价值 专业价值 专业伦理 操作守则	列维	社会价值 组织和制度价值 专业价值 人类服务实践价值

在以上部分学者所建构的专业价值体系中,"社会价值"是狭义的,指社会工作专业视角下产生的社会价值,即"对社会的价值";广义的社会价值是指社会或人类普遍价值,即由主流文化观念所决定的、为全体社会成员所共享的普世价值。这种普遍的社会价值是社会工作专业价值体系的思想基础,指导形成社会工作的核心价值或社会工作者"对人的价值"和"对社会的价值",但其本身并不构成专业价值体系结构的一个内在层次。

社会工作专业价值体现于专业伦理守则或职业道德中,因此专业伦理守则或职业道德构成社会工作价值体系的有机部分。参照美国社会工作者协会制订的《伦理守则》(1996 年),社会工作专业伦理体系具体由核心价值、伦理原则、伦理标准三个方面内容组成,一般包括以下几个方面:

---

① Morales, A. T. & Sheafor, B. W., *Social work: A Profession of Many Faces*, Boston: Allyn and Bacon, 2004. 转引自顾东辉:《社会工作概论》,上海:复旦大学出版社,2008 年,第 46 页。

② Levy, Charles S., Values and Ethics, In S. Dillick, ed., *Values Foundations of Social Work*, 1984, Pp. 17-29. Detroit, School of Social Work, Wayne State University. 转引自〔美〕Frederic G. Reamer:《社会工作价值与伦理(第二版)》,包承恩等译,台北:洪叶文化事业有限公司,2000 年,第 38～41 页。

1. 核心价值

社会工作核心价值直接反映了与社会工作专业(职业)密切相关的基本社会价值,居于专业价值体系的最高层次,回答社会工作"为什么"的问题,构成社会工作事业的动力源泉和职业伦理的理念基础。美国社会工作者协会《伦理守则》(1996年)提出社会工作的六个核心价值是服务、社会公正、人的尊严和价值、人类关系的重要性、正直和能力。[①] 其中,人的尊严和价值是"对人的价值观",社会公正是"对社会的价值观",而服务、人类关系的重要性、正直和能力则是"对工作的价值观"。国际社会工作者联合会(IFSW)和国际社会工作学院协会(IASSW)共同颁布的《社会工作伦理:原则宣言》,主要强调了"人权与尊严"和"社会公正"两大价值原则。在社会工作领域,不同的专业行会团体和学者所强调的基本价值或核心价值理念的要点数量有差异,但是其基本的价值认同却有相当的一致性,如人的价值和尊严、社会正义、助人或服务等,在各国社会工作价值实践以及诸多教科书中均占据优先位置。不同的社会文化对人类诸多基本价值的理解以及表述方式存在差异,社会价值也会随着历史进步而不断变化,但共同的人类生活需要为共同的基本价值奠定社会基础。

2. 伦理原则

伦理原则是基于核心价值理念而衍生出来的中介性价值形态,是社会工作者在从事专业活动时所要认知和遵循的具体价值取向。美国社会工作协会伦理守则(1996)根据其概括的社会工作专业 6 个核心价值分别提出的 6 项伦理原则是:(1) 社会工作者最首要的目标就是帮助有需要的人们,并致力于社会问题的解决;(2) 社会工作者要挑战社会的不公正;(3) 社会工作者尊重个人与生俱来的尊严与价值;(4) 社会工作者应认识到人际关系的核心重要性;(5) 社会工作者的行为应是值得信赖的;(6) 社会工作者应在自己专业能力的范围内执行业务,并提升自己的专业技能。台湾社会工作师公会联合会《社会工作伦理守则》"以人性尊严为核心价值",提出的社会工作伦理原则是:尊重、关怀、正义、坚毅、廉洁、守法、专业。[②] 伦理原则是对社会工作者行为的概括性规定,它不能告诉社会工作者在一个特定的道德情境中应该如何具体行动,而只是给出一个基本的行动方向;需要将伦理标准作为具体的行动指南,使行动者知道在特定道德情境应该如何去做。

---

① 美国社会工作者协会:《伦理守则》(1996),美国社会工作者协会(NASW)网页(http://www.naswdc.org/);中文版参见本书附录部分,下同。

② 台湾社会工作师公会联合会:《社会工作伦理守则》(2006),台湾社会工作师公会联合会网站(http://www.nusw.org.tw/)/社会工作法规。

3. 伦理标准

伦理标准指社会工作者在专业活动中需要遵循的具体行为标准，分别说明对服务对象、同行、雇用单位、自身作为专业人员、专业和社会的工作责任。根据美国社会工作协会《伦理守则》，社会工作专业伦理包括以下6个基本方面：(1)对服务对象的伦理责任，(2)对同事的伦理责任，(3)在实务机构中的伦理责任，(4)作为专业人员的伦理责任，(5)对专业的伦理责任，(6)对社会全体的伦理责任。该《伦理守则》以4/5的篇幅围绕这6个基本方面，制订了具体的"伦理标准"共51条155项，其中对服务对象的伦理责任16条56项、对同事的伦理责任11条26项、在实务机构中的伦理责任10条30项、作为专业人员的伦理责任8条15项、对专业的伦理责任2条21项，对社会全体的伦理责任共4条7项。中国民政部《社会工作者职业道德指引》(2012)共7章24条，分别规定了社会工作者的基本资格和素质要求和在服务对象、同事、机构、专业、社会等5个方面的道德责任①。

上述不同国家和地区的伦理标准，有些在专业行为的执行中具有强制性，将会由专门的伦理准则执行机构进行专业审查、裁决；有些则是被鼓励或期望去做，主要依赖专业人员自觉贯彻、执行。在目前中国各个行业中，职业道德文本规定的完备性和执行力度一般还没有达到发达国家的水平，尤其是没有建立起具体的责任部门来审查和处理那些违背职业伦理的行为或投诉，缺乏相应的处置途径和申诉机制。

三、伦理守则的文本特征

(一)内容结构与要素

社会工作的价值伦理通常以成文规章的形式，体现在由各国和地区负责行业管理的政府部门或专业协会制订的《伦理守则》(专业守则)中。由于各个国家社会工作发展阶段的不同和社会文化的差异，相关伦理守则的内容、格式和篇幅也不尽相同。一般而言，相对完备的伦理守则在文本结构、内容要素和执行方式上具有一定的相似性。

第一，伦理守则的内容层次。美国社会工作者协会《伦理守则》分为序言、伦理守则的目的、伦理原则、伦理标准等四个部分，香港《社会工作者工作守则》包含前言、基本价值观及信念、原则及实务三个部分。大部分国家和地区的伦理守则包含着专业使命、核心价值、伦理原则和伦理标准等方面的基本内容要素。

① 民政部：《社会工作者职业道德指引》(2012年12月28日)，载《民政部关于印发〈社会工作者职业道德指引〉的通知》(民发〔2012〕240号)。

第二，伦理主体的责任范畴。社会工作伦理守则的责任主体是社会工作者和社会工作专业学生，其承担的伦理责任不因为专业职责、工作机构或服务对象的不同而有所差异。责任主体的责任范畴包括服务对象（或服务使用者）、同事（包括非本专业的同事）、受雇机构、工作员自身、专业和社会等。

第三，伦理责任取向的类型。伦理标准通常涉及约束性的底线伦理与鼓励性的崇高伦理两类。前者使专业成员了解什么是不可从事或必须避免的“错误”行为，通常属于必须履行的责任；后者说明什么是值得肯定、遵循和推广的“正确”行为，通常不属于必须履行的义务。专业伦理不同于一个社会中那些适用于文化习俗、宗教团体的一般性道德规范，它是处于一般性道德规范与法规之间的成文规则。

第四，执行程序及其与法律的关系。专业伦理守则的执行属于一种专业自律行为，由专业共同体评估工作者是否有违反职业伦理的行为，并根据标准程序来裁定对其会员的投诉，对违反伦理准则者的最严厉制裁手段包括中止其从业资格等；专业共同体的伦理审查程序通常与法律或雇佣机构的行政程序是分开的，违反伦理守则标准并不自动意味着违反法规或承担法律责任。然而那些违反专业伦理同时也违反法律的人员，通常要另外通过专门的司法诉讼程序来判定其违法行为，并接受相应的法律裁决。

（二）伦理守则的目的、功能与特征

专业伦理守则规定了专业人员的责任及执行程序。对一个专业团体或机构的成员而言，不遵守专业守则可能导致被专业团体和机构开除。伦理守则被用于专业或职业管理，常常是因为基于共同的专业使命，同时也是一种出于管理复杂社会条件中的专业或职业组织的实际需要。尤其是在社会分工职业化的条件下，职业伦理或道德具有不可或缺的作用。根据美国社会工作者协会的做法，制订伦理守则至少基于六个主要目的：(1) 确定社会工作使命所立足的核心价值；(2) 概括广泛的伦理原则，以反映专业的核心价值，并建立一套指导社会工作实务的伦理标准；(3) 帮助社会工作者在专业职责相冲突或产生伦理疑惑时作为相关思考的依据；(4) 守则提供给社会大众了解社会工作专业责任的伦理标准；(5) 增进新从业实务工作者的社会化，使其了解社会工作的使命、价值、伦理原则和伦理标准；(6) 阐明社会工作专业自身的标准，用以评估社会工作者是否有违反职业伦理的行为，并为可能出现的进一步裁定过程提供依据。①

---

① 美国社会工作者协会：《伦理守则》序言。

其中，伦理守则所规定的具体标准主要涉及三类问题：(1) 社会工作者通常或可能出现的伦理“错误”或过失有哪些，如在公开或半公开场合提及案主姓名、没有得到案主授权同意书之前向第三方披露了相关敏感信息，或者忽视机构有关服务中止的重要规定等；(2) 社会工作者在服务过程中面临的容易引起争议的伦理抉择难题是什么，如是否要向第三方披露保密信息，如何分配稀缺或有限的机构资源，是否(在什么条件下)遵守雇佣机构的规定，是否服从一项不公平的法规，是否干预一个有自毁行为意愿的案主等；(3) 严重的伦理不端行为是什么，如对案主的性利用、利益冲突、故意冒用身份和欺诈行为等。①

各个国家(地区)各个时期的伦理守则不尽相同。一般来说，比较完善的专业伦理守则有着以下特征：

第一，确定性。伦理守则作为成文规章，通常层次清晰、体系完整、内容具体、易于执行。伦理守则通过条、款、项等行文形式呈现了对工作者的行为期待，要求工作者对具体伦理标准和行为后果保持清醒的认识，自觉地保证服务行为的规范性和维护专业服务的整体信誉。

第二，规范性。专业伦理守则规定了伦理要求，失误和不端行为的表现以及相关处理或制裁措施，是工作者必须严格遵守的规范；专业伦理既限制与专业价值相反的言行，又鼓励与专业价值相符的行为与创新；是否遵守伦理守则关系到工作者的服务评价和职业资格；某些伦理标准与法规条文相一致，严重违反专业伦理的不端行为可能同时导致承担相关法律责任。

第三，统一性。伦理守则是专业人员对专业要求的共识，在一个国家和地区内所有社会工作者所遵循的专业伦理守则内容是一致的，不论其从业身份、岗位职务、工作领域、服务内容、年龄、性别、种族、政治和宗教信仰等差异如何，都要统一遵循专业伦理守则所规定的具体要求。

第二节 社会工作价值与伦理的历史发展

纵观社会工作专业历史，社会工作者一直比较关心对与错、责任与义务的问题。社会工作者对价值的关注在过去的一个世纪里发展得相当成熟，逐渐从专注于服务对象的道德状况转向合理解决社会工作实务中的伦理困境。

---

① Reamer, F. G., The Evolution of Social Work Ethics, *Social Work*, 43(6), 1998, p 495.

一、专业价值与伦理的发展阶段

根据美国学者瑞默的划分，欧美国家社会工作的专业价值伦理的发展经历了以下四个主要的阶段①：

第一，关注案主道德阶段（19 世纪末到 20 世纪 40 年代）。

在 19 世纪晚期，社会工作服务刚刚开始走向职业化和专业化。这个时期，人们首先更注重评判服务对象的道德状况，看重的是服务对象的思想行为是否合乎道德标准；其次才是关心专业本身和从业者的道德。相对而言，实务工作者自身的道德伦理问题并不如服务对象的道德状况那么受到关注。在 20 世纪早期的睦邻组织运动期间，社会工作不再致力于探讨穷人的道德观是否正确，而是关心社会改革的一系列问题。对贫困者的道德关注开始减弱。很多社会工作者逐渐将注意力集中于造成个体和社会问题的体制或环境因素，特别强调社会工作者推进社会改革和社会正义的责任。

第二，探索专业价值阶段（20 世纪 40 年代后期至 80 年代）。

这个时期社会工作者开始更多地关注从业者自身的专业价值和伦理，较深入地探索专业价值的具体内涵。其中包括：(1) 对专业价值的探索。重要的论文和著作成果有：《社会工作价值伦理教育教学》(Pumphrey，1959)、《伦理与社会工作者》(Emmet，1962)、《个案工作中的社会和道德理论》(Plant， 1970)、《社会工作伦理的历史发展》(Levy，1972)、《社会工作价值基础》(Levy， 1973)、《价值和科学》(Vigilante，1974)、《社会工作中的自决》(McDermott， 1975)。在这个时期美国社会工作者协会批准通过了第一个伦理守则(1960)。列维 1976 年出版的《社会工作伦理》一书对相关学术讨论的发展产生了积极作用和影响，也促使社会工作者更加关注价值与伦理的研究。也正是在这个时期，由于社会工作专业对人权、平等、福利等有关价值的关注，从而吸引了越来越多的人从事这个专业。(2) 对核心价值的探索。社会工作者通过反思自身的专业价值需要，形成以下共识，即在社会工作中对待服务对象（如贫困者、族裔成员、堕胎者、同性恋者、药物使用者）的价值判断，将会对社会工作者与服务对象的关系、社会工作者对服务对象的态度产生深刻影响，因此，社会工作者开始着手探索社会工作核心价值的具体内涵。其中重要的成果包括庞佛瑞提出的社会工作价值类型(1959)、戈登(W. E. Gordon)总结的六种社会工作核心价值(1965)、列维的社会工作价值分类标准(1973)等。

---

① Reamer, F. G., The Evolution of Social Work Ethics, *Social Work*, 43(6), 1998, pp 488-500.

第三,发展伦理理论和伦理抉择实践阶段(20世纪80年代至90年代)。

受70年代应用性专业伦理兴起的影响,社会工作进入了一个新的阶段。应用和专业伦理的发展始于医学伦理学(或被称为生物医学伦理学),其主要特点是尝试将道德哲学或伦理学的原则、概念和理论,系统地应用于专业人员面临的现实挑战。学者们将其注意力转向实践的和直接的伦理问题,有以下几个方面因素的:首先是60年代围绕福利权利、罪犯权利、病人权利、人权的激烈社会争论以及平权行动,促使许多学者去解决同时期的现实问题。其次,技术的发展,特别是医疗保健问题引发了许多伦理性的争议,比如人工辅助生殖、堕胎、器官移植、安乐死等,促使许多思想家探索此类伦理争议。再次,70年代初期水门事件发生后,公众和职业生活中与道德丑闻和伦理不端行为有关的媒体报道不断增加,这也激起了人们对专业伦理的兴趣。在美国,由近100个机构成员组成的全国应用和专业伦理协会也应运而生。

与其他多数职业包括护理、医药、新闻、工程、牙科、法律、心理学、辅导、商业一样,一些社会工作伦理学者结合传统道德哲学和新兴应用专业伦理的理论、观点、原则,探讨伦理理论议题。这个时期出版的有影响的著作包括瑞默的《社会服务中的伦理困境》(1982),罗兹(Rhodes)的《社会工作实务的伦理困境》(1986),洛温伯格(Loewenberg)和多戈夫(Dolgoff)的《社会工作实务的伦理抉择》(1982)。这些著作使用了不尽相同的方法,都明确承认了道德哲学、伦理理论、概念、原则对分析和解决社会工作伦理议题的意义。美国社会工作者协会《社会工作百科全书》(1987年版)也有一篇专文,论述了哲学和伦理理念对于社会工作专业伦理的指导作用。

20世纪80年代早期和中期,社会工作专业伦理研究探索了主要伦理理论(如道义论、目的论、后果论、功利主义、美德论)与社会工作者遇到的伦理困境之间的关系。各种伦理难题涉及直接实务过程(保密、自决、知情同意、专业家长作风、真相告知①)、项目设计和机构管理(坚持机构的政策或规定,分配有限的资源)、专业人员之间的关系(报告同事的伦理不端或伤害行为)。例如,社会工作者如何在尊重案主的保密权利的责任和保护第三方不受伤害的义务之间作出抉择(即发现预防案主具有对第三方的伤害行为);是否要限制案主参与自毁行为的权利;如何分配稀缺或有限的资源;是否充当"告密者",检举同行的伦理不端行为等。80年代中期以来的很多文献提出了社会工作者在面对伦理难题时所采用的一系列抉择步骤或策略,认为社会工作者可以通过优先顺序解决一些伦理要素之间出现的冲突

① 在医学和精神卫生领域,专业人员常就患者诊断和治疗情况的真相告知(Truth-telling)与保留信息(Withholding Information)感到矛盾。

困境:冲突的价值、伦理责任和义务,可能受影响的个人、群体或组织,可能的行动过程或步骤,法律原则和相关伦理守则,相关的伦理理论、原则、守则(标准),社会工作实务理论和原则,个人价值,向同工和专家咨询的必要性,监督、评估、记录相关伦理决定的必要性[①]。

第四,伦理标准的成熟和伦理风险的管理阶段(20世纪90年代以来)。

1996年美国社会工作者协会重新修订了《伦理守则》,该守则拓展了社会工作实务的伦理标准和准则。

在社会工作早期就尝试起草社会工作价值伦理,但没有形成正式的伦理标准文本。直到1960年,美国社会工作者协会第一次颁布了正式的《伦理守则》,内容主要由14条宣言组成,如:社会工作者的职责是将专业责任置于个人利益之前,尊重服务对象的隐私,在公共紧急事件中给予适当的专业服务,为人类福祉贡献知识、技能和支持。宣言以第一人称的形式进行表述,例如"我将专业责任置于个人利益之上"、"我尊重我的服务对象的隐私"。在这些宣言之前有一个序言,陈述了社会工作者的责任是坚守人道主义理念,促进社会工作服务,发展专业的理念与技巧。1967年增加了第十五条反歧视的内容。

1979年,美国社会工作者协会批准了比1960年版更系统的新伦理守则,内容划分为6大部分,包含近80项伦理标准。伦理守则在序言中阐述了伦理守则的主要目的,并指出伦理守则为专业伦理实践的实施提供指导方针。守则的主要部分分别阐述了社会工作者对于服务对象、同事、雇主、机构、社会工作专业及社会的一般行为操守与伦理责任。1979年的伦理守则由于受到美国联邦贸易委员会的异议(认为对服务对象招揽和收费的限制构成了不适当的贸易限制)而在1990年作出一些修改,取消了不可从同工或者相关机构招揽服务对象的限制,修订了对服务转介中能否接受补偿(报酬)或相关前提条件的规定。1992年,美国社会工作者协会工作小组建议将五项新的原则加入到伦理守则之中,其中三项原则关注社会工作者的伤害问题,两项原则关注社会工作者和服务对象之间的双重和多重关系。

1979年的守则生效之后,社会工作专业伦理相关研究文献大量涌现,这些文献涉及更宽泛的伦理议题,包括伦理不端、伦理抉择、知情同意、双重和多重关系以及相关界限问题、保密和第三方保护、保密通讯(privileged communication,法律上可拒绝公开的通信)、社会工作督导伦理、伦理咨询、企业社会工作伦理、社会工作伦理教育、组织中的伦理议题、社会工作研究和评估的伦理、专业的家长作风、社会

① Reamer, F. G., The Evolution of Social Work Ethics, *Social Work*, 43(6), 1998, p 492.

工作的生物医学伦理学议题、伦理委员会、专业过失、社会工作的道德使命等①。美国社会工作者协会代表大会认识到制定一个完整的伦理守则的必要性，特别是牵涉机构管理、督导、研究和评估以及伦理教育问题。因此，代表大会通过决议，成立特别小组起草新的伦理守则，1996 年版《伦理守则》应运而生。

二、各国现行伦理守则

（一）欧美国家

1994 年，美国社会工作者代表大会成立伦理守则修订委员会，委派 F. G. 瑞默担任主席，并于 1996 年通过全新的《伦理守则》。这一版本补充了更多的条文规定，反映了专业伦理知识的日益积累，是目前各国篇幅最长和内容最完备的专业伦理守则，标志着社会工作伦理史上的巨大发展。该守则有以下特点：

第一，通过序言的形式第一次明确提出了专业使命，并对专业核心价值作出概括。伦理守则修订委员会意识到专业守则应该依据传统的责任和当代的实践，进一步明确陈述社会工作使命目标，强调社会工作历史性、永久性任务在于增进社会福利，满足人类基本的需要，尤其是关注弱势群体、受压迫人群和贫困者的需要和增权。社会工作的着眼点是关注社会情境中的个人福祉和社会福祉，强调从服务对象的利益出发，促进社会正义与社会变迁。同时在查阅和研究广泛的专题文献的基础上，修订委员会确定了专业使命所依托的 6 种核心价值：服务、社会公正、人的尊严和价值、人类关系的重要性、正直和能力②。

第二，更全面、系统地制订出社会工作的专业伦理准则。全美社工协会《伦理守则》包括四个部分：第一部分“序言”，总结了社会工作的专业使命和核心价值；第二部分“全美社会工作者协会伦理守则的目的”，介绍了守则的主要功能和处理伦理实务难题的原则；第三部分“伦理原则”，根据社会工作核心价值解释了主要的伦理原则；第四部分“伦理标准”部分，占守则最大篇幅，包含的伦理标准达到 155 项，为社会工作者提供更大范围和特定情境下的具体指导以减少过失和责任风险，并提供处理伦理投诉的裁决依据。伦理标准详尽的优点在于能够更全面地预先考虑到可能出现的情况，但带来的挑战是容易使社会工作者在不同的伦理原则或标准之间面临抉择难题。

第三，形成一个具有稳定性和权威性的成文守则。1996 年美国社会工作者协

---

① Reamer, F. G., The Evolution of Social Work Ethics, *Social Work*, 43(6), 1998, p 493.

② Reamer, F. G., The Evolution of Social Work Ethics, *Social Work*, 43(6), 1998, Pp 488-500.

会《伦理守则》颁布后，又经过了1999年和2008年的两次修订；其中2008年，美国社会工作者协会综合1999年的修订内容，开始以修正案形式修订1996年版《伦理守则》，即只在正文前面附加修订条文，对守则正文条款的文字和字义进行修订，或增加补充性条款，其正文内容保持不变。这标志着美国社会工作者协会现行《伦理守则》已经成为一个内容成熟和具有稳定性的规章文本。

加拿大曾一直借鉴美国社会工作者协会《伦理守则》。1983年加拿大社会工作协会制定了第一个《伦理守则》，并在1994年和2005年进行了两次修订[①]。与1994年的伦理守则相比，2005年的伦理守则有以下特点：(1) 主要阐述专业价值及原则，而不是伦理职责和义务，以保持与其他国家守则的一致性；(2) 另外制订了《伦理实践指南》作为附加文件，这个指南根据核心价值及基本原则规定了具体的应用标准；(3) 把“追求社会公正”从最后一节提到核心价值第二位；(4) 坚持服务对象的首要性；(5) 增加了术语、索引等部分。[②]

在英国，通过制定伦理原则来规范社会工作实践已经有很长的历史，早期的记载可追溯到1907年。英国社会工作者协会(BASW)1975年颁行了第一份伦理守则，后经过两次修改(2002,2012)。[③] 目前英国社会工作伦理守则文本有多种，主要包括英国社会工作者协会颁布的《社会工作者伦理守则》(2012)和英国政府部门委托的注册监管机构——英国社会护理理事会(General Social Care Council)颁布的《社会照顾工作者实践守则》(2002)和《社会照顾工作者雇主实践守则》(2002)等。前者属于行业协会组织的自律文件，后者属于半官方性公共职能部门代表公众利益进行行业监管而制订的规范文件。

2004年10月，国际社会工作者联合会和国际社会工作学院协会在澳大利亚的埃德雷德大会上通过了《社会工作伦理：原则宣言》，内容包括了序言、社会工作定义、国际公约、原则和专业行为准则五个部分。该伦理宣言成为各国社会工作专业界共同认可的一个权威性国际文件。

---

① Annette Johns and Lisa Crockwell, Reflecting on the Use of the Code of Ethics in SW Practice: A Newfoundland and Labrador Perspective. *Journal of Social Work Values and Ethics*, 2009, Volume 6, Number 2.

② “FAQ: What are the key differences in the new CASW Code of Ethics (2005) compared to the former Code of Ethics (1994)?”，参见加拿大社会工作者协会网站“伦理守则”部分(http://www.casw-acts.ca/en/what-social-work/casw-code-ethics/faq)。

③ The British Association of Social Workers, *The Code of Ethics for Social Workers: Statement of Principles*, 2012. (http://cdn.basw.co.uk/upload/basw_112315-7.pdf)

(二) 中国香港和台湾

1997 年,香港立法局通过《社会工作者注册条例》,开始正式实行社会工作者注册制度。1998 年,香港成立了由社会福利署代表和社工选举的注册社工组成的社会工作者注册局,制定并颁布了《注册社会工作者工作守则》、《纪律程序》、《评核准则及认可学历》等规章,使注册局监管社工的专业操守及行为有据可依。注册局于 2000 年 12 月颁布了《注册社会工作者工作守则实务指引》。2004 年,注册局对《注册社会工作者工作守则》和《实务指引》两份文件进行修订,并在 2009 年审核批准,于 2010 年正式生效。

台湾《社会工作师法》(2007 年颁布、2009 年修订)第十七条规定:社会工作师之行为必须遵守社会工作伦理守则之规定。前项伦理守则,由社会工作师公会联合会制订,提请会员(会员代表)大会通过后,报请主管机关备查①。台湾现行社会工作伦理守则是由台湾社会工作师公会联合会会员代表大会通过的《社会工作伦理守则》(2006 年)。在台湾社工师公会伦理守则公布后,此前执行的台湾"内政部"《社会工作伦理守则》(1998 年函颁,共 18 款)随即失效。

(三) 中国内地

1994 年,中国社会工作者协会制定了第一部专业守则《中国社会工作者守则职业道德》,正文主要由四个部分构成:总则、职业道德、专业修养和工作规范。近年来,各个地方社会工作行业协会分会也先后出台了相应的守则和职业标准。例如,在社会工作起步较早的上海和深圳,先后颁布了《上海注册社会工作者守则》(上海市社会工作者协会,2004 年)和《深圳市社会工作者守则》(深圳市社会工作者协会,2008 年)。民政部《社会工作者职业道德指引》(2012 年)是以政府规范性文件形式发布的最新版职业伦理准则,该《指引》进一步丰富和深化了中国社会工作职业伦理的内涵②。中国《社会工作者(试行)/国家职业标准》③的颁布,为中国社会工作走上职业化、专业化打下了良好的基础。该职业标准中也包含了对职业道德标准的要求。

综合来看,迄今中国已经制订的全国性或地方性社会工作专业守则有两个特

---

① 台湾《社会工作师法》(2009 年修订),社会工作法规(http://www.nusw.org.tw/modules/tadnews/page.php?nsn=288)。

② 民政部:《社会工作者职业道德指引》(2012 年 12 月 28 日),载《民政部关于印发〈社会工作者职业道德指引〉的通知》(民发〔2012〕240 号)。

③ 中华人民共和国劳动和社会保障部编:《社会工作者(试行)第 1 版》(国家职业标准),北京:中国劳动社会保障出版社,2004 年。

点:第一,本土化特征。从中可以清晰地看到力图构建本土化价值观的努力,包括挖掘、改造中国传统伦理思想中与西方社会工作价值观相通的要素,援用中国现代社会价值的核心要素等,其中"热爱祖国、热爱人民,维护集体荣誉","全心全意为人民服务"等不管从表述方式上,还是实质内容上,都具有中国特色。第二,对西方专业价值和伦理守则的借鉴。在中国的专业守则中渗透着服务、社会公正、个人尊严与价值等核心价值,同时也划分出社会工作者对服务对象、同事、机构、专业社会、社会工作专业等方面的伦理责任,吸收了平等、尊重、接纳、自决、保密以及不谋取不当利益等实务原则或标准。

第三节　专业价值在社会工作中的核心地位

社会工作价值伦理具有两个方面的重要作用,即理论作用与实践作用。社会工作价值伦理的理论作用主要表现为构成专业使命的思想基础,是社会工作专业知识和教育的核心内容。在实践作用方面,社会工作价值伦理指导和规范社会工作者的服务实践。

一、价值与伦理的功能

美国著名社会工作伦理学家瑞默将社会工作价值对实务的重要作用总结为四个方面:①

第一,体现了社会工作使命的本质。专业的创始者和现代的实务工作者都深信社会工作的基本目标来源于帮助那些遭遇生活困难者的基本价值。社会工作并非纯技术性的,而是一种以价值为基础和激励的行动,旨在通过各类服务来协助弱势人群。社会工作的价值并非一些随机或易变的规范和规则,也非某种社会偏好,而是体现了一种集体责任,它隐含在整个社会对社会工作者的角色预期之中。

第二,规定了社会工作者与服务对象、同事和社会其他成员之间的专业关系。社会工作者可以根据自己的兴趣和专长选择相应的服务机构和服务对象。比如,有些工作者致力于帮助一些受害者,如受虐儿童和天生残障者;有些工作者选择一些被认为是犯罪者的人服务,如在监狱中受到室友严重性侵犯的囚犯;也有工作者愿意选择对低收入家庭或富有家庭的服务。这些选择受到社会工作者个人价值观的影响。但社会工作专业价值为社会工作者提供了在服务实践中保持基本专业关

① Reamer, F. G., *Social Work Values and Ethics*, Third edition, Columbia University Press, 2006, Pp 13-14.

系的一般原则，要求社会工作者面对不同的服务对象都要基于规范的专业关系，而不是非专业关系（私人关系、商业关系）处理相关的服务事宜。

第三，决定社会工作者所选择与运用的服务方法。在不背离“服务对象利益至上”、“实现社会公正”的基本专业价值的前提下，社会工作者往往也根据各自的价值伦理判断，作出方法选择。有些社会工作者偏好对有行为偏差的少年运用当面对质方法，认为这是产生变化的最有效手段；另一些社会工作者则批评当面对质方法缺乏人性化，而强调服务对象的自决权及建立治疗关系。同样，有些社会工作者在为低收入人群争取基本生活权益时愿意采取对抗性的社区行动，认为这种基本生活权益的价值是首要的，而直接的对抗性技巧是维护权益所必不可少的策略；另一些工作者则可能拒绝使用对抗策略，更愿意以达成相互合作和保持适当差异为价值取向。社会工作实践中的任何一项方法选择都不仅仅是技术性的，既取决于社会工作者的专业知识，也取决于社会工作者的专业价值抉择。

第四，提供了解决实务工作中伦理两难的基准。社会工作价值体系会影响到如何解决专业责任与义务冲突时发生的伦理两难。伦理两难通常涉及价值冲突。例如，社会工作者一方面要为某个服务对象保密和尊重其自决权，另一方面要遵守相关法律规定，对该服务对象虐待儿童的情况及时报告，由此陷入伦理困境。当处于类似伦理困境时，社会工作者基于对专业价值性质的理解作出抉择，确定哪些价值在遇到冲突时处于优先考量的位置。

二、 价值与伦理教育

伦理教育是将专业伦理知识和准则进行传授、传播的活动或过程，是专业教育的核心内容之一。目前，各国对于社会工作教育内容的具体安排有各自的特点，但是在总体上都认同专业教育的内容应当包括三个方面：即知识、价值和技巧，这被称为专业教育的“头”、“心”、“手”[①]，其中社会工作教育的核心之一是“心”的培育，即价值伦理教育。社会工作教育的质量要通过社会工作学生专业价值观的培养和由此决定的实际工作态度来衡量。

（一）价值与伦理教育现状

长期以来，在世界各国社会工作专业教育中对价值理论课程内容的设置是不平衡的。在 1982 年举行的国际社会工作学院协会大会上，加拿大学者耶拉加（Shankar A. Yelaja）提供了一篇对世界 6 个地区 50 所学校讲授价值和伦理情况的

---

① 罗肖泉：《践行社会正义——社会工作价值与伦理研究》，北京：社会科学文献出版社，2005 年，第 320 页。

调查报告，调查结果显示：在过去5年里，有大约1/3的学校没有开设过任何有关价值和伦理的课程，有大约1/3的学校开设了与此有关的部分课程，只有大约1/3的学校单独开设了社会工作价值专门课程。[①] 北京大学夏学銮教授在1991年对世界范围内6所大学的调查也反映了类似的情况。[②]

在目前欧美国家的高校，社会工作专业价值和伦理是所有专业课程和实习中都需要重点体现的教学培训内容之一。根据美国社会工作教育理事会的规范性文件《教育政策和认证标准》规定，所有社会工作本科和硕士教学计划的使命和目标，都表明专业的目的，植根于专业的核心价值，并体现在全部教育实践中(EP 1.0)；美国社会工作教育理事会认证一个高校的专业教学计划是否合格的标准，包括看其是否包含专业价值的教育内容(EP 1.2)；所有课程体系需要针对10大能力[③]的培养，而每一项能力又都包含"知识、价值和技能"三个维度(EP 2.1)，其中第二项重要能力是"应用社会工作伦理原则指导专业实践"(EP 2.1.2)[④]。目前美国社会工作教育理事会认证的美国高校所开设的社会工作本科和硕士教育项目有737个(高校589所)，经过本教材编者对其中100所高校课程网页信息的抽查统计[⑤]，发现在所有高校社会工作专业整体课程计划中都贯彻了《教育政策和认证标准》的规定。

专业价值和伦理守则教育贯穿于教学的各个过程和环节，包括四个方面：第一，在基础课程中，如《实地与专业概论》、《社会工作专业概论》，包含对伦理守则的介绍和伦理难题的解释；第二，在专门课程中，如《老人社会工作》、《儿童服务》，针对不同人群服务中需要关注的伦理问题进行介绍；第三，在实习课程中注重通过实习指南和督导等形式指导学生掌握伦理标准；第四，在研究课程中规定和说明相关伦理要求。美国社会工作教学特别重视专业实习，通常要求学生通过实习过程内化专业价值和伦理。不少大学(如 Eastern Connecticut State University)在课程总

---

① 罗肖泉：《践行社会正义——社会工作价值与伦理研究》，北京：社会科学文献出版社，2005年，第324页。

② 夏学銮：《社会工作价值教育的问题》，载《现状　挑战　前景》，北京：北京大学出版社，1991年，第86页。

③ 这10大能力是：认同自己是一个专业社会工作者，并以此指导自己的行为；运用批判性思维形成和引导专业判断；应用社会工作伦理原则指导专业实践；承认实务中的多样性和差异；促进人权和社会与经济正义；参与以研究为依据(research-informed)的实务和以实务为依据(practice-informed)的研究；应用人类行为与社会环境的知识；参与政策实践以促进社会与经济福祉，并提供有效的社会工作服务；回应形成实务的背景；对个人、家庭、群体、组织和社区的接案、预估、介入和评估。

④ The Council on Social Work Education (CSWE), 2010. *Educational Policy and Accreditation Standards*. (http://www.cswe.org/Accreditation/EPASImplementation.aspx)

⑤ 截至2012年6月，经美国社会工作教育理事会认证的美国高校社会工作本科和硕士教育项目共有737个，包括本科项目480个、硕士研究生项目218个、本科候选项目24个、硕士研究生候选项目15个，具体信息见：http://www.cswe.org/Accreditation.aspx。

体简介部分明确规定在每门课程中都要包含社会工作价值和伦理教学内容。

中国高校社会工作专业伦理课程设置仍相对滞后。据国内一项对35所高校社会工作专业课程的初步调查,2003年至2005年期间已经开设或即将开设“社会工作职业伦理”课程的有4所高校,仅占11%;有22所院校(63%)认为有必要单独开设职业伦理课程,但因缺乏师资和教材等问题而没有将课程列入教学计划;另有9所院校(26%)认为没有必要单独开设这门课程,理由主要是有关价值与伦理的问题已在其他课程中有所涉及。① 近年来国内设置社会工作专业的院校超过250所,专业伦理课程教学却没有明显改善。以山东省为例,截止到2011年1月,在22所开办社会工作专业的高校中,开设过“社会工作价值伦理”课程的高校有8所,但在这些高校并不能保证该课程的稳定开设或课程时数较少。②

中国高校社会工作专业普遍没有开设专业伦理课程的原因是多方面的:第一,适合中国国情的专业价值伦理体系尚未建立和完善,服务实践中缺少可供遵行的专业伦理规章,许多教育者感到“无据可依”;其次,缺乏相关教材、教学用书、参考资料和师资人员,海外专业伦理著作或教材被引进、翻译的数量较少,对专业伦理缺乏深入研究;另外,社会工作教育机构和教育者对专业伦理教育在整个教学课程体系中的重要地位缺乏足够的认识。

(二) 价值与伦理教育的目标

在社会工作实务中,一个社会工作者往往为适应不同服务对象(个人、家庭、群体、组织和社区等)而变换角色,而这些角色的承担和变换涉及多个方面的问题,即工作者如何正确对待服务对象、如何正确对待自我和专业、如何正确对待同事和岗位机构、如何正确对待社会等。因此,对社会工作专业学生的价值教育要以不同的对象和问题为着眼点。香港学者则将专业伦理教育的目的概括为五个方面:(1) 增强学生对专业价值观和伦理标准的理解,(2) 使学生敏感于未引起争论的专业价值预设,(3) 使学生能够认识社会工作中伦理困境的范围和复杂性,(4) 使学生获得解决伦理冲突的技巧,(5) 使学生确认个人价值观和专业价值标准之间的差距。③

---

① 罗肖泉:《社会工作伦理教育的模式与目标》,《徐州师范大学学报(哲学社会科学版)》,2006年第5期。

② “山东省高校社会工作专业课程开设情况统计表”,载《中国社会工作教育协会山东省地区中心教学评估研讨会暨第四届山东省社会工作教育年会文件集》,济南,2011年11月26日,第103页。

③ Grace Ko, Ping-Kwong Kam, T. Y. Lee and Kam-Yin Man, Students' Social Work Value Systems: Implications for Social Work Education,《华人社会的社会工作教育:现状及发展会议论文集》,亚洲及太平洋区社会工作教育协会,1994年,第80页。

社会工作专业教育的基本任务是培养学生在专业实务中应用社会工作伦理原则的能力，掌握专业核心价值、伦理标准和相关法律的内涵，形成按照专业伦理规范来指导自己行为的责任意识。这种应用伦理原则的能力包括：(1) 在服务实践中能够区分专业价值与个人价值之间的区别，以专业价值为指南；(2) 依据已有的和通行的伦理守则或标准作出相关伦理抉择；(3) 以容忍和开放的态度，看待和化解伦理冲突；(4) 根据伦理判断策略，达至最符合伦理原则的决策。①

第四节　现代专业价值与伦理的构建

中国社会工作的发展在一定程度上借鉴了西方社会工作的经验，但制度文化的不同对价值伦理的构建有着重要的影响。需要根据文化的普遍性与特殊性原则，探讨专业价值伦理的境遇化、本土化。

一、西方专业伦理对中国社会工作实务的影响

目前中国社会工作专业价值伦理体系在很大程度上吸取了发达国家的价值伦理体系中具有共通性的成分要素；同时，西方社会工作价值伦理中的某些内容还不适用于目前中国社会服务实践的状况。因此，借鉴与冲突是西方专业伦理对中国社工实务产生影响的两个基本维度。

社会工作之所以能在欧美以外的国家得到认同和发展，最根本的原因在于不同文化和价值之间的共通性及趋同性。中国传统文化中也存在着与社会工作专业价值和伦理相通的要素，共同构成现代专业社会工作的重要思想渊源。随着中国社会和文化的现代化，中国社会服务实践的能力与水平逐步接近西方国家的标准，因此，尊重、接纳、自决、个人潜能、保密、知情同意等基本价值和伦理标准开始逐步被中国社会工作者所奉行。

然而，由于社会发展水平和文化传统上仍然存在的差异，西方国家的专业价值伦理标准在中国社工实务中难免出现某些水土不服或“伦理冲突”。在西方社会价值和生活中，个人享有很高的权利和机会维护和发展自我，社会工作者十分尊重服务对象的主体性和个体差异。而中国的传统文化更注重集体主义、整体主义，个体常常被视为整体的一个部分。这种整体主义的价值取向与西方社会工作中提倡的

---

① 参见 The Council on Social Work Education（CSWE），2010，Educational Policy and Accreditation Standards，“ Educational Policy 2. 1. 2”.（http://www. cswe. org/Accreditation/EPASImplementation. aspx）

自决以及个别化原则之间常常出现某些冲突。这种伦理冲突说明伦理价值本身在不同的社会条件和文化情境中具有多样性、差异性和相对性。

二、 中国社会文化境遇下的专业价值与伦理

社会工作发展过程中始终伴随着全球化与本土化的矛盾冲突。为了调和价值伦理统一性与差异性的矛盾，社会工作专业界一直在进行着境遇化与本土化的努力与尝试。

(一) 境遇化与本土化

境遇化与本土化是文化研究中的两个重要概念。两种文化取向从不同程度上试图调和价值伦理统一性与差异性的矛盾，解释文化发展和文化间关系的本质。

境遇化的概念注重把外生或外源的现代价值形态，通过结合本地的文化因素去理解其中的观念，从而指导本地的实务活动。境遇化相对强调一种通用原则在不同条件中的变通处置过程；强调人类基本行为方式、互动模式的普遍性，同时主张普遍价值需要放置在特定的背景下，离开了特定的情境，则无法理解特定的行为等。社会工作者需要考虑本地的社会、文化因素，这其中包括人类共同面对的处境和本地独特的处境，从而建立一套合乎本土需要的工作规范。源于西方国家的现代社会工作价值体系在现代化和全球化的过程中慢慢向其他国家传播和浸染。现代文化的传输和交流过程可能需要较长的时间，也可能出现各种变数，比如它被其他社会文化所同化或者排斥，但最后都会产生一种能够适合特定境遇并能不断进化的社会工作价值，这一过程就是境遇化。

本土化主张在本地文化中寻找价值伦理的根基，并基于本地条件挖掘和总结解决适合本地应用的行为规范。这种本土化坚持内生为主的原则，内生意味着本土化的动力与途径来自于系统内部，注重系统内部的“再造过程”。以内生为主的本土化原则并不意味着要拒绝或排斥外来的因素，而是要对内生和外生有不同的侧重点，内生与外生相结合才能使所形成的行为方式具有操作性和现实性。“理想的社会工作本土化”被认为是“内生”性因素占主要地位，对传统因素进行再造，并将外来因素不断内化，进而促进内生因素成长的过程。本土化不是片面地强调借鉴和融入的过程，而是将外来因素加以整合重组，从而形成契合自身的、新的、现代的价值信念体系及生活方式，做到既把传统秉承下来，又做出创新的转化。①

① 陈钟林、黄晓燕：《社会工作价值与伦理》，北京：高等教育出版社，2011 年，第 64 页。

境遇化比本土化更强调从通用规范的角度去理解问题，本土化比境遇化更强调价值形态的独特性；境遇化的借鉴和移植的痕迹比较明显，本土化更倾向本地的文化因素占主导。

当然，境遇化和本土化两个概念也包含着相通性。"在国际社会工作学术论文中，本土化往往被看成是一种从外来引入新事物的过程。在这个过程中，外来和本土的事物会产生不同的混合模式。"①

文化敏感性（或跨文化敏感性）是社会工作者根据境遇化和本土化原则处理价值或伦理议题时所需要具备的能力素质。文化敏感性指意识到文化差异和相近的存在，及其对价值、学习和行为的影响。② 对中国的社会工作者来说，文化敏感性在很大程度上包含着政治敏感性和民族自觉性；从专业视角而言，只有具备了文化敏感性，才能全面和科学地吸取现代专业理念和知识，尊重传统文化因素，并对各类服务对象持有同理和接纳的态度，建立合作、互助型的专业关系。

（二）专业价值体系的构建

在社会工作教育和实践的推进过程中，由政府部门所推动的中国社会工作职业化已经启动，为了适应社会工作职业化的要求，需要着手建构中国的社会工作价值体系。

中国社会工作价值体系的建构需要三种原材料来源：(1) 西方发达国家社会工作的价值体系，(2) 中国社会工作实践的价值理念，(3) 当代中国占统治地位的文化价值观念。③ 这其中包括，借鉴西方社会工作价值体系中文化共享部分；从中国传统文化的优秀部分吸取营养；对当代主流的文化价值观念进行梳理与发展，将传统文化的精髓与社会主义核心价值观相结合。

专业伦理建设作为一项系统工程，需要实现理论和实践的相互促进：

首先，专业社会工作者要在服务实践中提升对专业伦理准则的重视程度。通过现有的社会工作伦理标准指导和规范实践，并在实践中看到现有伦理规范的缺失或不足之处，为理论研究者和专业伦理守则制定者提供建设性意见。

其次，着手制定和颁布专业伦理守则。政府主管部门、行业协会和专业人员相结合，制定和颁布一个系统、明晰、具体和有普遍指导意义的专业伦理守则，为广大社会工作者提供需要严格遵守的操作性制度文本。

---

① 殷妙仲：《专业、科学、本土化：中国社会工作十年的三个迷思》，《社会科学》，2011 年第 1 期，第 69 页。

② Stafford, J. R., Bowman, R., Ewing, T., Hanna, J., & Lopez-De Fede, A., *Building Cultural Bridges*, Bloomington, IN: National Educational Service, 1997.

③ 王思斌：《社会工作概论》，北京：高等教育出版社，2006 年，第 50 页。

三、 价值观与伦理标准的现代化

现代化改变了世界的社会结构和社会活动，为社会工作全球合作提供了良好的机遇。全球化要求社会工作者在了解和服务于本国民众的同时，还要对他国社会工作有较深入的了解。伴随着经济全球化和科技的进步，在世界不同角落出现的问题，比如说，世界性冲突、生态危机等，都不是一个国家或地区的局部性问题，而是全球性的问题，因此，有些学者呼吁建立国际化的社会工作机制。因为全球范围内贫困、歧视、不公正现象的广泛存在，社会工作的国际化被视为是实现专业价值的重要途径。社会工作的价值、伦理逐渐超越国界，从国内转向国际。新教伦理、人道主义和社会福利也就被公认为是国际社会工作价值的深厚基础。

全球化背景下，弱势群体的问题备受关注，社会工作在处理跨文化互动时有自己独特的优势和无法比拟的作用，社会工作能从直接互动的方式入手处理各种冲突。在面对异质的伦理文化时，徐震认为，社会工作者可以采取“接纳差异”的行动原则①。全球化带来了社会财富的同时，也带来了贫困与两极分化，弱势群体的问题非常突出，社会工作能够为消除贫富分化、实现社会公正和平等发挥重要的作用。全球化的进程导致了社会工作价值的提升，社会工作者在世界范围内为有需求群体谋福利和增权，实现弱势群体可持续的生计发展，因此需要其专业价值在更广、更高、更整合、更人道的层面上得到实现。

A 本章小结

1. 社会工作专业价值体系可分为核心价值、实务价值两个层次，社会工作专业伦理体系可分为核心价值、伦理原则和伦理标准三个层次。

2. 比较完善的专业伦理守则具有确定性、规范性、统一性特征。

3. 社会工作价值伦理的发展经历了四个主要阶段，即关注案主道德阶段，探索专业价值阶段，发展伦理理论和伦理抉择实践阶段，伦理标准的成熟和伦理风险的管理阶段。

4. 社会工作价值观的重要实务作用主要体现在四个方面：体现社会工作使命的本质，规定社会工作者与服务对象、同事和社会其他成员之间的专业关系，决定社会工作者所选择与运用的服务方法，提供了解决实务工作中伦理两难的基准。

---

① 徐震、李明政：《社会工作思想与伦理》，台北：松慧有限公司，2004 年。转引自皮湘林：《社会工作伦理的理论视域》，《伦理学研究》，2009 年第 2 期。

5. 社会工作专业教育的基本任务是培养学生在专业实务中应用社会工作伦理原则的能力，掌握专业核心价值、伦理标准和相关法律的内涵，形成按照专业伦理规范来指导自己行为的责任意识。

6. 西方专业伦理文化对中国社工实务的影响表现为渗透与冲突两个方面，这是价值伦理共通性与文化特殊性相结合的体现。

7. 中国的社会工作在本土发展的过程中，一直在进行着境遇化与本土化的努力与尝试，着手建构中国的社会工作价值体系，并努力实现价值观与伦理标准的现代化。

B 主要术语

价值观（Value）：在人的行为、道德等领域中对人以及事物的是非善恶、美丑的一种判断以及评判标准。

专业价值（Professional Values）：通常指一种专业或职业指导其全部服务实践的基本理念和准则。

伦理（Ethics）：从价值观推导出来的，与价值观相一致的道德指导准则，包含着对人们行为的约束和鼓励两个方面。

专业伦理（Professional Ethics）：通常也称为“职业道德”，指在专业（职业）活动中符合专业（职业）目标要求的核心价值及其行为准则的总和。

伦理守则（Code of Ethics）：是由专业协会或主管部门制定并发布的一套成文规则，它以正式文件的形式规定了该专业的从业人员“应该做什么”和“不应该做什么”。

伦理原则（Ethical Principles）：基于核心价值理念而衍生出来的中介性价值形态，是社会工作者在从事专业活动时所要认知和遵循的具体价值取向。

伦理标准（Ethical Standards）：指社会工作者在专业活动中需要遵循的具体行为标准，分别说明对服务对象、同行、雇用单位、自身作为专业人员、专业和社会的工作责任。

伦理教育（Ethics Education）：将专业伦理知识和准则进行传授、传播的活动或过程，是专业教育的核心内容之一。

境遇化（Contextualization）：把外生或外源的现代价值形态，通过结合本地的文化因素去理解其中的观念，从而指导本地的实务活动。

本土化（Indigenization）：主张在本地文化中寻找价值伦理的根基，并基于本地条件挖掘和总结解决适合本地应用的行为规范。

文化敏感性（Cultural Sensitivity）：指意识到文化差异和相近的存在，及其对价值、学习和行为的影响。

C 练习题

1. 课堂讨论：现代社会注重维护个人尊严和隐私；社会工作者尊重服务对象，把服务对象的放在首要地位；社会工作者在给当事人做文字记录或录音、录像时要取得当事人的同意与授权。根据以上表述，谈谈尊严、尊重、隐私权、保密之间的关系，以及各自在社会工作价值伦理体系中的内涵与地位。

2. 课堂讨论：阅读各国和地区的社会工作者《伦理守则》，分析其内容异同，并讨论进一步发展和完善专业伦理的重要性。

D 思考题

1. 社会工作价值体系主要包含哪些内容？
2. 社会工作伦理守则的特征是什么？
3. 社会工作专业价值大致经历了哪几个发展阶段？
4. 社会工作价值观在实务中的作用是什么？
5. 专业价值教育的目标是什么？
6. 社会工作者和专业界都面临哪些最具挑战性的伦理问题？

E 阅读文献

1. 罗肖泉：《践行社会正义——社会工作价值与伦理研究》，北京：中国社会科学文献出版社，2005 年，第一、二、三章，第 1～166 页。

2.〔美〕拉尔夫·多戈夫等：《社会工作伦理——实务工作指南》，隋玉杰译，北京：中国人民大学出版社，2005 年，第二章，第 16～36 页。

3.〔美〕Frederic G. Reamer：《社会工作价值与伦理》，包承恩等译，台北：洪叶文化事业有限公司，2000 年，第一、二、三章，第 1～133 页。

4. 沈黎、刘斌志：《美国社会工作伦理守则：历史经验与文本解读》，《北京科技大学学报(社会科学版)》，2008 年第 4 期。

5. 陈钟林、黄晓燕：《社会工作价值与伦理》，北京：高等教育出版社，2011 年版，第四、五、六章，第 60～133 页。

6. Banks, S., *Ethics and Values in Social Work*, New York: Palgrave Macmillan, 2006, Pp 1-60.

第二章　社会工作价值观

社会工作是一个以价值为本的专业，价值观是社会工作的灵魂。本章主要介绍社会工作核心价值的内涵及内容，探讨社会工作核心价值的理论基础与思想渊源，同时对社会工作价值观的矛盾与冲突进行分析。

第一节　社会工作核心价值

自社会工作成为一个专业以来，价值观一直是研究的重点。特别是社会工作的核心价值是什么？学界和实务界一直在进行探索。

社会工作核心价值，简言之，也就是社会工作价值观的核心内容，它是社会工作价值观中最能体现本专业特征的内容与方面。

一、学界关于社会工作核心价值的概括

关于社会工作核心价值，学界有着多种概括。此处受篇幅所限，只能兼顾中外、择其要者作简要介绍。

（一）戈登的社会工作价值观

1965年，美国学者戈登在《知识与价值：厘清两者在社工实务中的差别与关系》一书中，指出有六种价值观建构社会工作实务的基础：

（1）社会中最基本的关注对象是个人。

（2）社会中的每个人是相互依赖的。

（3）社会中的每个人对他人负有社会责任。

（4）社会中的每个人都有相同的需要，但是每个人也有其独特之处。

（5）民主社会的重要特征是每一个社会成员的潜能都能发挥，同时经由积极的社会参与来尽社会的责任。

(6) 社会有责任协助每一个成员去克服或预防各种阻碍，使其能自我实现。[①]

(二) 比斯泰克的社会工作价值观

1967 年，美国学者比斯泰克(F. Biestek)在《个案工作关系》一书中，将社会工作价值观的核心内容概括为 9 个方面：

(1) 人的本能：人有天生在心理、智力、感情、社会、精神等各方面的潜能与力量。因此，每一个人的尊严和价值都应被尊重。

(2) 人的责任：人有与生俱来的能力和责任去实现其本能。因此，每一个人有责任去谋求本身的福利。

(3) 人的权利：人有权利使用适当的途径以实现其本能。因此，人应获得应有的资源与服务。

(4) 人的基本需求：所有人均有其基本需求，每一个人均需以和谐的过程满足精神、物质、文化方面的需要。

(5) 人的社会功能：人的重要社会功能在于促成个人的自我实现。

(6) 社会的职责：社会有促成每一个人自我实现的职责。因此，社会应提供人们发展个人自我潜能的机会。

(7) 社会的权利：社会有权利要求每一个人贡献一己之力，以促成社会的健全与繁荣。

(8) 个人对社会的职责：身为社会成员之一，每一个人皆有义务致力于自我实现，以贡献社会，增进社会福祉。

(9) 人的自我选择：每一个人均有其自我选择和决定的能力及权利，每一个人皆有其个别差异，我们必须尊重个人的独特选择，以发挥其本能。[②]

(三) 莫拉莱斯和谢弗对社会工作价值观的归纳

1989 年，美国学者莫拉莱斯和谢弗在《社会工作：一体多面的专业》一书中，把社会工作价值观归纳为三个方面：

第一，对人的价值偏好：相信人的价值与尊严是与生俱来的；人具有能力与动机去追求更满意的生活；人要对自身与他人负责，除了自己之外还要想到其他人；人有归属需求；人有共同需求，也有独特偏好。

---

① 〔美〕Frederic G. Reamer：《社会工作价值与伦理(第 3 版)》，包承恩等译，台北：洪叶文化事业有限公司，2009 年，第 31～32 页。

② 李增禄：《社会工作概论》，台北：巨流图书公司，1995 年，第 43 页。

第二，对社会的价值偏好：社会必须提供机会让个人成长发展，以实现其最大潜能；社会应提供资源与服务，以满足人们的需求并避免食而无粮、教而无师、病无良医、住无蔽身及种族歧视等问题的发生；人人有平等机会参与社会的模塑过程。

第三，社会工作的工具价值：社会工作者相信所有的人均应受尊敬与保持尊严，应使人有最大的机会去决定其生活方向，应协助每个人与他人互动以建立满足人人需求的社会，相信个人具有独特性，而不以刻板印象对待之。①

(四) 瑞默的社会工作价值观

美国学者瑞默在《社会工作价值与伦理》一书中，曾对西方学者关于社会工作价值观的概括作了总结，他认为："通常被引用的社会工作价值有个人价值与尊严、对人的尊重、重视个人改变的潜能、案主自我决定权、提供个人发挥潜能的机会、寻求满足人类共同的需求、寻求提供个人足够的资源与服务以满足其基本的需求、赋予案主权利、平等的机会、没有歧视、尊重多元性、对社会改革与社会正义的承诺、保密与隐私权、愿意将专业知识与技巧提供给他人。"②

(五) 中国内地学者对社会工作价值观的概括

中国内地专业社会工作起步相对较晚。尽管 20 世纪 20 年代和 30 年代，社会工作教育曾在北京、上海、南京等地高校中出现，但在 50 年代学科调整中该专业却被取消，直到 80 年代后期才得以恢复，进入 21 世纪后才开始快速发展。

因为专业社会工作起步相对较晚，所以相关的研究工作也就明显滞后。总体而言，关于社会工作价值观研究基本上还停留在对西方社会工作价值观作一般介绍、比较、反思阶段。目前，一些代表性的概括或论述有：

夏学銮认为，作为一种专业的社会工作，它是知识、价值和技能三者的统一，其专业价值应包括"敬业、接纳、自决、个别化和尊敬人"③。

罗肖泉在《践行社会正义——社会工作价值与伦理研究》一书中，对西方学者关于社会工作价值观的概括做了总结，提出："可以将社会工作价值观的基本理念概述为以个人主义为基础的公正、平等、人道观念。"④

---

① 顾东辉主编：《社会工作概论》，上海：复旦大学出版社，2008 年，第 46 页。

② 〔美〕Frederic G. Reamer：《社会工作价值与伦理》，包承恩等译，台北：洪叶文化事业有限公司，2009 年，第 33 页。

③ 参见王思斌主编：《社会工作概论(第 2 版)》，北京：高等教育出版社，2006 年，第 52 页。

④ 罗肖泉：《践行社会正义——社会工作价值与伦理研究》，北京：社会科学文献出版社，2005 年，第 88～89 页。

陈钟林与黄晓燕认为，各位学者对社会工作基本价值的界定和概括虽然不完全相同，但其核心是一致的，“都是围绕人所具有的受尊重、独特性、成长能力而展开，充分体现出社会工作对人的热爱与关心，注重服务于人，促进公平、正义和改善人与社会环境关系的理想追求”①。

二、各国（地区）“专业守则”对社会工作核心价值的规定

为规范社会工作者的专业行为，不同国家或地区都制定了专门的工作守则，在一些守则中也不乏对专业核心价值的概括。这里主要介绍美国以及我国港台和内地专业守则中的相关规定。

（一）美国社会工作者协会《伦理守则》对社会工作核心价值的规定

现行美国社会工作者协会《伦理守则》是 1996 年通过的，其后于 1999 年和 2008 年进行了两次修订，它是目前世界范围内最为全面的社会工作专业守则，该《伦理守则》首次将社会工作核心价值包括其中：

“社会工作专业的使命立足于一整套核心价值。这些伴随社会工作专业走过专业历史的、为社会工作者所信奉的核心价值，是社会工作独特的目标与视角的基础：服务，社会公正，个人尊严与价值，人际关系的重要性，正直，能力。这些核心价值的组合反映了社会工作专业的独特性，核心价值和由此衍生出的原则必须配合不同的人类社会环境及其复杂性而定。”②

（二）香港《注册社会工作者工作守则》对社会工作核心价值的规定

香港社会工作者注册局《注册社会工作者工作守则》第一部分对“基本价值观及信念”作了专门规定：

（1）社工的首要使命为协助有需要的人士及致力处理社会问题。

（2）社工尊重每一个人的独特价值和尊严，并不因个人的族裔、肤色、家庭/社会/国家本源、国籍、文化、出生、性别、年龄、语言、信仰、政治或其他主张、家庭/社会/经济地位、残疾、教育程度、对社会的贡献或性倾向而有所分别。

（3）社工相信每一个人都有发展的潜质，因而有责任鼓励及协助个人在顾及他人权益的情况下实现自我。

（4）社工有责任维护人权及促进社会公义。

---

① 陈钟林、黄晓燕：《社会工作价值与伦理》，北京：高等教育出版社，2011 年，第 50 页。

② 美国社会工作者协会：《伦理守则》，《序言》，参见本书附录部分，下同。

(5) 社工相信任何社会都应为其公民谋取最大的福祉。

(6) 社工有责任更新、提升及运用本身的专业知识和技能去推动个人和社会的进步,务求每一个人都能尽量发挥自己的所能。

(7) 社工认同人际关系的重要性,会尽力加强人际关系,务求维持、促进及提高个人、家庭、社团、机构、社群的福祉,帮助社会大众预防及减少困境与痛苦。①

(三) 台湾《社会工作伦理守则》对社会工作核心价值的规定

台湾社会工作师公会联合会《社会工作伦理守则》第一章“总则”也对社会工作核心价值作了规定,具体内容是:“以人性尊严为核心价值,努力促使案主免于贫穷、恐惧、不安,维护案主基本生存保障,享有尊严的生活。”另外,还提到了7条伦理原则:“尊重、关怀、正义、坚毅、廉洁、守法、专业。”②

(四) 中国内地社会工作守则对社会工作核心价值的规定

中国内地的社会工作守则主要有中国社会工作者协会制定的《中国社会工作者守则》和地方社会工作者协会制定的守则,如《上海注册社会工作者守则》、《深圳市社会工作者守则》等。不过,这些守则对社会工作核心价值都未做专门表述,一些为业内所广泛认可的价值内容,如“服务”、“平等”、“人的价值与尊严”等,只是散见或渗透在守则的具体规定中。

2012年12月28日,民政部向社会发布《社会工作者职业道德指引》,在第一章《总则》中提出:“社会工作者应践行社会主义核心价值观,遵循以人为本、助人自助专业理念。”尽管未详细展开,但毕竟对社会工作核心的专业理念做了表述。

三、关于社会工作核心价值的一般概括

前面所列学界与各地专业守则对社会工作核心价值的概括或规定,尽管具体表述多种多样,但其中又不乏共同之处,这在一定程度上反映了人们对社会工作核心价值的共识。

“社会工作是以利他主义为指导,以科学的知识为基础,运用科学的方法进行的助人服务活动。”③无论是从出发点、过程还是从结果来看,社会工作都是在帮助人,助人是社会工作的本质。社会工作者在从事助人活动时,必然要有如下一些基

---

① 香港社会工作者注册局网站,www.swrb.org.hk/chiASP/draft_cop_c.asp。

② 台湾社会工作师公会联合会网站,http://www.nusw.org.tw/。

③ 王思斌主编:《社会工作概论》,北京:高等教育出版社,2006年,第12页。

本思考或认识，如自己所从事活动的性质是什么？自己为什么要从事这一活动？如何看待活动的相对方——受助者？自己在活动中应该怎样对待他们？还有，应该怎样对待同工？如何看待自己所从事的这份专业？等等，这些思考或认识也就是概括社会工作核心价值的基本出发点。

第一，服务。

社会工作是一种专业社会服务活动，为社会中有需要的人提供服务，这是社会工作的宗旨。

第二，利他。

社会工作者为他人提供服务应超越个人利益，其行为动机应是利他的、非功利的。

第三，社会公平与正义。

社会工作者的助人活动在微观层面上是为了服务对象，在宏观层面上则是为了社会的公平与正义。社会工作者协助弱势群体争取平等的发展机会，协助困难群体预防和克服阻碍、走出困境，这都是社会公平与正义的要求与体现。社会工作者是社会公平的维护者，是社会正义的践行者。

第四，人的价值与尊严。

社会中的每一个人，不论贫富贵贱都有与生俱来的价值与尊严；都有权利追求更加美满的生活以满足自己的需要；每个人都是独立的个体，既有与他人相近的生理和心理需求，也有自己独特的偏好；都有自我选择的能力和发展的潜质等。

第五，平等与尊重。

社会工作者在服务过程中应从内心真诚接纳而不歧视服务对象，要以尊重和宽容的态度与服务对象建立平等的专业关系。

第六，合作。

无论是社会工作者之间还是专业服务机构之间，基于共同的服务宗旨和专业使命，彼此都是相互合作的关系。另外，社会工作者与服务对象之间也是一种合作关系。

第七，敬业。

社会工作者不仅要热爱所从事的专业，坚信专业在社会发展中的作用，而且要不断学习和充实自己的专业理论，努力提高专业服务质量，积极促进专业发展。

第二节　社会工作核心价值的理论基础与思想渊源

社会工作起源于西方，其价值观必然根植于西方文化中，西方文化有着悠久的历史，最早可以溯源到古希腊罗马时期。但是，社会工作毕竟是近代工业化和城市化的产物，社会工作价值观与西方近代思想观念有着更为密切的关系，本节主要对社会工作核心价值的理论基础与思想渊源加以阐释。

一、服务

社会工作在本质上是一种助人活动，“服务”是社会工作本质的体现。这里的“服务”，是社会服务、专业服务，但从价值的角度，它更主要的是服务对象利益至上的服务，服务本身是目的而不是手段。

第一，社会工作是社会化服务，它不是单纯的个人服务或小农经济条件下建立在初级关系基础上的家庭、亲朋或邻里互助。社会工作者开展服务活动是基于社会的制度安排，而不是单纯的个人意愿。同样，“人们遇到困难找社会工作者，不是找的某个具体的个人，而是求助于一种制度的帮助和支持”①。社会工作者在开展服务活动时，必须遵循社会化服务的规范和要求，必须采用为社会所认可的服务方式和手段。

第二，社会工作是社会服务，它既不同于以营利为特征的商业服务，也不同于以公共权力或公共资源使用为特征的公共服务，它是“以劳务为主要形式，向有困难的社会成员，特别是社会弱者提供的改善其处境的活动。它是将社会保障、社会福利传至有需要社会成员的过程”②。每一个社会工作者都必须明确，自己所做的一切是服务而不是管理或控制，在服务的过程中必须坚持服务对象利益至上。

第三，社会工作是专业服务，“专业”是有效实施服务的手段。社会工作源于民间志愿助人活动，经过百余年的发展，其专业地位已得到了广泛的社会认可。但是，社会工作在专业化过程中也出现了一些“异化”现象，如有些工作人员动辄以“专业人士”自居，对专业技术过于依赖，固守刻板的操作规程，这在有些时候会表现出“对社会工作价值观的‘反叛’：价值观的基础和指导地位被专业的技术和管理取代了”③。香港著名社会工作专家、国际社会工作学校联盟主席阮曾媛琪教授曾指出：“专业化绝不等于专业注册制度，亦不等于专业资格。专业化标志着工作人员的良好态度及操守，及优质服务的提供。”而“过分地相信管理主义及市场导向很容易会引致目标转移，令社会福利渐渐忘记了其最初的创新及倡导精神，变成为种

---

① 郭景萍：《现代社会工作的基本特征：制度化利他主义》，《社会科学研究》，2005年第4期。

② 王思斌主编：《社会工作概论》，北京：高等教育出版社，2006年，第13页。

③ 罗肖泉：《践行社会正义——社会工作价值与伦理研究》，北京：社会科学文献出版社，2005年，第94页。

种管理及问责机制的奴隶”。[1] 实际上，无论怎样的专业与管理，都要服从于“服务对象利益至上”原则，否则社会工作也就失去了存在的价值和意义。

二、利他

社会工作者坚持“服务对象利益至上”原则，也就必然信守“利他主义”的价值理念。

社会工作是一种利他行为，这种“利他”不仅表现在行为的结果上，而且更主要地表现在行为的动机上。作为一名社会工作者，当他面对相对弱势或困难的服务对象时，首先必须要有“利他”之心，要有奉献精神，要有全心全意尽自己最大努力帮助服务对象的意识。工作者不得利用工作关系追求个人私利。这种个人私利，不仅包括物质利益，也包括赞美、欣赏或深入的情感等。

在思想渊源上，西方社会工作的“利他”价值与基督教的“博爱精神”有着密切的关系。按照基督教的教义，上帝对人类的爱是“圣爱(agape)”，是无差别、无条件的，是上帝完善和伟大的最直接表现，它指引着人类的爱超越家庭、种族和民族的界限，具有至高无上的力量；人是上帝创造的，上帝爱人类，人类也要爱上帝，人类只有“敬爱”上帝才能被赦免原罪而得到幸福生活。人与人之间要“彼此相爱”，这是上帝的命令。[2] 还有，人与人之间要遵循“爱人如己”的原则，“无论何事，你们愿意人怎样待你们，你们也要怎样待人”[3]。按照基督教教义，“爱他人”是上帝的诫命，因而应当与上帝对人类的爱一样是无条件的、无差别的。“爱他人”不仅是爱自己的家人、爱亲朋、爱邻居，而且要爱陌生人，甚至是爱仇敌。“爱他人”要通过宽容、忍让、牺牲、施舍等美德表现出来。基督教的爱“caritas”含有“献身于他人福利”之意。基督教的“博爱精神”对西方社会工作的“利他”价值有着深刻影响。

三、社会公平与正义

促进社会公平与正义，这是社会工作的专业使命。

公平、正义、公正、平等，这些都属于古老的道德范畴，古今中外思想家有着太多的论述，这些范畴在内涵上有相通之处，可以相互解释，但在使用上又存在着不

---

① 阮曾媛琪：《迈向21世纪香港社会工作的趋势、挑战与使命》，《迈向21世纪》，香港：八方文化企业公司，1999年，第446、450页；转引自罗肖泉：《践行社会正义——社会工作价值与伦理研究》，北京：社会科学文献出版社，2005年，第95页。

② 《约翰福音》第十五章。

③ 《马太福音》第七章。

同。吴忠民认为,“公正”和“正义”是同一个概念,带有明显的“价值取向”,而“公平”则带有明显的“工具性”,它强调的是衡量标准的“同一个尺度”,强调对待人或事要“一视同仁”。[①] 不过,“公平”范畴也是具有一定“价值取向”的,表现为对“公”的强调,这也是它与“平等”范畴的区别所在。需要说明的是,这里作为社会工作价值的“公平、正义”等范畴是就社会而言,不是就个人品德而言的。社会工作的“社会公平与正义”价值,特别强调如下三方面的内容:

(一) 乐观看待社会发展前景

在某种意义上,社会工作者都是理想主义者,他们对社会未来持乐观态度,相信社会发展的美好前景,相信通过人们的努力,社会将变得越来越美好。正是在这一信念的支撑下,社会工作者积极投身于专业实践,以期通过自己的努力增进社会福祉。

西方近代乌托邦主义对社会工作早期实践以及价值理念的形成具有重要作用。“乌托邦主义宣扬的是一种不分阶级、人人平等和公民富足的社会图景,在这个社会里,财产公有,公民为促进公共福利而劳作。”[②]乌托邦主义描绘了一个非常美好的社会图景,尽管有空想成分,但它反映了人们对美好社会制度和幸福生活的向往,这在很大程度上会激发或增强人们参与助人活动的动机。当然,社会工作者并非空想主义者,也不是简单的理想主义者,而是行动者。他们相信通过人类的不懈追求和奋斗,社会将会变得越来越美好。

西方学者基斯—鲁卡斯(A. Keith-Lucas)曾将人道主义、实证主义和乌托邦主义结合起来,提出了“HPU(Humanist-Positivist-Utopian)”信仰体系,基本观点是:社会的主要目的就是实现人的物质和情感需要;如果人的需要被满足,那么人就会获得善良、成熟、正义等,人和社会的大部分问题都将解决;一般说来阻碍人获得这种状态的是个人无法控制的外部环境;这些外部环境可以被那些拥有科学和技术知识的人,运用“科学方法”所操纵;人和社会最终会达到完美境界。在基斯一鲁卡斯看来,这种关于个人和社会关系的论述构成了社会工作价值观念的基础。[③]

(二) 强调社会对个人的责任

个人是社会的主体,是社会的构成单位。因此,一个公平与正义的社会,必然

---

① 吴忠民:《走向公正的中国社会》,济南:山东人民出版社,2008年,第18页。

② 王思斌主编:《社会工作导论》,北京:高等教育出版社,2004年,第82页。

③ 王思斌主编:《社会工作概论》,北京:高等教育出版社,2006年,第45～46页。

要关心和保护每一个社会成员，特别是社会中的弱者和生活困难者。“社会有责任协助每一个成员去克服或预防各种阻碍，使其能自我实现”，这既是社会工作的价值理念，也是现代社会福利的宗旨和原则。

“社会福利”有广义和狭义两种理解：在广义上，它包括所有旨在改善和提高人们生活质量的服务活动与制度措施，面向全体社会成员；在狭义上，它专指为社会弱者和生活困难者提供的服务与救济。伴随资本主义的发展，西方社会福利制度逐步从狭义层面转向广义层面，保障的范围扩展到了全民教育、医疗、住房、就业、养老和收入等各个方面。20世纪50年代，“福利国家”的出现，标志着西方社会福利制度发展进入了一个新阶段。

社会工作的出现与西方社会福利制度有着密切关系，起初它是为适应社会福利制度需要实施者或代理人的要求而产生的，社会福利制度是社会工作运作的前提和基础，社会工作是社会福利体系的重要组成部分。这样，社会工作价值必然要受社会福利思想的影响，西方社会福利思想中所体现出的“社会对人的关怀与责任承担”、“追求社会公平”、“享有福利是公民的权利”等观念，都对社会工作价值观有着直接影响，“社会福利观念是社会工作价值的灵魂”。①

（三）强调社会平等

社会平等，在一般意义上，也就是人们在社会中得到相同对待。社会平等具有明显的“工具性”特征，尽管社会公平与正义不能完全归结为社会平等，但是社会平等却是社会公平与正义的重要内容，在很大程度上甚至可以说是社会公平与正义的实现原则与衡量尺度。

美国当代政治哲学家罗尔斯（J. Rawls）关于“社会正义”的探讨，对社会工作价值观具有重要影响。美国社会工作者协会《伦理守则》最新版本修订委员会主席瑞默在解释这一守则时，就视罗尔斯的“正义论”为专业价值观的理论基础之一②。

罗尔斯在《正义论》中将他的“一般的正义观”表述为：“所有社会价值——自由和机会、收入和财富、自尊的基础——都要平等地分配，除非对其中的一种价值或所有价值的一种不平等分配合乎每一个人的利益。”③从这一“正义观”出发，他引申出两个正义原则：“第一个原则：每个人对与其他人所拥有的最广泛的基本自由

① 王思斌主编：《社会工作概论》，北京：高等教育出版社，2006年，第46页。

② 罗肖泉：《践行社会正义——社会工作价值与伦理研究》，北京：社会科学文献出版社，2005年，第61页。

③ 〔美〕罗尔斯：《正义论》，何怀宏等译，北京：中国社会科学出版社，1988年，第58页。

体系相容的类似自由体系都应有一种平等的权利。”①这一原则又被称为“平等的自由原则”；经过修正后的第二个原则表述为：“社会的和经济的不平等应这样安排，使它们：(1) 适合于最少受惠者的最大利益，(2) 依系于机会公平平等的条件下职务和地位向所有人开放。”②在第二个原则中，前一部分为“差别原则”，后一部分为“机会的公平平等原则”。罗尔斯认为他的两个正义原则与自由、平等、博爱的传统观念是一致的，“自由相应于第一个原则，平等相应于与公平机会平等联系在一起的第一个原则的平等观念，博爱相应于差别原则”③。而且认为，第一个原则优先于第二个原则，第二个原则中的机会平等原则又优先于差别原则。

受罗尔斯的“正义论”影响，社会工作价值观的“社会平等”理念特别强调：(1) 基本权利平等。所有社会成员都应享有作为“人”所应有的平等自由权利，这是一般意义上的公民平等，按照第一个原则，这些自由都要求是一律平等的，因为一个正义社会中的公民拥有同样的基本权利。(2) 发展机会平等。它以个体人为基本出发点，主张确立一种自致性的努力方向，以开发每个社会成员的潜能，并为社会成员提供一种平等竞争的公正环境，而力图消除先赋性等影响个人发展的不正常因素。

社会工作价值观强调社会平等，并非完全否认社会差别。首先，每个社会成员由于先天禀赋及后天能力的差别，即使完全做到了机会平等，也仍然会存在事实上的不平等，如果过分追求“份额平等”，则不仅会付出“牺牲效率”的代价，而且还会产生新的不平等；其次，社会工作对于作为弱势群体或困难人群的服务对象应该“多一份关爱”，从社会工作的角度，“雪中送炭”比“锦上添花”重要，“为了体现真正的社会正义，有时我们还必须不平等地对待不同的人，才能达至平等”。④ 这与罗尔斯的“差别原则”有着某种精神上的契合。正如何怀宏所言，罗尔斯的理论“反映了一种对最少受惠者的偏爱，一种尽力想通过某种补偿或再分配使一个社会的所有成员都处于一种平等地位的愿望”⑤。

四、人的价值与尊严

社会工作的服务对象主要是社会中的弱势群体或困难人群，具有一定特殊性。

---

① 〔美〕罗尔斯：《正义论》，何怀宏等译，北京：中国社会科学出版社，1988 年，第 56 页。
② 同上书，第 79 页。
③ 同上书，第 101 页。
④ 姜娅：《社会工作的伦理基础》，《道德与文明》，2003 年第 5 期。
⑤ 何怀宏：《公平的正义——解读罗尔斯〈正义论〉》，济南：山东人民出版社，2001 年，第 19 页。

社会工作者在面对这些服务对象时，必须持有这样的价值理念：社会中的每一位成员，都有与生俱来的价值与尊严。具体而言，这一价值理念着重强调如下五个方面：

（一）人的主体性地位

世间万物，人是最重要的。在人与物的关系中，处在主体地位的只能是人，这是人的价值的根本体现。人不能成为“神”或者其他什么东西的工具与手段，更不能为各种“异己”力量所奴役。

当然，现实社会中每个人又都是主体和客体的统一。个人在作为主体的同时又是两方面意义上的客体，一是自身意义上的客体，二是他人、群体和社会意义上的客体。个人是目的和手段的统一，这是由人的社会性本质所决定的。每个人都要处在现实的社会关系中，都要和他人有这样或那样的联系，社会性是人的本质属性，正如马克思在《关于费尔巴哈的提纲》中所言：“人的本质并不是单个人所固有的抽象物，在其现实性上，它是一切社会关系的总和。”[①]个人不能脱离社会而存在，因而在社会中也就不能仅仅作为目的而存在，个人对他人和社会同样要承担一定责任。

（二）人的基本权利

每个人来到这个世界上，都有作为“人”所具有的基本权利，这是“人”的尊严的体现。人的基本权利不容侵犯，否则表面看起来受害的是个人，实则是对人的“类尊严”的践踏。吴忠民认为：“如果这种践踏是与社会制度的重大缺陷直接相连的话，那么这就说明：本来，我们每个人都有可能是受践踏者，只是出于某些偶然性的原因才避免了这种践踏。只要我们稍微理性一些的话，便不会把这种偶然的‘幸运’看做一件极为正常、十分必然的事情，而会产生一种普遍的警惕。”[②]

人的基本权利是多方面的，1948年12月10日联合国大会通过了《世界人权宣言》，首次对人的基本权利作了规定。其后，联合国大会又通过了《公民权利和政治权利国际公约》和《经济、社会及文化权利国际公约》（1966），《儿童权利公约》（1989），《残疾人权利国际公约》（2006）等等。这些公约关于人的基本权利的规定，对于社会工作服务活动具有重要参考意义，在这些文件中均可发现“尊严”一词，“尊严”是人的基本权利的出发点。

---

① 《马克思恩格斯选集》第1卷，北京：人民出版社，1995年，第56页。

② 吴忠民：《走向公正的中国社会》，济南：山东人民出版社，2008年，第19、20页。

从社会工作价值的角度,服务对象接受社会或他人的帮助从而维持基于人的尊严所应有的基本生活,这是他的基本权利,不能理解为这是社会或他人对他的施舍与恩赐。

(三) 人的基本需要

每个人在社会中存在,都有作为"人"所具有的基本需要。让每个成员满足其基本需要,这也是基于人的尊严而对社会提出的要求。

人的需要是多方面的、多层次的。美国人本主义心理学家马斯洛(A. H. Maslow)曾将人的"基本的需要"划分为五个层次:生理需要、安全需要、爱的需要、尊重的需要和自我实现的需要,他认为这些需要的满足存在一定顺序,当然也有许多例外。① 从社会工作或社会福利的角度出发,人的基本需要,也就是在特定社会条件下作为一个"社会人"所必须达到的最低生活状态,基本需要的满足直接关乎人的生存与发展。

社会工作者在服务的过程中,必然要对服务对象的"需要"加以分析,不仅要关注其基本需要,而且要关注其多样的个性化需要。

(四) 人的个性化差异

社会中的每个人都是一个独特个体,都有其与众不同之处,这表现为人的个性。人的个性不应被漠视,更不应被压制或无条件消融在群体共性中,人的个性体现着人的尊严。

在社会工作实践中,服务对象的个体差异不容忽视。社会工作者面对服务对象,应充分考虑其在性别、年龄、性格、能力、禀赋、职业、社会地位、政治信仰、宗教等诸方面的差异,坚持"个别化"原则,而不是采用一般或同一方法回应他们的独特需要。

(五) 人的潜在能力

社会中的每个人都具有自我完善、自我发展的能力,无论现在多么弱势、多么失能,都不应该被贬低、被轻视。承认人的潜在能力,意味着对人的尊严的肯定。

社会工作强调为服务对象增能。增能理论认为,社会中的弱者之所以处于弱势地位,并非个人自身原因所致,而是由于环境的排挤和压迫;个人并不缺少能力,缺少的只是能力得以发挥的条件。

---

① 参见〔美〕马斯洛等:《人的潜能和价值》,林方主编,北京:华夏出版社,1987 年,第 162~177 页。

“助人自助”是社会工作的基本原则，该原则强调服务对象并非是完全被动、消极等待的“受助者”，而是具有各种潜在的能力，社会工作者所要做的只是帮助其发挥潜能。另外，社会工作的“案主自决”原则，也是建立在“相信服务对象具有相应能力”前提之上的。

以上从五个方面对“人的价值与尊严”的内涵作了分析。社会工作对于“人的价值与尊严”的强调，在思想渊源上，与西方近代出现的人文主义思潮以及在此基础上发展而来的个人主义有着直接关系。

西方近代人文主义者首先在反对宗教神学的斗争中发现了“人”的存在。为反对中世纪宗教神学，文艺复兴时期的人文主义者打着复兴古文化的旗帜，极力抬高人的地位，贬抑神的地位，用人性、人权、人道去反对神性、神权、神道，运用各种形式从各个方面“称颂人的价值、尊严和伟大，反对对人的蔑视；赞美人的世俗生活，反对禁欲主义；重视理性和知识，反对盲目信仰；提倡个性解放，反对封建桎梏和封建等级制度”①。人文主义是欧洲最早的资产阶级思潮，文艺复兴实质是一场资产阶级的思想启蒙运动。

需要说明的是，西方近代人文主义尽管对宗教神学进行了猛烈批判，但其社会价值观并没有对基督教观念完全的背叛，“它抛弃了基督教以神为中心的生活理想，但又在自己的殿堂中悬挂着一把‘上帝之剑’，既以此弥补人世间有限的物质追求带来的精神空虚，满足人类追求终极价值的需要；又以此制约和震慑自由竞争状态下随时可能出现的违规行为，确保社会秩序的稳定”②。

在近代，与世俗人文主义思潮并起的还有宗教内部的改革运动，在很大程度上体现了人性对神性的自由。这一运动深受人文主义思潮影响，主张把个人信仰看得高于一切，宣扬个人信仰自由，反对教会对个人信仰干预。

在西方近代人文主义思潮基础上发展而来的个人主义，可以说是整个西方价值观念的基础和核心。个人主义坚持个人本位、个人至上，强调个人的价值与尊严，主张个人有权决定自己的行为和生活方式，强调个人要对自己的行为负责，反对权威和对个人的支配，这些观念无疑也是社会工作“人的价值与尊严”这一价值的基础与核心。

当然也不能否认，个人主义对于社会工作价值也存在一定的负面影响。尽管个人主义不能等同于利己主义，“但是，既然个人主义的理论根基在于信奉个人至

---

① 冒从虎等：《欧洲哲学通史(上)》，天津：南开大学出版社，1985年，第271页。

② 罗肖泉：《践行社会正义——社会工作价值与伦理研究》，北京：社会科学文献出版社，2005年，第43页。

上、个人本位，那么，它在总的价值目标上就很难与利己主义严格区分开来”[1]。在历史上最先创造并使用“个人主义”概念的法国思想家托克维尔（Alexis de Tocqueville），从一开始就意识到了这一点，他说：“利己主义可使一切美德的幼芽枯死，而个人主义首先会使公德的源泉干涸。但是，久而久之，个人主义也会打击和破坏其他一切美德，最后沦为利己主义。”[2]个人主义的“利己性”显然会对社会工作的“利他”价值产生冲击。不过，西方在注重个人主义积极作用发挥的同时，也在不断通过宗教和法律手段防止其滑向利己主义。

五、平等与尊重

基于对“人的价值与尊严”的肯定，社会工作者必须具有基本的人文关怀理念：以人格平等为前提，关心人、尊重人，在服务活动中善待服务对象。

（一）人格平等

“人是一个类，每一个成员对于这个类来说，彼此是完全平等的。”[3]这里的“平等”，不是指权利平等或机会平等，而是指人格平等，也就是，社会中的每个人，尽管各自职业不同、社会地位不同、贡献大小不同、先天素质不同、后天发展机会不同、当前境遇不同等等，但他们都首先是“人”，都有为“人”的资格，都有做“人”的尊严，都应得到“人”的对待，在这一点上大家彼此是平等的。

在社会工作服务过程中，一方是服务的提供者、具有专业优势，一方是服务的接受者、能力相对不足，双方在地位上具有明显的非对等性，社会工作者明显居主导地位。正因为如此，社会工作价值观不仅强调服务对象利益至上，而且强调双方人格平等。

西方社会工作价值观的“人格平等”理念深受三方面平等思想的影响：(1) 自然平等，源于古希腊的人文精神，认为平等是人的自然权利。文艺复兴时期，近代启蒙思想家宣称天赋人权、人生来平等，以此对封建专制进行批判。(2)“法律平等”，源于古罗马的法制精神，强调法律权威至高无上，无论平民还是官吏都没有超越法律之上的权威，在法律面前人人平等。(3)“宗教平等”，源于希伯来宗教精神，强调上帝是全能的，主宰人间万物，每个凡人都是上帝的创造物，包括教皇在内的一切信徒在上帝面前人人平等。

---

① 罗国杰主编：《伦理学》，北京：人民出版社，1989年，第171页。

② 〔法〕托克维尔：《论美国的民主》（下），董果良译，北京：商务印书馆，1988年，第625页。

③ 罗国杰等：《伦理学教程》，北京：中国人民大学出版社，1986年，第237页。

（二）尊重

“尊”者，“敬”也，“尊即恭敬”①；“重”即重视，不轻视或漠视。“尊重”是社会工作者对待服务对象所有伦理守则的核心与基础，“不歧视”、“接纳”，体现了对平等人格的尊重；“不批判”、“宽容”、“同理”，体现了对服务对象权利、需要及选择的理解与尊重；“保密”是对隐私的尊重；“知情同意”、“自决”是对能力与选择的尊重；“个别化”是对个性的尊重，等等。

人道主义是社会工作“尊重”价值的直接理论基础。人道主义在近代人文主义思潮的基础上发展而来，最初是作为资产阶级的伦理原则和道德规范提出的，后来逐步扩展到政治、法律、国家等领域，成为资本主义世界具有世界观和历史观意义的综合价值体系。关于人道主义的内容，具体界定多种多样，但是其基本宗旨却是一致的：那就是肯定人的价值与尊严、关心人、尊重人。“人道主义便是视人本身为最高价值从而主张善待一切人、爱一切人、把一切人都当作人看的思想体系。”②“社会工作专业从诞生时起就把‘人道主义’写在自己的专业旗帜之上。”③

六、合作

社会工作是社会工作者协调各方资源、运用专业方法帮助服务对象的活动。在这一活动中，社会工作者除了与服务对象的关系外，还有与同工的关系，与各资源提供者的关系等，这些关系在本质上都是合作关系。社会工作者在协调各方关系时，必须具有合作意识，信守“合作”理念。

首先，各位同工之间是一种合作关系。社会工作是利他的，社会工作者提供服务活动是超越个人利益的，所以在服务活动中，各位同工所应有的只是坦诚相待、平等竞争、取长补短、共同提高，而不是尔虞我诈、钩心斗角、工于算计，孜孜求利。社会工作者之间的合作关系，对于重建现代社会中被商业化所扭曲的人际关系，无疑具有示范性作用。

其次，各社会工作服务机构在根本意义上也是一种合作关系。尽管机构之间不乏竞争，但竞争的目标点应是服务的专业性和运作的规范性。社会服务领域非常广泛，各机构完全可以有自己的细分定位，这不仅有利于机构形成自己的服务特

---

① 《礼记·儒行》中“其尊让有如此者”，孔颖达疏解：“尊为恭敬，让为卑谦。”

② 王海明：《新伦理学》，北京：商务印书馆，2001年，第399页。

③ 罗肖泉：《践行社会正义——社会工作价值与伦理研究》，北京：社会科学文献出版社，2005年，第7页。

色，而且有利于机构之间的相互合作。

再次，各资源提供者之间是一种合作关系。社会工作者不是全能的，在服务活动中需要充分协调、整合各方资源，除了要和同工合作外，还要注意与相关的机构、部门、其他专业人士、社会志愿力量等相互配合，有效合作。

最后，社会工作者与服务对象也是一种合作关系。社会工作不是单方面的施予，而是社会工作者与服务对象共同解决问题，在这一过程中，服务对象的积极参与往往是服务活动取得成效的关键。

七、敬业

因为社会工作的利他性，所以社会工作者对专业必须有一种虔诚与热爱，这已不是一般的职业伦理规范，而是一种深层的价值理念。

社会工作的"敬业"表现为高度的专业责任感。社会工作者不仅要坚信专业的社会价值，自觉地认同专业的各种规范，而且要尽自己最大努力以促进专业发展。在美国社会工作者协会《伦理守则》中，有两项核心价值强调"敬业"：一是"正直"，二是"能力"。"社会工作者的行为应是值得信赖的"、"社会工作者应持续地致力于增加自己的专业知识和技巧，并运用于实务工作中，社会工作者应鼓舞自己对专业的知识基础有所贡献"，等等。

社会工作的"敬业"价值深受新教伦理之"天职"观念影响。宗教改革时期，路德在翻译拉丁文《圣经》时，把拉丁文的"vocatio（圣召）"一词译为德文的"Beruf"。"圣召"是指听从上帝的召唤，"而 Beruf 如作为 profession，应指人的现世使命的'职业劳动'"[①]，"Beruf"中含有"由上帝安排的工作"的意思。按照德国学者韦伯（M. Weber）的分析，宗教改革抛弃了原来天主教那种禁欲主义的修行以及超越尘世的空洞的劝诫和训令，在加尔文教"预定论"的威慑下，新教徒把做好世俗的职业工作视为增加上帝荣耀之举，视为自己被上帝预先选择获救的手段。"这样，职业思想便引出了所有新教教派的核心教理：上帝应许的唯一生存方式，不是要人们以苦修的禁欲主义超越世俗道德，而是要人完成个人在现世里所处地位赋予他的责任和义务，这是他的天职。"[②]新教的"天职"观念成为西方包括社会工作在内的一切职业为自己制定职业伦理的基础，"忠于职守"则成为一切职业伦理的核心理念。

---

① 王养冲：《西方近代社会学思想的演进》，上海：华东师范大学出版社，1996 年，第 212 页。

② 〔德〕韦伯：《新教伦理与资本主义精神》，于晓、陈维纲等译，北京：生活 · 读书 · 新知三联书店，1987 年，第 59 页。

第三节 社会工作价值观的矛盾与冲突

社会工作价值观的矛盾与冲突，不仅会发生在不同的文化背景下、不同的价值层次之间，而且还会存在于特定的价值观内容体系之中。

一、社会工作价值观的两种不同取向

社会工作是促进个人与社会和谐互动、相互适应的专业。为此，个人与社会的关系问题是社会工作的基本问题。

对于个人与社会的关系，尽管多数研究者并不否认双方的相互作用，但是对于双方的地位侧重则各有不同理解，由此带来了方法论上的"个体主义"与"整体主义"之争，与此相应，社会工作也表现出了两种不同的价值取向，或者说存在着两种不同取向的社会工作价值观。[①]

个体主义取向的社会工作价值观，特别关注服务对象个人，认为社会工作就是为有困难的个人提供资源与服务；认为社会问题的根源是个人的不幸或有问题的性格，只有解决了个人问题，社会问题才能得到最终解决。持这种价值观的社会工作者，更多考虑的是如何切实帮助有困难的个人，在服务过程中即使他们感到社会制度或政策层面存在问题，也认为仅凭社会工作者的力量难以改变，其基本价值表述是：社会政策掌握在制定政策的人手中，我们能够做的就是帮助那些眼前有困难的个体。

整体主义取向的社会工作价值观，特别关注社会环境，认为社会工作的目的是维护社会秩序稳定和促进社会整体发展；认为服务对象的问题主要不是个人原因导致的，而是社会环境造成的，或者说是个人与社会环境缺乏有效互动的结果。持这种价值观的社会工作者，主张通过社会变革、通过批判和摒弃不公正的社会制度与政策，以改变弱势群体的社会地位，从而最终促进社会稳定与发展，其基本价值表述是：解决个体困难最终是为了整个社会的稳定，我们需要做的就是促成政策变化以使更多的人受益。

总体而言，社会工作发展存在一个从"个体主义"向"整体主义"价值转向的过程。起初，社会工作的价值基础是同情和怜悯，并没有将帮助困难者视为社会的责任，此时社会工作多半与慈善联系在一起。20 世纪上半叶，受弗洛伊德精神分析

---

① 文军：《个体主义还是整体主义：社会工作核心价值观及其反思》，《社会科学》，2008 年第 5 期。

理论的影响，社会工作表现出明显的个体主义价值观取向，实务工作多专注于个人精神分析与心理治疗，而忽视社会对个人的影响。在20世纪六七十年代，社会工作开始吸收、借鉴现代系统论的观点，强调“人在环境中”，强调对困难者的帮助是社会的责任，强调社会的公平与正义，表现出了整体主义的价值取向。

如同个人与社会是相互作用的一样，两种不同取向的社会工作价值观也不是截然对立的。现代意义的社会工作，一方面高度重视个人的价值与尊严，另一方面又着力强调社会的公平与正义，实际上这两方面的价值追求在本质上是一致的，社会工作者是“协同或代表案主来促进社会正义和社会变迁”①。现代意义的社会工作价值观，主张通过促进个人与社会环境的协调适应以解决价值观的冲突，试图超越个体主义与整体主义取向的对立而强调双方的结合。

二、“价值中立”与“价值介入”

作为一个助人的专业，社会工作既具有科学性，又具有价值关怀性，这在实务领域中会出现“价值中立”与“价值介入”之争。

价值中立，又称价值无涉，它只强调事实判断而主张搁置价值评判，表现在社会工作实务领域就是，社会工作者不能把个人的价值观带到服务实践中，社会工作者与服务对象之间只是一种有限的专业关系。价值介入与价值中立相对立，指社会工作者将某种价值观带到服务实践中，或者是将某种价值观强加给服务对象。

在社会工作实务中，主张或强调价值中立，主要有四方面的理由：(1) 为了保证专业的科学性。社会工作者开展服务活动必须运用科学方法，而不是随心所欲。(2) 在某种意义上，它是“案主自决”原则的要求。当今持价值中立立场开展工作的社会工作者，可能会通过更加彻底地接受当事人自决来回避道德上的难题，从而减少或避免社会工作服务过程中的“直接给予指令”或“家长制作风”。(3) 为了更全面、客观地看待服务对象，避免先入为主或将服务对象“标签化”。(4) 价值评判的相对性。“按照许多人的说法，把价值判断暂时放到一边的一个理由，是在我们这个多元社会已经不再有什么绝对的对与错。对自己来说似乎是不对的事，对另一个人来说可能就是对的。今天是对的，明天可能就是错的。”②

尽管如此，价值中立原则在社会工作实务过程中至少会遇到两方面挑战：

其一，社会工作能够完全做到价值中立吗？

---

① 美国社会工作者协会《伦理守则》“序言”。

② 〔美〕拉尔夫·多戈夫等：《社会工作伦理——实务工作指南》，隋玉杰译，北京：中国人民大学出版社，2005年，第106页。

“社会工作者所做的大部分工作都涉及帮助人在现有的选择中作出抉择；这中间伦理原则是一个重要的考量。社会工作者在提供这种帮助时能不把自己的价值观强加给他人吗？这一问题特别要紧，因为社会工作者常常要捕捉用来修正或改变当事人的信念和价值观的策略。”①有些理论和实务模式认为价值介入是必要的，如艾利斯（Albert Ellis）的理性情绪治疗法，就主张“有必要改变人们的价值观和思考模式，代之以更具敏感性的、理性的思考和价值观。诸如代之以社会工作者持有的此类思考模式和价值观”②。那么，作为治疗员的社会工作者的价值观也就必然试图对服务对象产生影响。

实际上，社会工作者在服务过程中不可能完全“搁置”自己的评判，“我们能不在乎当事人做了什么吗？我们能接受对儿童性骚扰、疏于照料孩子、有暴力行为、欺骗、盗窃或是撒谎吗？社会工作者敢不谴责人身虐待和性虐待、强奸和殴打他人、不负责任的性行为和类似的反社会行为吗？”③

其二，坚持价值中立一定会提高服务成效吗？

社会工作所面对的服务对象多是在精神、心理或生理上遭受困扰而急需帮助的人。对于他们，单纯的专业关系和价值中立态度会因为过于僵硬、死板，缺乏温情而难于接受。为此，“这种观点越来越多地受到理论和实务工作者的质疑，更多人倾向于工作者应当对案主倾注更多的情感、同情、理解，与案主建立更加和谐的、富有人情味的协作、伙伴关系”④。

香港社会工作专家阮曾媛琪教授曾提出，“价值中立”只不过是一些社会工作者推卸自己责任的借口，“社会工作者常常因所处理问题的复杂性高或因本身对价值观未有清晰的把握，而往往对价值及道德取向的选择不置可否、把持不定，或不敢表态，而用‘中立’或‘案主自决’等堂而皇之的专业口号去回避了许多道德及价值观问题”⑤。

美国学者多戈夫等人提出：价值观中立在下述情况下可能会带来实实在在的损害：(1) 对可能有的自毁或其他破坏性行动不予关注。(2) 社会工作者区分不出什么是发挥功能，什么是功能失调；什么是正常行为，什么是病态行为。(3) 不能

---

①② 〔美〕拉尔夫·多戈夫等：《社会工作伦理——实务工作指南》，隋玉杰译，北京：中国人民大学出版社，2005 年，第 106 页。

③ 同上书，第 107 页。

④ 罗肖泉：《践行社会正义——社会工作价值与伦理研究》，北京：社会科学文献出版社，2005 年，第 92 页。

⑤ 何洁云、阮曾媛琪主编：《迈向新世纪——社会工作理论与实践新趋势》，香港：八方文化企业公司，1999 年，第 462 页。

对当事人的行为提出质疑可能会导致当事人认为工作者赞成自己的所作所为。社会工作者沉默不语的用意可能是表示价值中立，但他人可能会理解为是接受某个行为的信号。①

基于上述分析，社会工作者在具体实务运作过程中要把自己的价值观完全放到一边，这不仅是不合适的，而且也是难以做到的。那么，社会工作者究竟在何种情况下价值介入？应该介入到何种程度？这都需要根据实际情况作具体分析。但是社会工作者也必须记住，"绝不可把自己个人的价值判断作为唯一的决定标准"，不能把个人的价值观强加给服务对象，"识别指导自己行为选择的价值观是当事人的责任，社会工作者不可以认定有这一责任"。②

三、 社会工作价值观的内在矛盾与冲突

社会工作价值观的核心内容是多方面的，不同内容的侧重点不同，由此可能会存在矛盾与冲突。这些矛盾与冲突，就根本而言体现着个体主义与整体主义两种不同价值取向之争，反映在具体实务中则会表现为各种伦理困境。

1967 年，美国学者麦克里德（D. L. McLeod）和梅耶（H. J. Meyer）提出了十组相互冲突的价值，以此对社会工作者进行研究，结果发现社会工作者比起没有受过专业训练的人，在两难价值选择中会具有明显的偏向。该项研究不仅肯定了社会工作专业价值的存在，而且提出了专业实践中可能存在的价值冲突。这十组相互冲突的价值是：③

第一，个人价值对制度目标。

社会工作比较重视个人的价值与尊严，往往会偏向某些有特殊需要者，但社会上其他健康者或正常者的福祉，或社会团体的目标也不能忽视，两者有时不好兼顾。

第二，个人自由对社会控制。

社会工作重视"案主自决"，尊重个人自由和作出选择的权利；但另一方面，社会为了确保正常运作，又必须对其中每一个成员的行为进行有效控制，而这一定程度上会限制个人自由。

第三，团体责任对个人责任。

---

① 〔美〕拉尔夫·多戈夫等：《社会工作伦理——实务工作指南》，隋玉杰译，北京：中国人民大学出版社，2005 年，第 106 页。

② 同上书，第 110 页。

③ 参见罗肖泉：《践行社会正义——社会工作价值与伦理研究》，北京：社会科学文献出版社，2005 年，第 104～109 页。

社会团体对个人的福祉负有责任，个人对社会团体同样应该承担一定职责，以往的社会工作对后者考虑得较少。

第四，安全保障对艰苦奋斗。

一般社会工作强调国家、社会给个人各种安全保障，满足其基本需求，促进个人潜能发挥；但另有人认为，刻苦、挣扎、奋斗，也是促使人们自立自强的有效途径。

第五，相对论、实用论对绝对论、神圣论。

在实际工作中，是坚持绝对论、坚守原则立场，还是坚持相对论、灵活运用价值原则，这直接关系到社会工作者将会采取何种立场和方式来分析解决服务对象的问题。

第六，革新变迁对传统主义。

为增进人类幸福，社会工作者到底应赞同不断改革还是赞同维护传统、在安定中求进步，这难有定论。

第七，异质性对同质性。

社会工作强调个体的差异性，并将其作为人的基本权利来尊重，但在相同的社会环境或文化背景下，人的同质性也是显而易见的，如何处理同质性和异质性的关系会带来价值上的冲突。

第八，文化决定论对个人本能论。

文化决定论认为人的行为主要是由社会环境和文化背景决定的，而个人本能论则认为人的行为主要是人的生理本能决定的，二者对于人的行为能否改变以及怎样改变有着不同理解。

第九，相互依赖对个人自治。

社会工作相信人与人之间是相互依赖的，建立互助合作的理想关系是专业所要努力实现的目标之一。但同时社会工作又强调人的独立性、自主性，将“助人自助”、“案主自决”作为核心价值看待。社会工作者必须妥善处理二者的关系。

第十，个性化对模式化。

社会工作者相信，任何个体都有其独特性，不应该仅仅因为某些特性而被定型或归类，这种定型或归类会导致刻板化印象，违背个别性原则。

四、 社会工作价值观的外在矛盾与冲突

社会工作价值观作为一种专业价值，在运作过程中，与其他层次的价值之间以及不同价值承担主体之间也会存在矛盾与冲突，统称为社会工作价值观的外在矛盾与冲突。

第一，社会工作价值观与社会价值观。

一般说来，专业价值观都是社会价值观的反映，二者在根本上应保持一致。但是，专业价值观毕竟要体现出专业的特殊性，因此在具体内容上又可能会与社会价值观的一般要求有不一致之处。例如，社会工作基于服务对象的特殊性，其价值观对社会的公平与正义要更为关注，它所理解的“平等”就不仅仅是机会平等，还特别强调“差别平等”，即给予“最少受惠者最大利益”等，这显然与社会价值观中强调“效率优先”有不一致之处。

第二，社会工作价值观与社会工作者的个人价值观。

一般说来，社会工作者应该严格信守专业价值观，其个人价值观应与专业价值观一致，但这种一致并不是自然而然形成的。社会工作者除了受专业价值观影响外，还要受他所处的社会环境和文化背景的影响，这又可能使一些社会工作者的个人价值观与专业价值观之间存在不一致甚至发生冲突。[①] 关于二者冲突的处理，从专业的角度，无疑应是个人价值观服从于专业价值观。

第三，社会工作者的价值观与服务对象的价值观。

社会工作者与服务对象在价值观上存在明显分歧是常有的事，这种分歧不可避免地会影响双方的互动与合作。从实务运作的角度，双方价值观一定程度的契合(congruence)是必要的，尽管这并不总是可以做到的。下列一些方法有助于社会工作者处理与服务对象价值观的分歧：(1) 在结案、评估和诊断阶段，社会工作者应该确定价值观的不同是否与现有的问题有关。(2) 如果当事人能够参与确定是否他们与工作者之间的价值观上的这些不同会使解决问题的过程复杂化，那么社会工作者就应当同当事人讨论自己的发现。不应该事先假定当事人没有准备、做不到共同作决定。(3) 共同决定是否继续下去还是把当事人转给另一个价值观更加吻合的同事(如果有这样的同事的话)。[②]

本章小结

1. 社会工作核心价值主要包括服务、利他、社会公平与正义、人的价值与尊严、平等与尊重、合作、敬业等方面。

2. 西方的社会工作核心价值有着特定的理论基础或思想渊源，总体而言，基

---

① 罗肖泉：《践行社会正义——社会工作价值与伦理研究》，北京：社会科学文献出版社，2005 年，第 103 页。

② 〔美〕拉尔夫·多戈夫等：《社会工作伦理——实务工作指南》，隋玉杰译，北京：中国人民大学出版社，2005 年，第 111～112 页。

督教的“博爱精神”、近代乌托邦主义、现代社会福利思想、罗尔斯的“社会正义论”、西方近代人文主义思潮、个人主义、平等思想、人道主义、新教伦理等都与西方社会工作核心价值有着密切关系。

3. 社会工作价值观的矛盾与冲突，不仅会发生在不同的文化背景下、不同的价值层次间，而且还会出现在特定的价值观内容体系中。

4. 社会工作价值观体系在总体取向上存在着“个体主义”与“整体主义”之争，在具体实务中存在“价值中立”与“价值介入”之争，社会工作价值观内在的各项核心内容之间因侧重点不同可能会存在矛盾与冲突。

5. 社会工作价值观作为一种专业价值，在运作过程中，它与社会价值观、与社会工作者的个人价值观之间，以及社会工作者与服务对象的价值观之间等等，都会存在矛盾与冲突。

B 主要术语

社会工作核心价值(Core Values of Social Work)：即社会工作价值观的核心内容，是社会工作价值观中最能体现本专业特征的内容与方面。

服务(Service)：社会工作在本质上是专业性的助人活动，坚持服务对象利益至上。

利他(Altruism)：社会工作服务活动对于社会工作者而言是超越个人利益的，从服务对象身上不直接预求经济回报。

社会公平与正义(Social Fairness and Justice)：社会工作者应乐观看待社会发展前景，基于社会对个人的责任而协助服务对象争取平等发展机会、预防和克服阻碍、走出困境等。

人的价值与尊严(Worth and Dignity of the Person)：强调人的主体性地位、人的基本权利、人的基本需要、人的个性化差异、人的潜在能力等。

平等与尊重(Equality and Respect)：社会工作者在服务活动中必须具有基本的人文关怀理念，以人格平等为前提，关心人、尊重人，善待服务对象。

合作(Cooperation)：社会工作者在服务活动中需要与同工以及相关各方有效配合，而且服务也不是单方面地对服务对象施予而是与之共同解决问题。

敬业(Professional Dedication)：社会工作者必须对专业应有一种虔诚与热爱。

价值中立(Value Neutrality)：又称价值无涉，只强调事实判断而主张搁置价值评判。

价值介入(Value Involvement)：与价值中立相对，指社会工作者将某种价值观带到服务实践中，或者是将某种价值观强加给服务对象。

C 练习题

1. 分组讨论：有人认为社会工作者从“价值中立”立场出发应该不反对个人自杀、吸毒或与人通奸等，但另一些人认为这恰恰说明了“价值中立”是行不通的，对于上述两种观点，学生可以分组进行讨论。

2. 分组讨论：有人认为，社会工作者在与服务对象首次接触时应告知其自己的价值观，这样服务对象在建立专业关系时可以有所选择，以避免被强加上工作者外显的和内隐的价值观。你如何看待这一做法？

D 思考题

1. 谈谈你对社会工作核心价值的理解。

2. 思考社会工作核心价值的理论基础与思想渊源。

3. 结合具体实践，对个体主义和整体主义两种不同取向的社会工作价值观进行比较。

4. 社会工作者在具体实务运作中能够做到“价值中立”吗？

E 阅读文献

1. 〔美〕拉尔夫·多戈夫等：《社会工作伦理——实务工作指南》，隋玉杰译，北京：中国人民大学出版社，2005年，第二章、第16～36页，第七章、第105～114页。

2. 〔美〕Frederic G. Reamer：《社会工作价值与伦理(第3版)》，包承恩等译，台北：洪叶文化事业有限公司，2009年，第一、二章，第9～60页。

3. 罗肖泉：《践行社会正义——社会工作价值与伦理研究》，北京：社会科学文献出版社，2005年，导论、第一、二、三章，第1～166页。

4. 陈钟林、黄晓燕：《社会工作价值与伦理》，北京：高等教育出版社，2011年，第一、二、三、四章，第1～78页。

5. 文军：《个体主义还是整体主义：社会工作核心价值观及其反思》，《社会科学》，2008年第5期。

6. 陈莹：《从个人与社会的关系看社会工作价值观及其冲突》，《社会》，2004年第12期。

第三章　社会工作专业伦理

强烈的价值相关性和伦理特质，是社会工作专业区别于其他专业的首要标志。社会工作专业伦理是社会工作价值的具体化，是社会工作者从事专业实践的指南。虽然各国（地区）社会工作发展水平不尽一致，但总体上看，国际上还是对社会工作伦理的基本内容有着共识。

第一节　专业伦理与社会工作专业伦理概说

社会工作专业关系的建立和发展离不开社会工作伦理的指导。专业伦理的形成是一个专业发展成熟的重要标志。就本质而言，社会工作伦理是一种专业伦理，它既有专业伦理的一般性，又有社会工作专业的特殊性。

一、专业伦理的概念

英国社会学家卡尔—桑德斯（Carr-Saunders，A. M.）较早从社会分工、职业分化的角度对“专业”作了解释，认为专业是指一群人在从事一种需要专门技术的职业；专业的形成直接来源于中古世纪以来的行会组织（guilds），它需要特殊之力来培养和完成，其目的在于提供专门性服务。职业与专业或专业性职业的基本区别在于其包含多少排他性技术含量，包括是否有系统的知识体系、得到社会公认等。美国近现代著名律师和法官布朗德士（Louis Brandeis）对“专业”的定义已成为经典解释：“专业是一个正式的职业；为了从事这一职业，必要的上岗前的训练是以智能为特质，卷入知识和某些扩充的学问，它们不同于纯粹的技能；专业主要供人从事于为他人服务而不是从业者单纯的谋生工具。因此，从业者获得经济回报不是衡量他（她）职业成功的主要标准。”①

从上述定义可以看出，一个专业应具有以下特征：首先，专业应该是在特定组

① 赵康：《专业、专业属性及判断成熟专业的六条标准——一个社会学角度的分析》，《社会学研究》，2000年第5期。

织中从事的一个正式的职业;其次,专业需要高要求的知识、经验和技能,这些可以通过系统学习和训练而获得;再次,专业应该向其服务对象提供高质量的利他服务。这其中,也包含了专业的伦理属性,比如"专业的自主权"、"服务的品质目标"和"专业声誉的维护"等等。

专业伦理的形成是一个专业发展成熟的重要标志。只有专业成员在专业实践中把专业核心价值内化为自觉意识,始终将专业的价值理念、伦理精神贯穿于专业行为中,并对伦理问题保持高度的敏感性和警觉性,自觉将价值和伦理的考量置于专业知识和专业技能的选择和运用之前,从而形成统一认识并以此指导和规范全体从业者的职业行为,才意味着一个专业的系统专业伦理的形成。

专业伦理一方面体现了专业成员对专业的卷入,也就是成员自己内心树立起专业荣誉感和责任感;另一方面,也是对成员专业行为的规范和约束。它是由价值理念、伦理原则和伦理标准(行为规范)等一系列要素构成的复杂系统。台湾徐震、李明政从这个角度也给专业伦理下了一个定义:"专业伦理,指的是社会中所有牵涉专业角色与专业行为的哲理思想、价值体系、原则与标准。"[①]在这里,专业伦理包含四个层次的内容,即专业的哲理思想、价值体系、伦理原则和伦理标准。

二、专业伦理的一般特征

专业伦理作为从事某一专业工作的人员在其专业行为中所秉持的价值理念和行为标准,与一般社会伦理相比,具有一些显著特点。

第一,在调节范围上,专业伦理主要是调节某一具体专业的相关专业关系和专业实践。社会伦理对某一社会文化区域内各行各业的社会成员都有普遍的约束力。专业是在职业发展到较高程度时才分化出来的一些特殊职业。社会对某一职业是否能成为专业的认定具有明确评价标准,专业也对内部成员的确定拥有明确的考核和认定标准。这样,专业和专业成员的范围就较为明确,专业伦理也就有了具体的调节范围,主要规范和约束某一具体专业所属人员同业内部关系、与服务对象的专业关系和与社会的专业关系及相关实践。

第二,在规范内容上,专业伦理是哲理思想、价值体系、伦理原则和伦理标准(行为标准)的统一,体现了价值理念和行为规范的统一。专业伦理所包括的哲理思想通常基于人类普通的价值理念。专业价值主要是指专业自身针对其从业者的思想和行为对专业存在与发展的意义作出的评价。一般而言,专业价值只能对该专业成员的职业行为提出基本要求,而在具体的专业活动中,专业行为实施的情况

---

① 徐震、李明政:《社会工作伦理》,台北:五南图书出版公司,2002年,第537页。

是复杂和多变的，因此还需要制定专业伦理原则和伦理标准，对各种具体的专业行为和专业关系提出相应更具体的要求和标准，以此作为规范、评价或制裁从业者行为的主要依据。可见，与社会伦理相比，专业伦理的内容更有特定性，其包含了更多的专业价值观和与专业行为相关的伦理议题和标准。

第三，在伦理责任上，专业伦理具有较强的责任性特征。专业作为“特殊职业”，其特殊性表现在需要专门的知识和技术、具有严格的准入制度和拥有自主权等，这也就决定了专业从业者要承担更多的社会责任。专业从业者都是经过专业学习、受过系统训练的，他们掌握专业知识，熟悉专门技能，具有专业权威。在实施专业行为的过程中，与行为的相关各方相比，他们显然处于有利的地位，更可能控制和利用别人。因此，专业伦理必然要对专业从业者提出更高的要求，专业从业者必须为自己的行为承担更多的伦理责任。

第四，在作用机制上，专业伦理的自律高于他律。社会伦理以具体的行为规范为主，往往直接告诉涉及的成员要“怎么做”。所以人们对于一般伦理的要求通常是在不经过理性思考的前提下被动接纳的。而专业伦理包含了更多理性成分，它所提供的常常不是现成的答案而是发生的问题，对这些问题的解答需要专业从业者以专业哲理思想和价值观为依据进行理性的思考，因而需要其将专业价值观内化为自身行动的指南以实现对专业行为的自我控制，这更加体现了行为主体的自律性特征。

总之，专业伦理依托具体专业，突出价值理念和行为规范、标准的统一，强调伦理责任和自律性，以此倡导专业的价值理念，确保专业的服务水准并赢得大众的信赖，树立该专业在社会中的信誉。

三、社会工作专业伦理的含义

在社会工作专业的发展历程中，价值和伦理问题始终是其重要议题。社会工作的发展植根于西方社会制度和文化传统之中，现代意义的社会工作最初产生于19世纪末期的英国。在社会工作的萌芽阶段，许多工作者也是基督教信徒。这些工作者基于宗教所倡导的慈爱、怜悯、同情和博爱等思想，通过慈善救助工作帮助处于贫苦状态的人们。此时的社会工作价值和伦理是自发性的。进入20世纪后，随着西方工业国家社会问题的加剧，仅仅依靠早期福利工作者的主观经验和善心、慈悲心去救济贫困者已无法满足社会需要。到20世纪40年代，社会工作的人员队伍、专业实践、专业知识体系等，在不断参与解决社会问题的过程中得到全面发展。社会工作的专业伦理，也在这一过程中不断积累和调整。伴随着社会工作的专业化进程，社会工作开始关注从业者自身的道德素质、价值理念和伦理问题的解决，社会工作专业伦理由早期的自发走向自觉。各国陆续成立社会工作专业协会并在20世纪60年代之后普遍制订和颁行了自己的伦理守则。与此同时,研究社会工作专业伦理的文献也大量涌现。20世纪70年代以后,包括社会工作在内的各现代专业更加关注应用性的专业伦理,社会工作专业伦理也进入了快速发展的阶段。可以说,伦理和道德问题渗透在社会工作实践过程的各个方面,并贯穿于这个过程的始终。

1979年的《美国社会工作百科全书》将社会工作专业伦理定义为,社会工作依据其哲学信念与价值取向,发展而得的一套伦理实施原则,以作为引导与限制助人活动或行为的依据。台湾学者徐震认为社会工作专业伦理是"可由社会工作集体分享之抽象的价值、信仰推演而来之相对具体而可实践的行为标准。这些标准,经由社会工作专业组织确认,依一定程序订定成专业成员的共同遵循的规范,并明文规定,就称之为社会工作专业守则"①。台湾学者李增禄将社会工作专业伦理限定为社会工作专业伦理守则(简称伦理守则),"是社会工作专业特质重要项目之一。伦理守则是一种专业行为的道德标准,将专业哲理及价值取向内化于专业人员的行为上,是专业行为的规范"②。内地学者罗肖泉认为:"社会工作专业伦理是作为应用伦理学分支的职业伦理的一个组成部分,它以社会工作职业实践中的伦理问题和社会工作者应当遵循的道德规范为研究对象,也为评判社会工作从业者的道德行为提供依据。"③

总之,社会工作专业伦理是专业自身依据专业价值观,对社会工作专业人员提出的道德理想和行为规范,在现实中以社会工作专业伦理守则的形式体现。这个定义有以下几个方面的内涵:第一,按照学科的性质来分类,社会工作专业伦理是属于应用伦理学中的专业伦理,是由社会工作专业的从业人员通过团体讨论达致共识,以集体自律的方式订立的专业守则,要求全体成员共同遵守的行为规范;第二,社会工作专业伦理为社会工作从业人员提供了职业道德指引,同时也强调道德调控与伦理规范的意义;第三,社会工作价值是构成社会工作专业伦理的主要成分。在社会工作专业伦理构成中,人类基本价值处于最高抽象层次,再依次是社会工作核心价值、专业伦理原则、专业伦理标准。

作为一门"助人"的专业,社会工作实践所提供的服务水平的高低,不仅仅取决于社会工作者的专业知识和技巧,而且取决于社会工作者的道德素质和处理伦理问题的能力。社会工作专业伦理以倡导的积极方式和强制的消极方式来规范专业

---

① 徐震、李明政:《社会工作思想与伦理》,台北:松慧有限公司,2004年,第38页。

② 李增禄:《社会工作概论》,台北:巨流图书有限公司,2002年,第4页。

③ 罗肖泉:《践行社会正义——社会工作价值与伦理研究》,北京:社会科学文献出版社,2005年,第167页。

人员的行为。一方面，它明确提出和倡导社会工作专业在长期发展过程中所形成的得到广泛认可、需要共同遵守的价值观，以此作为专业人员的道德指引；另一方面，它为专业人员的社会工作实践提供了一系列行为标准和规范。

在社会工作实践中，专业伦理一般以守则的形式出现。伦理守则是对社会工作专业伦理的条理化、明确化和可操作化，它是由专业共同体（专业协会）制定的，社会工作专业人员专业活动中应当遵守的、处理各方面关系的规定。

第二节　社会工作专业伦理的基本原则与伦理标准

专业伦理是社会工作的核心。社会工作专业伦理，体现了专业的属性，因此也呈现出区别于其他专业伦理的特点。它要求社会工作专业人员遵循伦理原则，运用专业方法为服务对象提供优质服务，在社会工作实践中起着核心指导作用。

一、 社会工作专业伦理的基本原则

社会工作专业伦理的基本原则是建立在社会工作核心价值观的基础之上的，是价值观的具体化。国际公认的社会工作核心价值观一般包括服务、社会公正、个人尊严和价值、人际关系的重要性、正直以及能力。与此相对应，社会工作专业伦理的基本原则包括了以下几个方面：

（一）社会工作者的首要目标是满足人的需要，解决社会问题

社会工作在本质上是一种助人活动，它以服务对象的需要为中心，并以科学的助人技巧为手段，以达到助人的有效性。社会工作者要尽量保护和发展服务对象的权益，这也是社会工作专业伦理区别于其他专业伦理最重要的特点。同时，社会工作在发展的最初阶段就有了解决社会问题的意义。社会工作者满足个体或群体需要的行为不但可以为他们提供帮助，而且这些问题的解决可以减少因问题激化可能导致的社会危机，从而有助于社会稳定。当今社会工作者通过参与社会运动和社会政策过程，可以避免或减少社会问题的产生。

助人是社会工作的生命源，如果社会工作不再把“助人”这种利他主义的道德行为作为基本内容，不再把满足服务对象的利益作为最高目标，就会背离社会工作专业发展的初衷，专业本身就失去了存在的价值和意义。在实际工作中，社会工作者的首要使命就是协助有需要的人士并致力于处理社会问题，应将为他人服务置于个人利益之上，运用自身作为专业工作者所掌握的专业知识、专业价值和专业技

巧来满足个体或群体的需要和解决社会问题。

(二) 社会工作者应挑战社会的不公正

追求社会正义是社会工作的基本价值目标之一,社会工作伦理强调人与人之间权利、地位和机会等各方面的平等。早期社会工作的救助对象是贫困群体,包括穷人和流浪乞讨者。当时这些人都被视为道德低下者,被社会主流价值观所歧视。发展到今天,社会工作服务对象所涵盖的范围已十分广泛,但被社会视为"问题人士"的人群仍然是主要的服务人群。他们一般都因为各种原因而被社会主流文化所排斥或者与主流文化相抵触,处于社会的边缘,社会地位较为低下。专业伦理要求其不仅对他们采取理解和接纳的态度,而且要站在他们的立场上考虑问题,在社会上代表他们的利益,倡导他们的权利,从而争取社会公正。

由此,社会工作者有责任维护人权及促进社会公义;关注那些处于弱势和受压迫的个人、群体和社区,并协同和代表他们致力于社会变革。"社会工作者在社会变迁方面首要的努力应着重于:贫穷、失业、歧视及其他形态的社会不公正。这些活动寻求增加对压迫、文化和种族多元性的敏感度和知识。社会工作者致力于确保服务对象能够获得必要的信息、服务、资源、平等的机会,以及在全民决策上有意义的参与。"①

(三) 社会工作者应尊重个人固有的尊严与价值

社会工作价值观从个体本位的角度出发,强调人人平等,人人应当受到尊重,承认个体的独立性和差异性:"每一个个体具有不同于其他个体的人格、价值和尊严,也就是说,每一个个体具有其独特性和个体性,个体之间存在差异性"②;倡导从个人的诉求出发,高度重视个人自由,广泛强调自我选择和自我控制,以满足个人利益为目的。

基于此,社会工作者要尊重每一个人的独特价值和尊严,不因个人的族裔、肤色、家庭、国籍、文化、出生、性别、年龄、语言、信仰、政治或其他因素、地位、残疾、教育程度、对社会的贡献或性倾向而有所分别。要提升服务对象自我决定的能力,并尽力鼓励其去表达自我需求,争取改变自身的能力和机会。同时,社会工作者必须充分认识到自己对服务对象和全社会负有双重责任,他们应该依据专业价值、伦理原则和伦理标准,本着对社会负责的态度,来协调和解决服务对象和社会之间的利益冲突。

---

① 美国社会工作者协会:《伦理守则》(1996),美国社会工作者协会网页(http://www.naswdc.org/);中文版参见本书附录部分,下同。

② 江畅、戴茂堂:《西方价值观念与当代中国》,武汉:湖北人民出版社,1997年,第226页。

（四）社会工作者应认识到人际关系的重要性

社会工作价值观认为，人与人之间的关系是改变的重要原动力，而服务对象的个人能力得不到发挥在很大程度上是因为在人际和社会关系方面存在障碍。现代社会的许多社会问题都来源于人际关系因素造成的人格扭曲，社会工作者在个案工作中面对的服务对象常常是这些社会问题的受害者，为了彻底解决这些问题，"通常需要建立或重建更有意义的人际关系，由社会工作者提供这种关系的范例是值得期待的"①。社会工作者一方面要尊重服务对象的自我决定和自我实现，另一方面要尽可能在各方允许的范围内争取尽可能多的资源和机会，并通过改善人际关系帮助他们去除环境压制和无力感，使他们获得能力，正常发挥他们的社会功能。

由此，社会工作者要认同人际关系的重要性。"社会工作者在助人过程中扮演案主的伙伴角色。社会工作者在有目的的努力之下尝试去增强人际关系，以增强、恢复、维持和促进个人、家庭、社会团体、组织和社区的福祉。"②

（五）社会工作者的行为应诚实可信

社会工作专业的伦理相关性决定了社会工作者必须对社会工作专业价值观和伦理有清楚的理解和把握。从社会工作实践关系中双方的地位和情形来看，社会工作者因为自己的专业身份和工作的原因，与所面对的服务对象相比，往往处于有利的地位，有更多的机会去控制、利用甚至侵害服务对象。为确保其提供高水平、公正无私的服务，对社会工作者有更高的道德要求，要求其行为诚实可信，这也是社会工作专业伦理必须要解决的问题和承担的责任。

由此，在工作过程中，社会工作者要始终清醒地意识到专业的使命、价值、伦理原则和伦理标准，并能将其付之于实践。社会工作者的行为应真诚而负责，避免将私人关系（如亲属关系、社交关系）和商业关系带进专业关系中，从而形成利益冲突。所谓利益冲突，指当某个个人或组织涉及多重利益时，其中一种利益可以影响（破坏）实现其他利益。

（六）社会工作者应在自己专业能力的范围内提供服务，并时刻注意提升自己的专业技能

社会工作专业作为一种以人为主要工作对象的专业，它所面对的是形形色色

---

① Frank Loewenberg & Ralph Dolgoff, *Ethical Decision for Social Work Practice*. New York: F. E. Peacock, 1988, p92.

② 美国社会工作者协会：《伦理守则》（1996），美国社会工作者协会网页（http://www.naswdc.org/）；中文版参见本书附录部分。

的服务对象和各种复杂的非常规的问题，在具体实践过程中，比起其他专业，会面临着更多的模棱两可和不确定性。因此，为了保证服务质量，树立社会工作专业形象，社会工作对从业者提出了更高的能力要求。社会工作者应仅在自己所受的教育、训练、执照、证书，所受的咨询的基础上，或被督导的经验，及相关专业经验的范围内提供服务和展现自己。当社会工作者要在独立的领域提供服务，或使用新的介入技术或取向，应在相当的研习、训练、咨询或接受具备该介入技术或取向的专家督导下才可施行。在普遍认同的标准尚未建立的新兴实务工作领域中，社会工作者应谨慎地判断，并采取负责的步骤（包括适当的教育、研究、训练、咨询和督导），以确保胜任这一工作，并能保证服务对象免受伤害。

具体到多元文化能力方面，社会工作者必须了解文化及其对人类行为和社会的功能，并认识到存在于所有文化中的基本价值取向。社会工作者应具备了解案主文化背景的知识基础，在提供服务时能展现对案主文化的敏感度，而且能分辨不同人群和文化群体间的差异。社会工作者应致力于了解社会多元化的本质，以及关于民族、种族、国籍、肤色、性别、性倾向、年龄、婚姻状况、政治信仰、宗教或身心障碍等多元文化问题。

总之，社会工作者应确立正确的社会工作价值观和为专业献身的精神；努力学习和钻研业务，不断提高专业技术水平和专业服务质量；通过参加专业培训和进修，努力实现专业化，提高工作效率和服务效能，运用专业理论、知识与方法，帮助社会成员改进和完善社会生活方式，不断提高生活质量，以利于民族素质的提高；另外，社会工作者要通过自己的实践探索，对专业理论有所贡献。

二、 社会工作专业伦理标准

社会工作专业在各国（地区）起步的时间不同，各国（地区）社会、政治、经济和文化等方面的差异，决定了社会工作的发展基础和条件也存在着很大差别，因此社会工作在专业发展程度上不尽一致。作为社会工作专业理论重要组成部分的社会工作专业伦理，在具体的标准上，各国（地区）不可避免地存在一些差异。但从总体上看，各国（地区）对社会工作专业伦理的基本标准还是有共识的。参照美国、英国，中国香港、台湾和内地的伦理守则，可以把专业伦理的标准归纳为以下几个方面：

（一）社会工作者对服务对象的伦理责任

社会工作中的服务对象，也称受助者或案主，指的是在社会工作过程中社会工作者的服务所指向的一方，是在正常的社会生活中遇到困难需要帮助而摆脱困难的个人或群体。服务对象的存在是社会工作专业产生的基本前提，也体现了社会工作专业存在的意义和使命。正是因为社会上存在着这些需要帮助的个人和群体，社会工作才得以产生和发展。服务对象是在社会工作服务行为发生之后，才确定其内容（范围）的，它不仅指个人，也指家庭、群体和社区。从来源来看，服务对象可以分为两种：一种是主动向社会工作机构或社会工作者求助的个体（群体），另一种是社会工作机构或社会工作者在实践中基于专业职责发现潜在对象而提供服务的个人（群体）。在社会工作实践中，主要的服务对象是那些在生活中遇到特殊困难的个人（群体），他们一般都在经济上、精神上或社会活动方面陷入困境而自身无法解决。现代社会工作为践行社会正义，也关注社会上某一广泛领域成员基本权利的维护，有些服务甚至是针对全体社会成员的，这时服务对象就具有普遍性的意义。社会工作者对服务对象的伦理责任是社会工作专业伦理的核心内容（如表 3-1 所示），这部分内容在本书第五章将详细论述。

表 3-1　　社会工作者对服务对象的伦理责任一览表

维护服务对象利益至上	培养服务对象自我决定	保密与保障服务对象隐私
1. 照顾义务 2. 通报义务 3. 预警义务 4. 适当处遇义务 5. 撰写、管理与保存服务对象资料义务 6. 诚实告知义务 7. 适当转介义务 8. 提供明确服务评估指标义务 9. 审慎结案或放弃服务义务 10. 公平义务 11. 避免与服务对象利益冲突责任 ●拒绝或不鼓励服务对象送礼 ●避免与服务对象有双重形式的关系 ●收取适当的服务费用	1. 与服务对象协议处遇计划及相关事项 2. 保障无能力服务对象的利益与权利 3. 保障服务对象的利益不因合法第三者而受到损害 4. 不应从事任何违反或伤害服务对象权益的活动	1. 保密 ●有限度地保密 ●资料的使用状况 ●阅览本人部分的情况 ●保护牵涉服务对象相关人的记录 ●妥善收藏、管理和调换记录 ●不得将资料透漏给第三者 ●了解相关法律对保密的规定 2. 保障隐私 ●进行录音、录影或第三者的观察，必须征得服务对象同意 ●不可贸然闯入服务对象的生活空间

资料来源：曾华源、李仰慈等：《社会工作专业价值与伦理概论》，台北：洪叶文化事业有限公司，2006 年，第 171 页。

(二) 社会工作者对同事的伦理责任

社会工作者的同事指在同一机构内或在同一专业项目(活动)中共事的专业社会工作者。在很多的社会工作机构或服务项目中,除了专业社会工作者,志愿者、实习学生等非专业人员也会参与到具体的工作中来,所以从广义上说,他们也是社会工作者的同事。社会工作者在专业实践中要和同事建立互相尊重和合作的关系,这既有利于工作的开展,也有利于专业社会工作机构信誉的树立。与同事的关系主要包括三个方面的内容,即与专业社会工作者的关系,与同事的服务对象的关系以及与非专业人员的关系,社会工作者对同事的伦理责任一般也从这些方面来界定。

(1) 本着"服务案主"的原则,社会工作者应"信任支持同事,促进共同成长"①。在工作中,社会工作者应与同事诚意合作,尊重其他社会工作者、专业人士及志愿者不同的意见及工作方法,并适时寻求同事的建议和咨询,以促进专业水平、工作效率和服务效能的提高。

(2) 在与同事的合作过程中,社会工作者要做好对服务对象权益的保护。沟通或咨询时,注意服务对象信息的保密,要在服务对象知情同意的前提下按照适当程序进行转介。

(3) 社会工作者不应利用同事与服务对象的争议获取个人利益,不应在不尊重其他同事的情况下招揽其服务对象。

(4) 提供督导和咨询、教育和培训的社会工作者应通过适当的进修、培训和研究,获得或分享相关的知识、技能和方法。这些社会工作者,不应滥用与下属的专业关系以谋取任何利益,不得与受督导者、学生、被培训者或其他下属同事发生性关系,或对其进行性骚扰。

(5) 遇到同事有个人问题和能力不足会导致服务效果受到影响时,社会工作者应对其进行咨询、辅导,帮助其采取合理行动;当同事有不当行为时,社会工作者应劝阻、预防、揭露和纠正同事的专业不当行为,有必要时提请专业协会或有能力制止该行为的有关机构来采取行动。

---

① 民政部:《社会工作者职业道德指引》(2012年12月28日),载《民政部关于印发〈社会工作者职业道德指引〉的通知》(民发〔2012〕240号)。

（三）社会工作者对服务机构的伦理责任

社会服务机构是指通过社会工作者、其他专业的服务人员、辅助工作人员等，为特定的、有需要的服务对象提供专业服务的非营利组织。社会服务机构主要依赖机构内的专业社会工作者为服务对象提供服务。作为机构的雇员，社会工作者对服务机构的伦理责任包括以下内容：

（1）社会工作者应向其雇用机构负责，“遵守机构纪律、服从机构决定、维护集体荣誉，为其提供高效、优质的专业服务”①。

（2）社会工作者要积极维护机构整体形象，主动献计献策，提供咨询意见，改善机构的政策、程序及工作方式，提升机构的服务水平。在未经机构同意的情况下，不得擅用机构名义与外界联系，为私人事务招揽服务对象。

（3）要合理整合机构资源。社会工作者应为机构发展和服务水平的提高谋求充足的资源，并为机构督导的开展、员工的继续教育和发展争取更多的资源和机会。

（四）社会工作者作为专业人员的伦理责任

社会工作者作为社会工作专业人员，是社会服务的直接提供者，是社会工作使命的一线践行者。社会工作专业伦理一方面对社会工作者在信念、知识和能力技巧等方面有专业基本资格要求；另一方面，又基于专业特性在更高的层次上明确了其作为专业人员应负的伦理责任。社会工作者作为专业人员的伦理责任主要包括以下内容：

（1）恪守职业操守及助人价值观，坚持诚实、守信、尽责的工作态度，努力学习和钻研业务，不断提高专业技术水平和专业服务质量；通过参加专业培训和进修，努力实现专业化，提高工作效率和服务效能。

（2）社会工作者不得因个人行为和个人问题影响到自己对专业职责的履行，以避免侵害服务对象的利益；发表言论时，包括专业资格、服务性质、服务方法及服务效果等方面的宣称应保证准确性；不应要求服务对象或其他人为自己提出表扬，根据自己的实际工作成果和贡献享受荣誉。

（五）社会工作者对社会工作专业的伦理责任

社会工作专业对于专业从业者提出了比其他专业更高的要求，除了满足这些

---

① 深圳市社会工作者协会：《深圳市社会工作者守则》（2008），深圳市社会工作者协会网站 2010 年 9 月 26 日（http://www.szswa.org/index/socialworkers/detail.jsp?id=185）。

要求之外,社会工作者对于专业的生存和发展也要承担起相应的责任。社会工作者在专业行为及相关活动中,应致力于专业宣传的推进、专业信誉的提升、专业知识的发展以及专业服务、评估水平的提高。

(1) 社会工作者应积极总结经验,开展专业研究,推进专业发展,不断增进本身的专业知识和技能,提升专业的标准和声誉。

(2) 社会工作者有责任协助新加入社会工作专业的同事,建立、增强与发展其操守、价值观和专业上的技能与知识。

(六) 社会工作者对社会的伦理责任

当今,社会工作已经由最初局限于自发“济贫”的专业发展为一种系统的助人和解决社会问题的专业。保障公民权利、推动社会公义,解决社会问题、维护社会稳定,促进社会整合、实现社会进步,已成为现代社会工作专业使命和目标的重要组成部分。社会工作者作为专业实践的主体,对社会也要承担起相应的伦理责任。

(1) 社会工作者应“运用专业视角,发挥专业特长,参与相关政策法规的制定和完善,维护社会公平正义,增进社会福祉”①,促进社会福利的实现和发展,并改善民众福利、社区和环境。

(2) 社会工作者应致力于防止及消除歧视,使社会资源分配更为合理,所有人士有均等机会获取所需的资源和服务。

(3) 当突发严重自然灾害或社会群体性危机事件时,社会工作者有责任作出及时的专业视角反应,启动危机干预预案,并有效地开展专业社会工作。

(4) 本着负责任和建设性的态度,“社会工作者应正确鼓励、引导社会大众参与社会公共事务,推动社会建设”②。

(5) 社会工作者应该推动大众尊重社会的不同文化。

第三节 社会工作伦理指导下的专业关系

社会工作专业关系(以下简称专业关系)是社会工作者与服务对象建立的一种工作关系,是社会工作实践中社会工作者与服务对象之间的基本关系。良好的专业关系是有效开展工作和实现工作目标的重要前提。社会工作专业伦理在专业关系的建立和维系过程中对社会工作者具有指引和规范作用,专业伦理的原则也在专业关系中得以遵循和体现。

---

①② 民政部:《社会工作者职业道德指引》(2012 年 12 月 28 日)第六章第二十一条,载《民政部关于印发〈社会工作者职业道德指引〉的通知》(民发〔2012〕240 号)。

一、专业关系的含义和特点

当某些个人、群体、组织等向社会服务机构或社会工作者求助，双方达成协议由社会工作者为其提供专业服务并明确了具体服务目标后，双方就建立起工作关系或专业关系。建立专业关系的目的，是为了保证服务的有序和有效实施，以帮助服务对象摆脱困境，增进服务对象的自我发展。特定的目标是专业关系建立的基础，一旦这些目标得以实现，专业关系也就告一段落。

（一）专业关系的含义

专业关系在社会工作过程中占有很重要的地位。国内外学者从不同角度对专业关系的含义进行了界定，比较有代表性的定义有以下几种：

布拉默（Lawrence M. Bramme）认为，专业关系是包含着情绪特质的一种互动。①

比斯泰克认为，专业关系是社会工作者和服务对象之间态度上和情绪上动态的相互作用，目的是帮助服务对象更好地适应环境。②

黄维宪将专业关系定义为，社会工作者与案主之间的一种态度与情绪交互反应的动态过程，以此有效协助案主解决问题，使其对环境有良好的适应。③

廖荣利指出，专业关系是指专业人员与案主的内心感受和态度表现的动态交互反应关系，工作人员通过此种交互作用以协助案主社会生活适应能力的改善和增强。④

综合以上定义可以看出，专业关系包含有以下几个方面的内涵：关系的主体包括社会工作者和服务对象，其中社会工作者是关系建立和维护的主要责任方；建立专业关系的目的是为了协助服务对象解决问题，提高服务对象的社会适应能力；关系是双方内心感受和情感的互动；这种关系是动态的交互关系，而不是静态的、单向的。据此，可以将专业关系定义为，社会工作者基于特定工作目标与服务对象建立起来的一种工作关系，它通过关系双方态度与情感的动态交互反应，协助服务对象解决问题，增强服务对象的社会适应能力。

---

① 转引自翟进、张曙：《个案社会工作》，北京：社会科学文献出版社，2001年，第124页。

② Biestek, Felix P., *The Casework Relationship* (12th Edition), S. J, London, Unwin Hyman Ltd, Loyola University Press, 1989, p149.

③ 黄维宪：《社会个案工作》，台北：五南图书出版公司，1986年，第113页。

④ 廖荣利：《社会个案工作》，台北：幼狮文化事业公司，1992年，第57页。

(二) 专业关系的特点

具体社会工作实践中的服务成效,在很大程度上取决于社会工作者能否与服务对象建立良性互动的专业关系。基于社会工作专业的特质和伦理原则、标准的相关限定,可将专业关系的特点归纳为以下几个方面:

第一,专业关系是一种工作关系,而非私人关系。

专业关系围绕专业服务建立起来,一方面强调社会工作者提供的服务必须是专业性的,另一方面也明确了在服务提供过程中双方的关系仅仅是共同解决问题的工作关系,除此之外不应有任何其他关系。如果背离了这种特定的关系,就可能导致服务失去公正性、廉正性,及其他利益冲突的出现,从而对服务对象或者工作者造成伤害。

第二,建立和维护专业关系的职责主要在于社会工作者。

在建立、维持与发展专业关系的过程中,社会工作者始终处于主导地位。在具体的工作过程中,工作的目标与重心集中在服务对象身上。但社会工作者是具体服务的发起者和实施者,建立、维持与发展专业关系,提供有利于服务对象的氛围与互动,是社会工作者的任务。

第三,专业关系有明确的(服务)目的。

建立专业关系的目的,从根本上说是帮助服务对象摆脱生活上的困境,增进其生活适应能力。在社会工作实践中,社会工作者基于基本目标会根据服务对象所面临的问题和其需求设定明确的工作目标,专业关系就是围绕这一目标而建立和发展的。

第四,专业关系的存在有一定的时间期限。

专业关系是为了协助服务对象而建立的,所以服务对象的问题解决后,维持专业关系的条件或前提也就消失了,专业关系也就到此为止。就一项具体的工作本身而言,社会工作者和服务对象之间只存在工作关系,所以随着专业关系的结束,双方也就不再有任何关系,如社交关系、商业关系等。

第五,专业关系是不均等的。

虽然社会工作者在专业知识和能力方面具有某种权威性,但专业关系的目标是协助服务对象,强调以服务对象为中心,所以社会工作者在通常情况下应处于一种辅助地位。就专业关系的表现形式而言,双方的关系是一种"给与取"的不均等关系。在这种关系里,社会工作者有责任向服务对象提供专业服务与帮助,而服务对象却没有责任和义务帮助社会工作者解决任何个人问题。从这个角度来讲,社会工作者与服务对象是一种单向的关系。

冲突，对服务对象的保密涉及机构的利益，与社会公共利益存在冲突，等等。在这些情况下，除非个人、机构、社会的利益或法律规则受到明显的破坏，都要以维护当事人的隐私权利为主旨。

案例 3-2：是否该为吸毒的母亲保密？

案主刘某，一年前由于家庭破裂，一个人带着女儿生活，近来觉得生活没意思，非常痛苦，前来找社会工作者辅导。社会工作者与刘某之间建立了较好的信任关系。但是最近一次的辅导中，刘某告诉社会工作者，她两个月以前在一个酒吧里尝试了毒品，感觉很好，现在已经有些离不开毒品了；但是又怕自己吸毒的事被爱人知道以后会影响她和女儿的生活，现在愈发矛盾了。所以希望社会工作者能够帮助自己减轻压力，但也要替自己保密。

资料来源：陈钟林、黄晓燕：《社会工作价值与伦理》，北京：高等教育出版社，2011 年，第 95 页。

社会工作者是否应该替案主保密呢？如果刘某的家人希望通过社会工作者了解她的一些情况，社会工作者应该如何应对？

（七）真诚

真诚指对己对人表现出来的感受、行为都发自肺腑。面对服务对象的工作者，应该是一个了解和接纳自己、真实、完整、表里一致、未经修饰的人，而不是一个戴着面具、自欺欺人的人。真诚，就是要求社会工作者在与服务对象建立专业关系的过程中一直保持开放和诚实的态度，真实表达自己的感受和想法。真诚是专业关系中必不可少的原则，也是要求社会工作者对服务对象真诚和负责的伦理原则在此领域中的体现。

社会工作者要保持专业关系中的真诚和一致，首先必须对自己有一个真实、正确、客观的认识。要熟悉自己的价值观，敢于剖析自我，对自己在专业知识、工作能力、其他知识水平、知识结构等方面有清楚的认识，这是做到真诚的前提条件。其次，要了解服务对象对机构和社会工作者的看法。不同的机构由于组织方式、经费来源、服务内容的不同，服务对象对机构及工作人员的看法也会不同。保持真诚，就要求社会工作者不断检视自己的工作职责和工作目标，了解自己和机构在服务对象心目中的地位。最后，真诚是一种整体性的表达。这种整体性是价值观、知识水平、会谈技术、同理等各方面因素的综合，以一种完整的个人形象出现在服务对象面前。一个好的社会工作者需要经过长时间的学习和实践，不断积累经验，才能做到整体性的表达。[①]

另外，真诚是工作过程中自发自然的表现，达到真诚的关键是工作者能接纳自己、欣赏自己、有相当的自信，不要求自己全知全能，更不要求自己完美无缺。除此之外，真诚还需要工作者对服务对象真正的接纳，对人有基本的信任与乐观的看法。

总之，良好的专业关系是社会工作者达成助人目标的基础，同时也是实务过程中重要的手段和媒介。以上几点是社会工作专业伦理对专业关系提出的原则指引。在实务工作中，社会工作者必须遵循这些基本原则，结合服务对象的实际和相关的环境因素，建立和发展与服务对象良好、健康的专业关系。

A 本章小结

1. 专业伦理的形成是一个专业发展成熟的重要标志。社会工作专业伦理是专业自身依据专业价值观，对专业人员提出的道德理想和行为规范。

2. 社会工作专业的特殊性决定了社会工作专业伦理具有自身的鲜明特点。

3. 社会工作专业伦理的基本原则建立在社会工作核心价值观的基础之上。

4. 社会工作专业伦理的标准包括：对服务对象的伦理责任、对同事的伦理责任、对服务机构的伦理责任、作为专业人员的伦理责任、对社会工作专业的伦理责任和对社会的伦理责任。

5. 专业关系具有不同于其他专业关系的特点。社会工作者的工作效果，在很大程度上取决于能否与服务对象建立良性互动的专业关系。

6. 在建立和发展专业关系的过程中，社会工作者必须遵循一些相关的基本原则：包括个别化、接纳、同理、自决、非评判、保密以及真诚。这些基本原则以社会工作专业伦理为依据，是专业伦理在此领域的体现。

B 主要术语

专业关系（Professional Relationship）：指社会工作者基于特定工作目标与服务对象建立起来的一种工作关系。

个别化（Individualization）：将服务对象视为独特的个体，承认其独特的个性、气质、观念和行为，重视其对困难和问题的不同感受和看法。

---

① 翟进、张曙编：《个案社会工作》，北京：社会科学文献出版社，2001年，第134页。

接纳(Acceptance):指社会工作者尊重服务对象的独立意志和权利,承认其独特的个性、气质、观念和行为,承认特定群体在社会环境中的独特文化传统和行为逻辑,承认具体社区或组织的独特性等,警惕主流社会文化和社会工作者自身可能存在的偏见、歧视和压迫。

同理(Empathy):社会工作者设身处地地从服务对象的角度体会其感受,站在服务对象的立场上观察和理解问题,正确了解这些感受所代表的意义,并且能够把这种体会和了解传达给服务对象。

自决(Self-determination):一个人拥有支配他自己的生活并做出与此相关的决定的权利。

非评判(Non-judgment):社会工作者不对服务对象作出是非对错的判断,不能用语言或非语言的方式责备服务对象应该为自己的行为负责。

保密(Confidentiality):保守当事人在专业关系过程中透漏的个人信息秘密。

真诚(Sincerity):要求社会工作者在与服务对象建立专业关系的过程中一直保持开放和诚实的态度,真实表达自己的感受和想法。

利益冲突(Conflict of Interest):指当某个个人或组织涉及多重利益时,其中一种利益可能影响(破坏)实现其他利益。

C　练习题

1. 认真阅读美国社会工作者协会《伦理守则》、加拿大社会工作人员《协会伦理守则》,香港社会工作注册局《社会工作者工作守则》与民政部《社会工作者职业道德指引》,结合以前自己的社会工作实务经验,谈谈你对专业伦理重要性的认识。

2. 中国传统伦理中的人际关系模式是有亲疏之分的"差序格局"模式,在这种模式中,当人们遇到困难时首先求助的对象是与自己关系亲密的"自家人",一般不愿轻易接受"外人"的援助。这就意味着社会工作者要想得到服务对象的信任首先必须成为服务对象的"自家人"或"自己人",这样才能使服务对象真正地向社工人员敞开心扉,积极配合社工人员解决自己的问题。

讨论:在中国,社会工作者与服务对象应该建立一种什么样的专业关系?如何建立?

D 思考题

1. 什么是专业伦理？专业伦理有哪些特点？
2. 什么是社会工作专业伦理？
3. 社会工作专业伦理的基本原则包括哪几个方面？
4. 社会工作专业伦理的标准有哪些？
5. 社会工作专业关系有哪些特点？
6. 建立和维护专业关系应把握哪些伦理原则？

E 阅读文献

1. 〔美〕拉尔夫·多戈夫等:《社会工作伦理——实务工作指南(第7版)》,隋玉杰译,北京:中国人民大学出版社,2005年,第一、二章,第1～36页。

2. 罗肖泉:《践行社会正义——社会工作价值与伦理研究》,北京:社会科学文献出版社,2005年,第三、四章,第110～217页。

3. 许莉娅主编:《个案工作》,北京:高等教育出版社,2004年,第五章,第97～123页。

4. 陈钟林、黄晓燕:《社会工作价值与伦理》,北京:高等教育出版社,2011年,第五章,第70～94页。

第四章　伦理守则的制定与执行

伦理守则是社会工作者的行为标准和道德理想，集中反映了社会工作价值观，是社会工作制度化的必要内容。本章主要分析制定伦理守则的原则和程序，介绍各个国家（地区）的伦理守则概况以及伦理守则的执行和问责体系等。

第一节　伦理守则的制定

伦理守则是由专门机构通过一定的程序制定并发布的。本节介绍伦理守则的制定机构和制定程序。

一、伦理守则的制定机构

中国、美国、加拿大、澳大利亚、英国等多数国家的伦理守则都是由社会工作专业协会制定的，但也有少数国家和地区的伦理守则由社会福利主管机构或社会工作注册部门制定，例如，中国大陆的《社会工作者职业道德指引》便是由民政部制定；中国香港的《注册社会工作者工作守则》则由香港社会工作者注册局制定。香港社会工作者注册局由15名成员组成，其中8名由注册社工选出，6名由特区行政长官委任，1名为社会福利署署长或其代表，每届成员任期三年。香港《社会工作者注册条例》规定，所有注册局成员都是义务服务，都不会因该职务而获得报酬。《社会工作者注册条例》第七条详列了注册局的职能，主要包括：制定及检讨注册为注册社工的资格标准及有关的注册事宜，处理有关注册及续期注册事宜，处理有关注册社工的违纪行为事宜，备存注册记录册。

二、伦理守则的制定程序

伦理守则的制定必须遵循一定的程序，这是因为：其一，只有经过讨论、试用、修改等程序，伦理守则才能反映实务活动的要求，并对实践中的伦理困境起到指引作用；其二，只有经过一定的程序，伦理守则才能获得权威性。

根据专业伦理自身的特点和国内外的实践经验，伦理守则的制定程序大致如下：

第一，建立专门委员会并形成草案。伦理守则的制定一般由制定机关委任专门的委员会来完成，委员会的成员包括社会工作研究者、社会工作行政人员、实务社会工作者等。委员会首先要发动社会工作相关人员就社会工作的核心价值、伦理要求、伦理困境等展开积极讨论，在讨论的基础上，委员会集中这些意见形成初步草案。然后，委员会要通过召集讨论会、寄发函件等形式收集社会工作相关人员对初步草案的意见，并根据这些意见作相应修改。这样，经过几轮讨论和修改，最终确定伦理守则的草案。

伦理守则草案的形成，是各方力量共同参与的过程。例如，在2004年，香港社会工作者《工作守则》和《实务指引》修订之初，注册局就致函所有注册社工、社工机构及服务使用者组织，邀请他们就当时施行的《工作守则》和《实务指引》给出意见。在完成该两份文件的修订版初稿后，注册局先后举行了两轮有关修订建议的咨询。在每次咨询活动完毕后，专业操守委员会根据各方面意见对初稿进行再次修改，然后再提交注册局讨论。经过长时间讨论，并参考国外的伦理守则，专业操守委员会于2009年初完成了两份文件的初步修订稿。美国伦理守则的制定和修改也是如此。为了草拟一套更全面、实用的伦理守则，1994年，美国社会工作者协会(NASW)成立了由伦理学、社会工作方面的专家及社会工作实务人员组成的伦理守则修订委员会。修订委员会首先通过研读有关社会工作伦理的文献，对专业实践中的伦理概念和问题进行分析，以确定新的守则应该包含哪些伦理概念；然后，在广泛听取本会全体成员及其他社会工作组织成员意见的基础上，委员会拟定了一份新的伦理守则的大致初稿，并呈送给具有不同学科背景的专家寻求意见；最后，委员会根据专家们的建议对初稿作了进一步完善。

第二，向业内和社会颁布试行草案。委员会制定的草案要成为具有约束效力的正式草案，首先要经过专业协会代表大会的表决和专业协会备案。之后，委员会和专业协会可以通过各种方式向社会(特别是协会会员)颁布草案并试用草案。在草案试用的过程中，委员会要积极宣传草案，增加社会大众及社会工作者对伦理守则草案的了解。同时，委员会还要通过讨论会、报刊专题讨论、网上意见征集、寄发函件以及公布热线电话等形式，积极收集各方面人士对伦理草案的试用意见。例如，在美国社会工作者协会《伦理守则》的制定过程中，伦理守则校订委员会一方面曾将伦理守则的修订稿草案在1996年美国社会工作者协会的通讯中刊发，发给每一位协会成员并请他们提供意见。同时，委员会还采访了美国各个社会工作者代表大会的地区联盟，听取代表们对新守则的建议。

第三，经试用和代表大会审议后形成正式文本。试用一段时间后，委员会可以根据收集到的意见对伦理守则作相应的修改，修改之后，再次召开专业协会代表大会进行审议和表决，成为正式的伦理守则。

第四，后续修改。随着人们认识的深化和社会条件的变化，伦理守则经过一段时间之后，可能不再适应社会工作实践的需要，这时，就应该对伦理守则进行后续修改。修改过程同样需要社会各界就社会工作价值、伦理和道德规范等方面积极讨论，然后由修订委员会根据讨论意见作出修改。

在实践中，各国（地区）的伦理守则，几乎都经历了一个漫长的探索和修订过程，才呈现出了我们今天看到的内容。例如，中国社会工作者协会早在1994年便制定了《中国社会工作者守则》，该守则对中国大陆伦理守则的内容框架进行了初步探索，在此基础上，民政部又于2012年12月28日发布了《社会工作者职业道德指引》，强调社会工作者应"尊重服务对象知情权""培养服务对象自我决定的能力""对在服务过程中获取的信息资料予以保密"，体现了更强的专业性，能更好地引导社会工作者积极践行专业价值理念，规范专业服务行为，履行专业服务职责。香港的伦理守则也几经修改，2004年，香港社会工作者注册局开始对《工作守则》和《实务指引》进行修订。历经六年时间，新修订的《工作守则》和《实务指引》于2010年1月15日刊发生效。《工作守则》的修改主要集中于以下几个方面：其一，在不同范畴的条文前加入标题，使《工作守则》更易于参照；其二，加入了收费措施、跨界别协作、督导及培训、咨询、共事同工间的沟通、性关系、职效能力、独立进行社工实务及奉召当值等一些新的范畴；其三，对"服务对象"一词作出更清晰的定义。与香港一样，美国的伦理守则也是几经修改。1960年，美国社会工作者协会（NASW）批准的社会工作伦理守则仅有一页纸，在七年后的修订中，这个守则改为部分段落的形式，并且加进了反种族歧视的内容，这一内容反映了全国和专业道德氛围的变化。1979年，美国社会工作者协会全国代表大会通过了一个全新的守则并于1980年开始实施。此后，这一伦理守则经过了1990年和1992年两次修改。在1996年8月，美国社会工作者协会代表大会又通过了新版本的伦理守则，并于1997年1月正式实施。此后，守则又经过1999年和2008年的两次修订。

第二节 伦理守则的执行

伦理守则的执行过程是一个多层次参与的行动体系，它既包括社会工作者将专业守则内化，形成其道德人格，在服务中自觉运用伦理守则进行伦理抉择等一系列行为，又包括各种组织制定规则、实施监督、进行审议及公众参与等活动。

一、伦理守则的规范体系

伦理守则的规范体系，就是将伦理守则的主要理念和道德标准贯穿于社会工作教育、社会工作者资格认证标准、行业标准、机构规章、法律规章等各个层面而形成的一系列规范，这些规范为伦理守则的落实提供了制度支撑。

（一）教育课程标准

为了保证社会工作专业的教学质量，各国（地区）的社会工作教育协会等相关机构会制定相应的课程标准，这些标准大都是依照伦理守则的内容来制定的。美国社会工作教育委员会（CSWE）用以认可社会工作学士和硕士课程的《教育政策及认证标准》中，把社会工作专业教育政策的价值观描述为服务社会正义、尊严和人的价值、对人类关系的重要性、诚信、能力，并在脚注中特别注释“这六个价值元素反映了社会工作者协会的伦理守则”①。该文件还规定显性课程的教育目标包括“社会工作者应该按照道德要求控制自己的行为并承担伦理责任，社会工作者应该了解专业的基本价值观、道德标准和有关法规，社会工作者应该识别自己的价值观并用专业价值观来指导实践，用美国社会工作者协会《伦理守则》和国际社会工作者联合会、国际社会工作学院协会共同制定的《社会工作伦理：原则宣言》进行道德抉择”②。从以上规定可以看出，美国的社会工作课程标准对专业价值和伦理的规定是与美国社会工作者协会《伦理守则》的内容相一致的。

（二）社会工作者职业资格认证

各国（地区）社会工作职业资格的认证方式有登记方式、授证方式和执照方式三种。登记方式以修读社会工作学课程为认证登记的必需条件，需要评审社会工作的课程或培训；授证方式是通过专门的考试来进行选拔，授证部门会颁布相关的考试大纲和应试者的资格要求；执照方式则是规定一系列的资格，达到资格者便可以申领社会工作者执业资格证。无论采用以上哪一种认证方式，各国（地区）的认证部门都对社会工作者的价值观和伦理提出了相应的要求，这些要求与伦理守则的要求是一致的。例如，香港社会工作者注册局制定的《学历评核准则》规定社会工作者的课程内容必须包含个人和专业发展、社会工作价值和伦理、伦理守则等内容。

---

①② 美国社会工作教育委员会：《教育政策及认证标准》，美国社会工作教育委员会网站：http://www.cswe.org/。

（三）行业标准

为了使社会工作的理念和价值观在社会工作领域得到更好的贯彻，有些国家的专业协会制定了各服务领域的从业标准。例如，美国社会工作者协会（NASW）在1996年以后陆续制定、修订了社会工作各个服务领域的从业标准。这些标准包括：《学校社会工作从业标准》、《青少年社会工作从业标准》、《儿童社会工作从业标准》、《继续专业教育标准》、《姑息治疗与临终照顾社会工作标准》等，这些标准提出了相应领域从事社会工作的任职资格、服务对象特征与相应要求、社会工作者的价值观和行为要求等。这12个从业标准是在伦理守则的引导下制定的。例如，《儿童社会工作从业标准》涉及16项标准，其中前9项直接与儿童社会工作价值相关，并且明确要求儿童社会工作者要体现专业的价值和使命，并以美国社会工作者协会《伦理守则》为伦理抉择指引。

（四）机构规章

各个社会工作服务机构都会制定一些规章制度来规定社会工作者的职责，并根据这些规定对社会工作者的行为进行考核。机构规章中关于社会工作者的职责的内容符合社会工作伦理守则的要求，有利于社会工作者贯彻伦理守则。

（五）法律规章

有些国家会运用专门的法律、规章来保障社会工作者的地位，规范社会工作者的行为，例如中国台湾及加拿大、美国各州的《社会工作师法》、中国香港的《注册社会工作者条例》等。这些法规的主要内容一般包括资格认证制度、注册及管理制度、职业待遇制度和道德与行为规范制度。其中，道德与行为规范制度就是将伦理守则中的行为标准用法规的形式加以规范，使其更具强制性。台湾《社会工作师法》（2009年修订）第十八条规定："社会工作师之行为必须遵守社会工作伦理守则之规定。"[①]这一规定充分说明了社会工作立法对伦理守则的保障作用。

二、落实伦理守则的行动体系

伦理守则的落实需要不同组织、机构的参与和个体的配合，这些组织和个人各负其责，构成了落实伦理守则的行动体系。

① 台湾《社会工作师法》（2009年修订），台湾社会工作师公会联合会网站：http://www.nusw.org.tw/modules/tadnews/page.php? nsn=288。

（一）社会工作机构

社会工作机构通过教育培训、督导、考核等形式对员工的行为进行引导，这些管理活动既涉及技术方面，也包括伦理方面的内容。因此，社会工作机构是落实伦理守则的重要行动者。

1. 机构的风险核查

社会工作服务机构要对涉及机构运作的多个方面进行风险审核，机构处理伦理问题和伦理困境的程序、社会工作者识别伦理风险的意识和能力等都在核查之列。通过伦理审核，可以增强机构为社会工作者承担伦理责任的能力和社会工作者的伦理风险意识。

2. 社会工作实务伦理委员会

社会工作机构内部一般设有伦理委员会来处理与工作伦理相关的事务。它面向机构的社会工作者提供伦理问题的咨询，并就伦理问题召开专题讨论会和专题培训会，以增进员工的伦理风险意识和伦理抉择能力。

3. 问责制系统

社会工作是一个需要多元化交代的职业，社会工作服务机构会对服务过程进行直接或第三方评估、监察和监测。这些控制手段可以使机构对服务过程中存在的问题进行及时纠偏，同样地，也可以使机构及时发现并纠正社会工作者在伦理方面的错误。

4. 员工教育和培训

社会工作服务机构的员工常常要接受再教育和培训，培训的内容既涉及工作技巧方面，也包括伦理方面。

5. 告知当事人的权利

在社会工作者对服务对象的权利和义务作出说明的同时，许多社会工作机构也会用清楚的、翔实的文件告知服务对象为自己服务的社会工作者什么样的行为是合乎规范的，以及在需要提出问题时可以适用什么机制、申诉意见的程序等等。这些告知和说明可以对社会工作者起到监督作用，使社会工作者自觉约束自己的行为。

（二）同事

一方面，同事是重要的监督者，他可以劝阻、揭发和举报社会工作者的违纪行为；另一方面，同辈审议还是提高社会工作者伦理抉择能力的重要手段。所谓同辈审议，就是社会工作者与机构同事采用正式或非正式小组的形式进行的，针对某一伦理问题的相互讨论和评判。在同辈审议中，社会工作者把自己的伦理决定和同事的伦理决定作对比，以取长补短，共同提高。

(三) 行业协会及其伦理委员会

伦理守则的制定机构在守则执行方面也起着至关重要的作用。一般而言,伦理守则的制定机构会设立专门的伦理委员会负责对守则进行解释、咨询、监督、培训、审核。

伦理委员会(Ethics Committee)是由专业人员、法律专家及社会大众等人员组成的独立组织,其职责在于评审违反伦理守则的行为,推动伦理守则的执行。

根据所承担职责的不同,伦理委员会分为管理性质和审查性质两种。前者负责伦理守则的制定、修改及制定专业审查的政策和程序、监督专业审查活动、对专业审查程序提供解释、培训和技术援助、对协会成员和团体进行伦理实践教育等,香港的社会工作者注册局专业操守委员会和全美伦理委员会(The National Ethics Committee, NEC)便属此类;审查性质的伦理委员会是主要对伦理投诉进行审议的机构,例如美国社会工作者协会专业审查办公室(Office of Ethics and Professional Review,OEPR)和香港社会工作者注册局纪律委员会备选委员小组。多数国家(地区)的社会工作协会等专业团体都建立了伦理委员会,在中国内地,只有深圳等少数城市的社会工作协会有相应的伦理委员会,全国性行业协会的伦理委员会还有待建立。

行业协会及其伦理委员会在伦理守则执行方面的主要职责如下:(1) 宣传和推广。为了使会员更清楚地了解伦理守则的内容,行业协会会对伦理守则进行宣传和推广。例如通过邮寄、网上下载等方式为会员提供伦理守则的全文,建立伦理守则方面的数据资料及案例汇编(例如香港社会工作者注册局的《社工专业操守的再思——纪律研讯案例汇编》),把伦理守则的内容通过影片的形式展现出来等等。(2) 提供伦理咨询。当会员遇到道德难题时,行业协会还会向会员提供伦理咨询。这种咨询不是直接告诉会员如何去做,而是通过对话让他们根据伦理守则的相关内容自己作出决定。如果会员咨询的问题不属于伦理问题,而是牵扯法律或实践操作标准,他们会把这些问题转介给相应的机构。有所例外的是,香港社会工作者注册局为了维持注册局的中立,不就个别咨询阐释《工作守则》的条文,而是由香港社会工作人员协会(社协)就阐释个别《工作守则》条文提供咨询服务。(3) 职业道德培训。行业协会及其委员会会开发相关的职业道德方面的课程,以提高会员对伦理守则的了解,增进会员的职业道德素质。(4) 进行伦理审查。正如本章第三节中将要讲到的那样,社会工作专业协会有明确的程序和专门的机构来审核社会工作者的行为是否违反伦理守则,并会对违纪行为施以相应的惩罚。这种审查和制裁既可以解决当事双方的争议,又会对社会工作者的行为起到引导和制约作用。

此外,各国(地区)专业协会还采取了一些特殊的措施来降低社会工作者的伦理风险。比如,1972 年美国社会工作者协会设立了专门的法律保护基金(Legal Defense Fund,简称 LDF),此基金为会员提供教育和培训机会,并为深陷诉讼危机的会员提供经济援助和支持。2005 年,LDF 建立了社会工作伦理与法律研究所(Institute on Social Work Ethics and the Law,简称 ISWEL),专门负责处理社会工作伦理的发展与宣传等问题。

(四) 专业责任保险的提供者

许多社会工作者因为处置不当被牵扯进诉讼案件之中,甚至有的社会工作者还面临服务对象的索赔。可以说,社会工作也是一个具有专业风险、道德风险和法律风险的职业。为了使社会工作者及社会工作机构免受因处置不当带来经济损失,一些国家(地区)的社会工作者协会为其会员提供一种赔偿保险,这就是专业责任险。

英国为成人护理、家庭药物及酒精、心理健康、老年人照顾、缓刑青年管理、职业治疗等多个领域的社会工作者提供职业责任保险。美国国际集团(AIG)也为社会工作者及社会工作机构、学校提供专业责任保险。其主要的保险项目包括:(1) 社会工作者职业责任保险。美国社会工作者协会超过 7 万名成员加入了该保险,该保险的保障范围包括了最严重的渎职行为,如:未经同意的治疗,不当处置,未咨询或转介到专门服务机构,未能防止客户自杀,未能保护伤害第三方,与服务对象发生涉性行为,违反保密,诽谤,非法拘禁,院舍照顾中未能给服务对象提供足够照顾,儿童安置不当等。该保险可以向符合赔付标准的社会工作者提供如下服务:专业法律顾问,对到庭应诉或没收执照的社会工作者提供每天 250 美元(累计最高 5000 美元)的费用,社会工作者因应诉而产生的住宿费和鉴定费用、辩护费、5000 美元的案件审理费(参加附加险可以得到更高的赔付标准)。(2) 学生责任保险。自从学生开始社会工作学习,他便有处置不当的风险。因此,美国社会工作者协会提供了专门的学生、学校社会工作专业责任险,这一保险可以分为个人保险和覆盖学校师生的团体险。(3) 机构责任保险。社会工作机构也常常面临诉讼风险,特别是私人执业者更是如此。虽然这些指控有时候是缺乏根据的,但是应对这些指控却需要耗费巨大的精力。美国社会工作者协会与保险公司合作,开发了面向社会服务机构的专业责任保险计划。这一保险一方面保护机构因为员工的违纪行为产生的连带责任,同时保险范围还包括雇员、董事、受托人、行政人员以及志愿者、实习学生。

上述专业责任险的提供者为了减少赔偿风险,会督促被保险人(社会工作者及机构、社工专业师生等)谨慎遵从伦理守则以免被诉,从而起到促进伦理守则落实的作用。

(五) 社会工作者在执行伦理守则方面的职责

社会工作者是伦理守则的主要规范对象,也是伦理守则的践行主体。社会工作者在执行伦理守则方面的职责包括:自觉遵守守则规定,以守则作为指引自己处理伦理困境的工具;一旦自己违纪并遭投诉,要积极配合投诉受理机构对自己提出的要求(如提供证据、到庭应诉等),服从依据伦理守则作出的纪律判决;协助督导对象理解并遵从伦理守则,提高督导对象的道德风险意识和规避风险能力;协助服务对象知晓和理解伦理守则;帮助同事处理伦理两难,预防、劝阻、纠正或揭发他们违反守则的行为。

第三节　伦理投诉与问责

伦理守则对整个社会工作行业来说,是一种行业自律。但对于工作者个体而言,是"自律"和"他律"的结合。伦理守则的落实不但依靠社会工作者的内心信念和自愿行动,而且需要对违反守则的行为施以惩罚。因此,在保障伦理守则落实的规范体系和行动体系之外,世界上多数国家(地区)的社会工作专业协会都建立了与伦理守则配套的投诉程序和制裁措施。

一、伦理投诉

(一) 伦理投诉的含义

伦理投诉是相关当事人向伦理监察机构提出的有关社会工作者或其服务机构违反伦理行为的指控。

要正确理解伦理投诉,有必要回答谁来投诉、投诉谁以及投诉事由三个问题。伦理投诉提出者一般是社会工作者的服务对象、社会工作者及其他与社会工作服务和管理活动相关的人员;伦理投诉的对象一般为社会工作者和社会工作服务机构,台湾的申诉程序把地方行业协会列为再申诉对象。通过香港社会工作者注册局的投诉情况统计表(1998 年至 2008 年 3 月 31 日),可以对伦理投诉的投诉主体和投诉对象有更为详细的认识(参见表 4-1、4-2);投诉的具体内容涉及社会工作伦理守则的方方面面,瑞默曾经提出了社会工作中几个高风险的领域:"保密与隐私、服务的输送、对案主的适当监督和对工作人员的督导、咨询、记录、转介、欺诈与诱骗、结案。"[①]据统计,香港社会工作者注册局在 2009 年 11 月 25 日至 2010 年 11

---

① 〔美〕Frederic G. Reamer:《社会工作价值与伦理》,包承恩等译,台北:洪叶文化事业有限公司,2000 年,第 240 页。

月8日一年时间共收到28宗投诉，涉及范围包括：处理精神病患者个案时没有顾及其感受，女社工与已婚男士发展婚外情，被同为社工的同学欺负，没有处理中心内同事被骚扰的投诉，违反《防止贿赂条例》以获取利益，社工在没有接受医护训练的情况下为服务使用者提供医护服务等。

表4-1　　香港社会工作者注册局投诉个案类别统计表

主要投诉人	投诉个案类别						统计
	管理与行政	保密原则	专业操守	有关服务	个人操守	其他	
服务对象	1	3		83	2		89
注册社工	13	3	1	1	4		24
非注册社工	15			2	11		28
其他人士	1			1	6		15
匿名	6			1	1		8
接受投诉总计	36	6	1	88	24		163
需召开聆讯个案	4	2	1	13	17		37

资料来源：《香港社会工作者注册局通讯》，2008年4月版。

表4-2　　香港社会工作者注册局被投诉者所属机构统计表

主要投诉人	被投诉者所属机构			接受投诉总计	需召开纪律研讯个案
	政府	非政府组织	不详		
服务对象	33	55	1	89	12
注册社工	8	14	2	24	11
非注册社工	1	27		28	11
其他人士	5	9		14	3
匿名	4	4		8	
接受投诉总计	51	109		163	
需召开聆讯个案	7	30			37

资料来源：《香港社会工作者注册局通讯》，2008年4月版。

(二) 伦理投诉的一般程序

各国(地区)对于伦理投诉都有一套明确而具体的投诉程序，虽然这些国家和地区具体的投诉程序并不完全一样，但是总体而言大都包括以下三个步骤。

1. 提出申请及初步审议

投诉人要在规定的期限内向伦理守则的制定机构提出申请(一般需要填写规定格式的表格)并提交相关的证据。相关机构在收到申请后，首先由一个小型的委员会进行初步审议，决定该项投诉是否符合受理标准。如果不符合受理标准会被退回，如果相关证据不足会要求补充证据，符合受理标准的则会进入下一个程序。

2. 小组委员会审议及裁决

小组委员会受理投诉后，会召开会议对投诉进行审议。在审议过程中，当事双方可以提供相关证据证明自己的主张。小组委员会在审议的基础上形成一个制裁命令供受理机构参考。

3. 公布及执行裁决结果

机构审核小组委员会的制裁命令，如果不符合规定就返回重审；如果符合规定，就通过一定的方式公布并执行相应的制裁措施。

(三) 伦理投诉的制裁

在初步审议阶段，有一些声称社会工作者违反伦理守则的投诉会被驳回，对于这样的投诉，被投诉者不受任何制裁。进入审理程序的投诉，一般会受到以下制裁措施中的一类或几类：

(1) 取消会员资格，即取消被投诉者作为社会工作专业协会会员的资格。

(2) 注销注册资格。注销注册资格分为永久注销和暂时注销。暂时注销是指在相关机构认为合适的一段时间内注销被投诉者的注册资格。注销注册资格意味着社会工作者将不再能从事社会工作服务，这是相对严厉的制裁措施。

(3) 谴责及严重谴责。

(4) 口头训诫，即由行业协会的领导者对被投诉人进行训导和劝诫，这是制裁措施中较轻的一类。

(5) 经济制裁。还有的国家和地区会对违反伦理守则的行为进行经济处罚。例如中国台湾《社会工作师法》规定："违反第九条、第十一条第一项、第二项、第十二条、第十六条、第十七条第一项、第十八条第一项、第二十八条第一项之规定者，处新台币一万元以上五万元以下之罚锾，并限期令其改善；经三次处罚及限期令其改善，届期仍未遵行者，处一个月以上一年以下停业处分。"[①]其中，第十八条第一项的规定是"社会工作师之行为必须遵守社会工作伦理守则之规定"[②]。

这些制裁措施一般会通过社会报刊、专业性报刊、协会网站等形式公布，并会通报给被投诉者的雇主、注册机构。

---

①② 台湾《社会工作师法》(2009 年修订)，台湾社会工作师公会联合会网站：http://www.nusw.org.tw/modules/tadnews/page.php? nsn=288。

二、 中国港台地区和美国的伦理投诉和制裁措施

前文中分析了伦理投诉的一般程序，事实上，各个国家或地区的伦理投诉程序和制裁措施方面都有各自的特色。中国香港、台湾地区和美国在伦理投诉与裁决方面的规定具有一定代表性。

(一) 香港的投诉程序

根据香港《社会工作者注册条例》，注册局有权处理针对注册社工专业失当或疏忽的投诉。投诉程序如下：

1. 转介及初议

收到由具名的投诉人（注册局不接受匿名投诉）或一群投诉人就注册社工的专业失当所提出的投诉后，注册主任会把投诉交由两名注册局委任的成员（亦为注册社工）作初步研究，以确定是否把投诉转交注册局。初步审议的结果分为：(1) 在作出决定前，向投诉人或资料来源索取进一步资料，或就一些已经公开的事件，要求有关个人、机构或政府部门提供资料。(2) 驳回投诉。据统计，2005 年 10 月 1 日至 2006 年 3 月 31 日，注册局共收到 16 宗投诉，其中 12 宗由注册局两名成员初步审议后驳回，驳回原因见表 4-3。(3) 把投诉的全部或部分转交注册局。

表 4-3　　无须转介注册局的投诉个案

（2005 年 10 月 1 日至 2006 年 3 月 31 日）

无须转介投诉注册局的原因		个案数字
25(3)(d)	被投诉人并非注册社工	1
25(3)(f)	遭投诉的违纪行为属微不足道	1
25(3)(h)	投诉事项没有实质涉及社工专业操守	10

资料来源：香港社会工作者注册局：香港社会工作者注册局通讯（http://www.swrb.org.hk/chiasp/newsletter-01.asp）。

2. 纪律研讯

如果上述两名注册局成员认为需要跟进该投诉，他们便会将该投诉个案转介注册局，注册局将委托由五名纪律委员会备选小组成员[①]组成的纪律委员会，按纪

① 香港《社会工作者注册条例》第二十六条规定："(1) 注册局须按照以下数目及类别委任不是注册局成员的任何人为纪律委员会备选委员小组的成员——不少于 12 名均持有认可社会工作学位的注册社会工作者（第 1 类），不少于 12 名均持有认可社会工作文凭的注册社会工作者（第 1 类），及不少于 10 名不是注册社会工作者的人。(2) 备选委员小组的成员可于任何时间借送交注册局书面通知而辞职，而注册局可于任何时间和因任何理由而撤销小组的成员的委任。"

律研讯程序召开纪律研讯。投诉人及被投诉的注册社工在纪律研讯中要根据投诉内容进行陈词和举证，其他证人也有可能被传招出席研讯作证。如果被投诉的注册社工没有做出投诉指控中的违纪行为，纪律委员会将驳回投诉；如果注册社工确实曾做出投诉中指控的违纪行为，纪律委员会将向注册局提交研讯结果及委员会的制裁建议。此外，香港《社会工作者注册条例》第二十八条还规定："注册局可委任一名法律执业者，就对指称中的违纪行为进行研讯期间或前后所产生的任何法律及程序问题，向纪律委员会及注册局提供意见。"①

3. 最后裁决

注册局收到纪律委员会的研讯结果和制裁建议后，会参考纪律委员会提交的报告就有关投诉作出最后决定。这些决定包括：(1) 通过纪律委员会的建议，(2) 把投诉发还已就该投诉做出报告的纪律委员会作进一步调查，(3) 转介注册局委派的另一个纪律委员会作进一步调查。在发还或转介该投诉时或在其后，注册局应该对该投诉或纪律制裁命令的有关事项作出指示。

如果注册局最后裁定被投诉的注册社工曾做出过投诉中指控的违纪行为，注册局会向注册社工发出纪律制裁命令。纪律制裁命令有以下形式：(1) 永久注销注册资格；(2) 暂时注销注册资格；(3) 记过，记过即用书面的形式谴责该注册社工的行为并命令注册主任将其登记在注册记录册上；(4) 口头训诫。

如果被投诉的注册社工对注册局的制裁决议表示不服，可以向上级法院提出上诉，上诉法庭可以确认、推翻或更改上诉所针对的决定或纪律制裁命令。上诉法庭对上诉作出的裁定为最终裁定。在这种情况下，注册局将暂缓执行纪律制裁命令；如果被投诉者没有提出上诉，注册局将执行相应的制裁。纪律制裁命令应当在香港中英文报纸最少各发表一份，或者在注册局认为合适的其他刊物(如《香港社会工作者注册局通讯》)上发表。

与其他国家或地区相比，香港的伦理投诉程序有两个突出的特点：一是投诉人如不服从投诉可以上诉至法院，二是裁决结果可能影响到社工注册资格的认定。这两个特点显示了伦理守则较强的执行强度。

(二) 台湾的投诉程序

1999 年 2 月，台湾社会工作师公会联合会第三届第七次理监事会议通过了会

---

① 香港社会工作者注册局：《社会工作者注册条例》，香港社会工作者注册局网站：http://www.swrb.org.hk/chiasp/ordinance_index_c.asp。参见本书附录部分，下同。

员《伦理申诉要点》,对伦理投诉的程序作出了明确规定。

1. 申诉

(1) 提出申诉及资格审查。申诉人应该按照一定的规定提出申诉,这些规定包括:应于知悉事件之日起填写申诉书,并附上有关文件和证据等。如果申诉人没有按规定提出申诉,地方公会会书面通知其在七天内作出补充和修正,逾期没有进行补充和修正的,地方公会将驳回申诉。

如果申诉符合程序上的规定,地方公会会接受申诉,然后根据有关申诉人和被申诉人的规定审查申诉资格是否符合。被申诉人为公会会员及各地方公会,申诉人限于本会会员或权益遭受本会或会员侵害者。

(2) 审议小组审议,完成申诉决议。地方公会应于受理申诉案件后一周内通知申诉人是否受理,并通知被申诉者提出答辩。地方公会受理申诉后,应由地方公会理事长或伦理委员会主任委员召集组成三至五人的审议小组(其中至少一名会外委员)进行调查与审议。地方公会受理申诉案件后,应于三个月内,完成申诉决议。

(3) 伦理委员会将申诉决议陈报给公会理监事会核备。如果全体理监事 3/4 以上不同意该决议,原案可退回重审;否则,申诉决议便被通过并进入执行环节。

2. 再申诉

(1) 提出申诉及资格审查。申诉者如果不服地方公会的决议,应于接受决议通知次日起一个月内通过再申诉意见书向联合公会提出再申诉,再申诉意见书必须附上再申诉的理由及相关文件。联合公会收到再申诉后,先审查再申诉人资格及是否在规定期限内提出并依此决定是否受理该再申诉请求。

(2) 审议小组审议。联合公会受理再申诉案件后,秘书处于一周内通知再申诉人是否受理,并需备齐相关资料。然后,伦理委员会主任委员召集组成五至七人的审议小组进行调查与审议,并在三个月内形成申诉决议。

(3) 核备并执行。与申诉程序中一样,伦理委员会必须将申诉决议陈报给公会理监事会核备,如果全体理监事 3/4 以上不同意该决议,原案可退回重审;否则,申诉决议便被通过并进入执行环节。根据违反社会工作伦理情节的轻重,台湾社会工作者联合公会对伦理投诉的制裁措施分为口头劝诫、书面告诫、暂时停权、永久停权等。

台湾社会工作者联合公会伦理投诉程序的特点表现在:(1) 台湾社会工作者联合公会对会员伦理事件的处理采用申诉、再申诉二级制。《伦理申诉要点》规定:"申诉案件应向各地方公会提出,不服各地方公会之决议,向本会提出再申诉;对本会之决议，除涉及身份，财产法益具保护重要性，否则不得再为异议”[①]。(2) 申诉、再申诉过程的独立性。伦理投诉程序作为行业自律行为，不受案件是否进入司法程序的影响。即使申诉、再申诉案件进入司法程序，各地方公会和联合公会仍然要受理投诉并作出裁决。(3) 回避制度。受理申诉、再申诉的审议小组成员或理事，如果与该案件有利害关系、亲属关系，不得参与调查、审议或决议。(4) 与会员资格及注册资格相关。在制裁措施方面，违反伦理守则可能会被暂时或永久开除联合公会的会员资格。因为台湾的注册社会工作者同时必须是联合公会的会员，所以，开除会员资格也就意味着被投诉者会同时失去注册资格。

(三) 美国的投诉程序

美国社会工作者协会也有明确的伦理审查程序，这一程序几经修订，现行的为第四版。其规定的程序如下[②]：

1. 投诉人提交专业审查表

投诉人与各州分会取得联系并在顾问的帮助下完成专业审查申请表。在这里，顾问只在专业审查的程序和技术方面对投诉人提供帮助，而不能支持投诉人或被投诉者任何一方。审查表格中必须详细描述投诉事由及投诉对象的行为违反了伦理守则中的哪一标准。如果被投诉的事件已经进入法律程序，则在申请表中也必须写明其详细情况。

2. 专业审查办公室接受并确认专业审查申请

专业审查办公室收到申请书后，专业委员会将在十日内向投诉人予以确认，并向被投诉人寄发投诉申请书的副本并与其签订保密协议。被投诉人在收到副本和保密协议后，在 14 天内可以就此进行回应。但是，不管被投诉人是否回应，审查都会进入下一程序。

3. 确定是否受理，并选择合适方式处理争议

美国全国伦理委员会小组委员会审查投诉申请书，决定投诉是否达到受理标准。对于达到受理标准的投诉，小组委员会会确定运用调解还是裁定来处理争议。

(1) 调解。调解是小组委员会作为中立的第三方帮助争议双方确定争议问题、提供相关信息，最终形成合理的解决方案的过程。调解是当事双方在第三方帮

---

① 台湾《社会工作师法》(2009 年修订)，台湾社会工作师公会联合会网站：http://www.nusw.org.tw/modules/tadnews/page.php? nsn=288。

② 美国社会工作者协会：《美国社会工作者协会专业审查程序》，见美国社会工作者协会网站：http://www.socialworkers.org/。

助下自行解决冲突的过程,美国社会工作者协会并不会明确指出被投诉者的行为是否违反伦理守则。

(2) 裁定。裁定是通过召开听证会来确定社会工作者的专业行为是否违反伦理守则的过程。听证会后,审理专家会出具一份是否违反伦理的结论报告并给出适当的制裁意见。

4. 对裁定的被投诉者作出相应裁决

如果投诉对象拒绝纠正自己的行为,其可能会被通报给其雇主或者州执照委员会,也可能直接在社会工作者协会的新闻出版物上通报。

美国社会工作者协会规定的伦理投诉程序有以下特点:(1) 除了裁定的方式之外,调解也是小组委员处理投诉的方式之一。小组委员会只作为公立的第三方参与调解,不支配调解过程和结果,也不对被投诉者的行为作出评判。显然,这一处理方式旨在消除当事双方的争议,而不对被投诉者施以惩罚。(2) 伦理投诉的制裁措施不与职业资格、会员资格相关,这显然是一种相对较轻的制裁措施。

三、司法审理

以上阐述的是行业协会内部对于社会工作者违反伦理守则的处理。事实上,一些严重违反伦理的行为也同时违犯法律。这类行为由行业协会进行处理的同时,也会进入司法程序,由司法部门按照相应的刑事、民事法律进行处理。例如,加拿大社会工作《伦理守则》规定:"社工员应该向适当的组织作报告或循法律途径公开任何破坏本守则或对案主有不利及伤害影响的社工员,避免他们影响服务的提供。""若发现从事不当服务或无照执业的人员,社工员应该向所属的组织或法律团体报告。"[①]在各国(地区)的社工界,有许多因为社会工作者行为失当而面临法律诉讼进而承担民事、刑事责任的案例,"香港社工性侵云南孤女"案就是其中一例。香港注册社工李某成立"施比受协会",在云南创办了收养孤儿和贫困儿童的"仁爱儿童之家"。在云南期间,他对未成年女童实施性侵犯。2008 年被捕后,社工身份已被社会福利署停职。法庭经过多次审讯,2011 年初,李某最终以非法性交、严重不道德行为及非礼罪被判入狱 8 年。[②]

前面我们谈到的伦理投诉,是社会工作专业本身对其成员的约束和规范。司法审理则是在社会工作者的行为对服务对象造成了较为严重的伤害时的法律救济

① 加拿大社会工作者协会:《伦理守则》,中国社会工作协会网站:http://www.cncasw.org/xhgz/shjz/200710/t20071023_2217.htm。

② 杜法祖:《性侵云南孤女 5 罪成立,淫社工重囚 8 年》,香港《文汇报》,2011 年 1 月 7 日。

手段。二者所针对的社会工作者的行为失当的性质和程度有所区别，社会工作者对其行为承担责任的方式也不同。二者的联系在于，在司法程序中，司法部门判断社会工作者是否应为自己的行为承担民事或刑事责任的依据，既包括刑事、民事方面的法律文件，也包括《伦理守则》中的相应条款。如美国社会工作者协会《伦理守则》规定：该《伦理守则》被美国社会工作者协会及个人、机构、组织和单位采用或作为参考构架，例如执照和管理委员会、专业责任险的提供者、法院、董(理)事会、政府机构和其他专业团体等。①

四、 伦理投诉案例

下面是香港社会工作者注册局处理过的一个案例。② 该案例中，社会工作者因向招聘机构提供虚假资料被投诉，香港社会工作者注册局依照《注册社会工作者工作守则》和《社会工作者注册条例》对被投诉的社会工作者作出处理。

(一) 背景

某机构(下称机构甲)招聘社工，社工甲前去应聘，并向机构甲提供了其前上司的手机号码以方便机构甲对其进行核查。负责招聘的人力资源主任根据社工甲提供的电话号码致电他的前上司，并得知社工甲在前一机构任职时表现良好。但收到由同一人(即社工甲的前上司)传真回的有关社工甲工作表现的书面文件时，机构甲发现文件中对社工甲的评价与社工甲的前上司在电话中的口头反馈有很大差距。调查发现，社工甲给机构甲的电话号码并不归其前上司所有，而是另属他人。社工甲的前上司怀疑社工甲串通他人，冒充她的身份，向机构甲提供失实资料以便使自己应聘成功。于是，她便向香港社会工作者注册局投诉。

(二) 投诉内容

有关投诉涉及以下两项：

第一，社工甲向机构甲申请工作时，该机构曾向社工甲索取他的考核资料。社工甲向该机构提供虚假资料(即一个声称属于投诉人的电话号码)，试图使该机构相信该电话的拥有人及使用者为投诉人本人。

第二，机构甲按社工甲所提供的电话号码拨号联系投诉人，社工甲串谋、及/或

---

① 美国社会工作者协会：《伦理守则》。

② 香港社会工作者注册局：《香港社会工作者注册局通讯》，2008 年第 22 期，香港社会工作者注册局网站：http://www.swrb.org.hk/chiasp/newsletter-01.asp

教唆、及/或促使他人在电话中谎称自己就是投诉人本人，口头向机构甲提供社工甲的考核资料，试图使该机构以为上述资料的提供者为投诉人本人，以便被该机构聘用。

上述行为违反了《注册社会工作者工作守则》中有关的第1条及第4条以及相关的《实务指引》的第1.2及4.3条。经纪律研讯后如果证明以上投诉事实的确存在的话，社工甲可能构成在专业方面失当或疏忽的违纪行为。

(三) 纪律委员会的裁决及建议

1. 裁决

经纪律研讯后，纪律委员会作出如下裁决：

(1) 纪律委员会裁定前述第一项投诉（社工甲向该机构提供虚假资料，试图使该机构相信该电话的拥有人及使用者为投诉人本人）成立。

成立的理由：

(a) 纪律委员会采信投诉人的证人（为证人甲）的供词。

(b) 社工甲的证人是他的前同事（下称证人乙），即社工甲向机构甲提供的电话号码的持有人。但证人乙从未担任过社工甲的上司，并且她知道在正常情况下只有社工甲的前任或现任上司，才可以向机构甲提供社工甲的考核资料。因此，纪律委员会并不采信证人乙的供词。

(c) 社工甲辩称由于记忆出错，误把证人乙的电话号码当做投诉人的电话号码给予机构甲。但纪律委员会认为两人的电话号码截然不同，所以，对社工甲的这一供词不予采信。

(d) 委员会认为由于社工甲非常希望能成功获得有关职位，所以他有意引导机构甲相信他所提供的电话号码属于投诉人所有。

(2) 纪律委员会裁定是前述第二项投诉（社工甲串谋、及/或教唆、及/或促使他人在电话中谎称自己就是投诉人本人，口头向机构甲提供社工甲的考核资料）不成立。

不成立的理由：投诉人提出的证据并不足以证明社工甲与涉案的第三者在事发前有预谋或者有计划地向机构甲提供他的考核资料。

2. 求情

社工甲基于以下理由向纪律委员会求情：

(1) 社工甲一再强调他的违纪行为是基于疏忽，并非存心提供虚假资料；

(2) 社工甲愿意向有关人士致歉；

(3) 社工甲表示他热爱社会工作，并视之为终身职业；

(4) 社工甲与其家人因有关投诉饱受压力。

3. 有关纪律制裁命令的建议

基于第一项投诉的成立，纪律委员会认为社工甲提供虚假资料的行为构成违纪行为，因此建议注册局根据《社会工作者注册条例》第30(1)(d)条，向社工甲发出纪律制裁命令，即由注册局主席口头训诫社工甲。

(四) 注册局的决定

注册局收到纪律委员会的纪律研讯报告，经详细审阅并考虑委员会纪律制裁命令的建议及所有有关情况后，作出以下决定：

第一，接受纪律委员会的建议，根据《社会工作者注册条例》第30(1)(d)条，向社工甲发出纪律制裁命令，即由注册局主席口头训诫社工甲。

第二，根据《社会工作者注册条例》第30(1)(d)及32(2)条，在注册局新一期《通讯》上发表上述纪律制裁命令及有关详情，让公众了解与该纪律制裁命令有关的事项及性质。

本章小结

1. 西方较早走上社会工作职业化道路的国家，都制定了自己的伦理守则；中国的香港和台湾地区所制定的社会工作伦理守则也比较成熟和完备。

2. 伦理守则的制定程序主要有：建立专门委员会，广泛讨论并形成草案；向全社会颁布试行草案，并备案；经试用和代表大会通过，形成正式的伦理守则；再次修改。

3. 伦理守则的落实需要静态的规范系统和动态的行动体系来支持。规范体系包括教育课程、职业资格认证、实践标准、机构规章及国家政策法规等方面，行动体系指社会工作机构、同事、伦理守则的制定机构及其伦理委员会、职业责任保险的提供者、社会工作者个人在伦理守则的落实过程中构成的相互支撑和制约的系统。

4. 伦理投诉的一般程序为提出申请及初步审议、小组委员审议及裁决、公布并执行裁决结果。

5. 进入审理程序的投诉，一般会受到以下制裁：(1) 取消会员资格，(2) 注销注册资格，(3) 谴责及严重谴责，(4) 口头训诫等。

6. 一些严重违反伦理的行为也同时违犯法律。这类行为在由行业协会按照伦理守则进行处理的同时，也会进入司法程序，由司法部门按照相应的刑事、民事法律进行处理。

B 主要术语

同辈审议(Peer Review):社会工作者与机构同事采用正式或非正式小组的形式进行的,针对某一伦理问题的相互讨论和评判。

伦理委员会(Ethics Committee):由专业人员、法律专家及社会大众等人员组成的独立组织,其职责在于评审违反伦理守则的行为,推动伦理守则的执行。

专业责任保险(Professional Liability Insurance):为了使社会工作者及社会工作机构免受因处置不当带来经济损失,一些国家(地区)的社会工作者协会为其会员提供的一种赔偿保险。

伦理投诉(Ethics Complaint):相关当事人向伦理监察机构提出的有关社会工作者或者服务机构违反伦理行为的指控。

调解(Mediation):小组委员会作为中立的第三方帮助争议双方确定争议问题、提供相关信息,最终形成合理的解决方案的过程。

裁定(Verdict):通过召开听证会来确定社会工作者的专业行为是否违反伦理守则的过程。

司法审理(Judicial Proceedings):社会工作者的行为对服务对象造成了较为严重的伤害时的法律救济手段。

C 练习题

1. 伦理守则的落实需要哪些条件?请从社会工作者、社会服务机构、行业协会以及服务对象的角度,谈谈各自在伦理守则的执行和问责过程中应该发挥怎样的作用?

2. 查阅《深圳市社会工作行业投诉处理规范(暂行)》,并思考此规范与本章中介绍的伦理投诉程序有何异同?

D 思考题

1. 伦理守则的制定需要经过哪些程序?
2. 伦理投诉的一般处理程序及主要的制裁措施有哪些?
3. 港台及美国的伦理投诉处理程序各有何特点?

E　阅读文献

1. 罗肖泉:《践行社会正义——社会工作价值与伦理》,北京:中国社会科学出版社,2005 年,第四章,第 210～217 页。

2.〔美〕拉多夫·多戈夫等:《社会工作伦理——实务工作指南》,隋玉杰译,北京:中国人民大学出版社,2005 年,第十四章,第 220～225 页。

3. 沈黎、刘斌志:《美国社会工作伦理守则:历史经验与文本解读》,《北京科技大学学报》,2008 年第 4 期。

第五章 对服务对象的伦理责任

社会工作的首要目的是增进服务对象的利益，向服务对象[①]负责。工作者为服务对象服务时必须承担起法律和伦理责任。两者部分地表现出一致性，也存在不一致之处。工作者必须首先遵从于法律责任。中国内地还没有专门针对社会工作的立法，但存在一系列和社会服务有关的立法。基于服务领域的广泛性，工作者也必须了解和遵从特定领域中的法律条文，并跟进其变化。西方社会工作者的法律责任通常包括照顾、告知、报告、警告、尊重隐私和保密等。[②]本章探讨工作者对服务对象的专业伦理责任，包括隐私与保密、自决与知情同意、多重关系与利用等核心议题及实务过程中的特定议题。

第一节 隐私与保密

隐私权是受法律保护的公民权利。保密是工作者保护服务对象身份和信息安全的伦理职责，是尊重个人尊严和诚信的表现，是工作者基本的专业实践能力。

一、隐私与保密的基本内涵和要求

学习活动

隐私与保密

小组讨论并课堂汇报：个人对于隐私的看法和隐私被尊重的体验，本土环境下

---

① Client，也译为“案主”。也有学者或工作者使用“service user(服务使用者)”等概念。服务对象指目前正在接受工作者所提供的包括个案、小组或项目活动等直接服务的人士。关于“服务对象的利益”，应由工作者在考虑、平衡其服务对象的个人利益及其他有关人士(包括家庭成员、机构、社群、社会等)的权益后，作出专业判断。转引自香港《注册社会工作者工作守则》注释(一)、(二)，见附录。

② 参见〔美〕Barry Cournoyer：《社会工作技巧手册》，朱孔芳、杨旭、丁慧敏译，上海：华东理工大学出版社，2008年，第58～61页。

尊重隐私得以充分实现的可能困境，专业关系与日常朋友关系中的保密存在哪些区别？

(一) 隐私和保密的基本内涵

国内学界总体上对隐私概念存在两种观点。“三形态说”认为隐私是指个人不愿为他人所知悉和干预的私人生活，是一种与公共利益无涉的私人信息。“两形态说”认为隐私是指个人享有的私人生活安宁与依法受到保护的私人信息两个方面，或是指自然人享有的属于自己支配的个人秘密和个人私生活。① 隐私权指自然人享有的对其个人的、与公共利益无关的个人信息、私人活动和私有领域进行支配的一种人格权，包括四个方面：个人生活安宁权，个人生活保密权，个人通讯秘密权，个人隐私利用权②。

(二) 尊重隐私和保密的基本要求

工作者应尊重服务对象的隐私权，不能随意打探服务对象的隐私信息，或未经允许进入服务对象的私人空间、查看其私人物品等。工作者要设法保护服务对象的身份不被泄漏，避免出现侵犯服务对象隐私权的不当行为。“除非为提供服务或进行社会工作评估或研究的必要，否则不应诱使服务对象说出隐私信息。一旦隐私信息提供出来，保密标准就要用上。”③保密的总体原则是：没有服务对象的知情同意不得披露任何信息。绝对保密难以在任何时候都能做到。相对保密是指在必要情况下，根据专业伦理责任和法律要求，必须披露某些信息。

1. 充分保证服务对象有关保密权利的知情同意

工作者必须和服务对象及其他相关者讨论保密的本质和隐私权的限制，需要打破保密的情况及可能后果等，并获得服务对象确切的知情同意。相关讨论应在建立专业关系后尽快安排，如有必要在专业关系全程均可讨论。④

---

① 许祝康：《隐私权的特征、限制与保护》，《出国与就业·就业》，2009 年第 12 期。

② 邹文静、裴林亮：《社会工作实务中保密原则的伦理困境解决——基于隐私权和知情权的分析》，《社会工作(学术版)》，2011 年第 11 期。

③ 美国社会工作者协会：《伦理守则》(1996) 1. 07 (a)，美国社会工作者协会(NASW)网页(http://www.naswdc.org/)；中文版参见本书附录，本章下文中类似引用均只在文中标出条款的具体编号。

④ 参见第二节《知情同意的内涵和基本要求》及附录相关内容。

2. 注意时间与空间方向上的保密

除非工作者可以确定隐私权能被保障,否则不可在任何场合讨论咨询机密资料。工作者在自己面临终止服务、停业或死亡时,应采取可行的防备措施以保护服务对象的隐私权。即使服务对象去世,工作者也应以上述一致的标准来保护服务对象隐私权。[1.07(i)(o)(r)]

3. 注意面向大众传媒和付费第三方时的保密

工作者应在面对大众媒体时保护服务对象的隐私权。除非获得服务对象的授权,否则工作者不可泄露咨询机密给付费的第三者。[1.07(k)(h)]

4. 保证信息运送、保存和对记录的接触中的保密

工作者应保护服务对象书面、电子或其他敏感性资料;采取可行步骤确保记录的存放安全,避免未被授权的人接触。在运用电子科技传送机密资料时要注意确保安全性。避免在任何可能情况下泄露可供辨识的资料①。工作者在转送和清理记录时,应保护服务对象隐私权。

5. 审慎评估打破保密的原则,并在打破保密限制时遵守最低披露原则

如有法律或专业上的明确或不得已的要求,工作者可打破保密限制。但披露资料时要尽量使披露程度降至最低,应只披露那些直接与目的相关的资料[1.07 (c)]。

此外,工作者也要注意与其他人士沟通中的保密。工作者与专业人员讨论或督导的前提假设是:以获得专业指导为目的;所有参与者了解保密的必要性,且对服务对象隐私负有同样责任;应以服务对象利益最大化为出发点。军队、学校和企业中的保密可能面临更多限制和压力,但工作者有责任向相关人士解释其保密责任的特殊性,并且避免拿服务对象保密信息换取个人利益或同事的违规行为。工作者的亲密关系者没有义务保护听来的秘密,一旦关系破裂,这些信息可能成为报复工具并伤害工作者和服务对象。工作者应警惕和禁止对家人和朋友透露服务对象的相关信息,将工作和生活有效分开;应向伙伴解释保密准则及其原理,并对可以向他们分享什么内容设立清晰界限。②

---

① 不幸的是,一旦工作者把资料传送出去,就可能不再控制得了进一步扩散这些资料。J. R. 戴维森等(1996)建议:"工作者需要以个人的身份并联合起来同管理式照顾的政策制定者和政府管理人员谈判,制定保护服务对象资料的新机制。"转引自〔美〕拉尔夫·多戈夫等:《社会工作伦理——实务工作指南》,隋玉杰译,北京:中国人民大学出版社,2005 年,第 73 页。

② 参见〔美〕伊丽莎白·雷诺兹·维尔福:《心理咨询与治疗伦理》,侯志瑾等译,北京:世界图书出版公司,2010 年,第 87～90 页。

二、保密的限制与应用于特定群体

（一）保密原则与社会公众利益

保密原则经常与其他公民权利、工作者权益、机构利益或更大的社会权利相冲突。面临这些冲突时，工作者需要以相关法律法规、专业伦理准则和个人专业经验为依据重新考量公众利益和服务对象保密权利之间的利益和关系。在强调保密基本原则的前提下，法律系统和行业协会都规定了打破保密的例外情况：当公共利益开始面临危险时，特权应该被终止。但保密的基本原则仍然是：除非个人、机构、社会公众的合法权益受到明显破坏，否则仍需以服务对象的权利为主。

同时，行业对保密的规定也使得公众利益受到保护，专业人员可以帮助那些有反社会倾向的服务对象改变其行为。如果不存在保密规定，人们也就不会愿意将反社会的倾向和想法暴露出来，工作者也就失去了在未来阻止反社会行为的机会。服务过程中涉及的公众利益和服务对象保密权利之间的拉锯战始终存在。工作者应时刻关注相关法律、法规或规章的变化。

（二）保密的限制

1. 服务对象要求披露信息

服务对象有权控制其信息和向第三方解密。经过服务对象确切许可，工作者可以公开相关保密信息。但工作者应先和服务对象探讨解密的影响，评估可能的消极结果。如果工作者相信向某一方解密不妥而服务对象坚持，应将相关讨论记录在案，并要求服务对象亲笔签字。

服务对象应被允许合理接近与其有关的记录，但工作者必须保护记录中被提及或被讨论到的其他人的隐私权。工作者应就服务对象接触记录时可能存在的严重误解或伤害提供适当协助，向其解释或给予咨询。当存在明显可能导致严重伤害的证据时，工作者可限制服务对象取得全部或部分记录。在档案中应清楚记载服务对象对记录查看的要求及限制查看理由。这要求工作者在作记录时就应假设服务对象可能会阅读它们。

2. 司法部门要求披露信息

当法律法规要求审查工作记录、工作者作证或工作者作为顾问对处于法律程序中的服务对象进行评估时，保密有可能无法继续受到保护[1.07(c)]。目前国内没有明确的相关法律法规。美国制度下，诉讼过程中工作者仍应在法律允许的范围内保护服务对象的机密。倘若未经服务对象同意揭露这些机密或资料，以及泄密会伤害到服务对象，即使这是法庭的要求或是其他法定代理人的命令，工作者也应要求法庭撤回命令，或是尽可能限制命令的范围，要求保持记录是密封的，或是使记录在公开调查中不会曝光[1.07(j)]。

3. 服务对象投诉或起诉社会工作者

如果服务对象起诉工作者玩忽职守或违反合约，在法律程序启动之日，服务对象自动放弃保密权。工作者有权为自己是否渎职进行辩护，可以在法庭上谈论服务内容而无须担心制裁。伦理投诉情况下，一旦投诉被受理，保密原则也被打破。工作者在为自身辩护时，仍应遵守“公开与达成目标最必要且最少量的保密信息”[1.07(c)]的基本原则。

4. 服务对象起诉他人

在美国，服务对象起诉另外一方对自己造成心理伤害或情感伤害时，如果服务内容成为法庭参考资料，对案件的公正性非常重要，工作者可以打破保密，并在需要时及时提供。如果服务对象出于对保密权和相关隐私的坚持而终止起诉，保密打破的基础自动消失。

5. 成文法对虐待的规定

中国《老年人权益保障法》规定：禁止歧视、侮辱、虐待或者遗弃老年人。美国法律规定，当工作者合理怀疑未成年人遭受凌虐或疏忽抚养，发现年老或无行为能力者遭受身体虐待时，工作者有责任及时(通常 24 小时)向社会服务或警察部门举报。中国《刑事诉讼法》第八十四条规定：任何单位和个人发现有犯罪事实或者犯罪嫌疑人，有权向公安机关、人民检察院或者人民法院报案或控告。《未成年人保护法》规定：对侵犯未成年人合法权益的行为，任何组织和个人都有权予以劝阻、制止或者向有关部门提出检举或者控告。

6. 服务对象危害自己或他人

为了预防服务对象或可确认的第三者遭遇严重的、可预见的、立即的伤害，工作者有义务打破保密并承担警告和保护义务。立即的伤害通常被解释为服务对象明确说出或暗示会马上采取行动。美国加州法院对 Tarasoff 案的裁决认为，心理健康工作者有责任警告和保护潜在受害者免遭有暴力倾向的服务对象的伤害。这一职责得到美国至少 23 个州立法院的认可，要求工作者采取合理措施保护处在危险中的人。

工作者应认真学习并实际拥有包括自杀评估在内的风险评估能力。将危险通知给(潜在)受害人后，工作者更应采取合理步骤协助当事人免受伤害。比如协助此人联系到可以提供安全保障的亲朋好友或寻求警察保护。另一常用办法是限制服务对象的自由，但此举缺乏明确法律支持。增加会谈次数是另一个具有冒险性的方法，工作者应确保这是当下最佳选择并采取进一步措施保证其效果，最好与资深同行作深入探讨。所有这些有关行动的讨论，都不意味着工作者甚至要把自己置于危险之中以保护受害人，重点在于尽可能避免暴力事件的发生。

拓展阅读

危机干预工作者面对有伤害他人或自己可能性时的行动指导原则

1. 开始干预前，要明确表示为案主保密，但在某些情况下不行。……先告诫案主，一旦他们有威胁他人或伤害自己的企图或想法时，不能再替他隐藏。

2. 作决定前征求负责人、专家、警察或其他有相关经验者意见。制定对各种不同案主会做什么以及能做什么的预案，对需要作出快速反应的危机干预来说也特别重要。

3. 如果不能确定案主威胁的含义或其行动，与其他专业人员商量或立即请示负责人，并作好记录。如仍不能确定，请其他专业人员联合判断。如果缺乏专业人员合作，一般应先确定目标是否有危险，是否有明确的受害对象（"丈夫"）、动机（"报复"）、方法（"枪"）以及计划（"等他下班"）。如果案主不能理解他现在要做什么、不能自我控制和合作，同样危险。科里（Corey）等人提出只要有上述两项指标存在，工作者就有责任警告第三者。

4. 如果案主明确具体讲出威胁的话，你就有责任采取行动。如果知道受害者是谁，你有责任警告、提醒他，同时耐心、理解地帮案主稳定情绪以保证安全。要告诉案主你在做什么及其原因……如果案主情绪激动或爆发，要避免直接面对，可以通知警察或保安人员。如果他们不能及时赶到，则请同事帮助控制和稳定案主，直到救援人员赶到。

5. 如果求助者流露出明确的伤害意向，你还要保守秘密，则几乎没有任何价值。求助者用法律威胁，也不应该成为阻碍工作者将其伤害威吓报告给他人的理由。为了安全起见，应该记录有关潜在危险的特征，自杀和暴力的有关讨论内容，作为证据。

翻译参考：〔美〕B. E. Gilliland，R. K. James：《危机干预策略（上）》，肖水源等译，北京：中国轻工业出版社，2000 年，第 144～149 页。

（三）保密原则应用于特定人群和服务

1. 未成年人

工作者在大部分情况下应像尊重成年人一样尊重未成年人的保密权。与"儿童青少年不应该向监护人保守秘密"的社会普遍共识同在，中国《未成年人保护法》

笼统规定"任何组织或者个人不得披露未成年人的个人隐私",只针对未成年人的信件、日记、电子邮件隐私问题有所规定。按照中国法律,十岁以下公民由其法定代理人代理民事活动,而十到十八岁之间的公民民事行为能力需要区别对待。这都容易使工作者在界定保密界限时缺乏法律依据。西方专业伦理守则大都仅对缺乏决定能力的服务对象权益作笼统的规定,把作出伦理判断的重任交给工作者。如美国社会工作者协会规定,当工作者必须代理无决定能力的服务对象时,工作者应采取合理的步骤以保障此服务对象的利益和权利。[1.14]

在决定保密程度时,未成年人的年龄和成熟水平是最直接相关的因素。服务对象越接近成熟年龄,被赋予较多保密权的可能性也就越高。为未成年人服务时,工作者应仔细评估服务对象的智力成熟程度。有学者建议应考虑以下四个方面的因素:年龄(包括发展历史和成熟过程)、认知水平(包括语言、记忆、推理能力和逻辑思维能力)、情绪成熟水平(包括气质、情绪稳定性、依恋、教育适应能力和态度)、社会文化因素(如家庭价值和宗教信仰)①。许多青少年对个人隐私极其敏感,会认为工作者是他们父母的秘密代理人,害怕自己私下里的表述会被报告给监护人或其他权威。与他们充分适切地讨论保密性是格外重要的工作②。

2. HIV 病毒感染者

与 HIV 病毒感染者一起工作时,主要存在下面几个伦理问题:服务对象信息的保密;一旦泄密,服务对象可能遭遇到的歧视;可能的第三方利益受损等。如果 HIV 病毒感染者拒绝把染病的危险性通知其配偶、性伙伴或静脉注射药物的伙伴,工作人员和机构有责任警告他们染病的危险性。美国心理学会要求,除非有特殊法律规定,否则必须满足如下情况才能打破保密原则:(1) 提供者有充分理由相信有明显感染可能的第三方存在;(2) 提供者有充分理由相信第三方对于他(她)正处于危险之中毫不知情;(3) 咨询师已经敦促来访者/病人将实情通报第三方但遭到来访者拒绝,或者确知他(她)不愿采取行动通知第三方。③

3. 非自愿性服务对象

非自愿性服务对象,往往是因为法院建议,感受到法律制裁威胁、强大社会舆论及利益上的压力等而接受服务。受司法或监督性角色的制约,工作中呈现的一

---

① 〔美〕伊丽莎白·雷诺兹·维尔福:《心理咨询与治疗伦理》,侯志瑾等译,北京:世界图书出版社,2010 年,第 112 页。

② Rita Sommers-Flanagan 等:《心理咨询面谈技术》,陈祉妍等译,北京:中国轻工业出版社,2001 年,第 392 页、398~400 页。

③ 转引自〔美〕伊丽莎白·雷诺兹·维尔福:《心理咨询与治疗伦理》,侯志瑾等译,北京:世界图书出版社,2010 年,第 107 页。

些信息，通常会由工作者传到他处。他们的各种档案也更可能被相关人士查看或调阅。这些都可能导致服务对象的焦虑和不合作，进而影响工作成效。[①] 工作者应公开、诚实、经常性地和服务对象澄清角色，沟通和说明保密限制，共同决定谁可以知道工作中呈现的信息。双方一起探讨彼此的角色和义务，商谈不同角色和义务之间可能的冲突，特别是工作者在助人和司法性角色之间可能存在的困境。对于服务对象呈现的和司法要求不冲突的秘密，工作者应予以保密[②]。

4. 团体服务与家庭服务

在团体和家庭服务中，工作者无法保证所有听到的人会同样尊重信息披露者的隐私。工作者必须强调保密的重要性，同时提醒所有成员，工作者无法保证每个人均能遵守保密协议。工作者应告知参与家庭、夫妻、婚姻或团体咨询的服务对象，有关专业协会和机构对于团体或家庭服务中在其成员间公开机密资料的相关政策。

5. 多元文化背景下的保密问题

工作者在处理保密问题时应充分注意文化适应性问题。文化适应性指工作者接纳服务对象的文化背景和特质，努力理解该文化背景对服务对象的影响和意义，并提供与之相匹配的有效服务。保密原则建基于自由主义的个体自主权之上，在中国传统文化中，成员维护自身的自由可能要让位于对家庭的忠诚或长辈的希冀。向家庭成员保密与某些文化价值观产生根本分歧。一边公然违抗长辈意愿，一边希望得到家庭的接纳，这存在极大困难甚至是不可能的。当出现下列情况时，工作者应预先就对不同价值体系下保密的复杂性有所准备，并在服务开始前与服务对象讨论如何与家庭就相关事宜进行沟通。(1) 服务对象家庭强烈要求知道全部服务内容和整个过程；(2) 家庭成员对服务对象向陌生人讨论家庭私事表现出极大反感和敌意；(3) 服务对象难以向父母表达不同意见时，保密问题变得更加复杂。[③] 总之，工作者对隐私和保密的文化含义要保持警觉和敏感。工作者要尊重人们对披露信息的不同看法，并时常和服务对象探讨，可以在什么时候、以什么方式、和谁分享什么信息。

---

① 参见〔澳〕克里斯·察特：《如何与非自愿个案工作》，朱慧英等译，台北：张老师文化事业股份有限公司，2008 年，第 14～16 页。

② 同上书，第 83～89 页。

③ 〔美〕伊丽莎白·雷诺兹·维尔福：《心理咨询与治疗伦理》，侯志瑾等译，北京：世界图书出版公司，2010 年，第 116 页。

三、科技和计算机网络时代的保密问题

计算机可以将大量信息存储在小巧磁盘中，这也使得服务记录很容易被盗窃、复制或丢失。互联网时代，工作者存储在硬盘中的资料同样容易丢失或被窃密。香港《注册社会工作者工作守则》要求工作者应采取预防措施，确保和维持通过电子媒介传达至其他人士的数据的保密，并应尽量避免披露足以识别服务对象身份的数据。当工作者通过电子媒介提供服务时，应告知服务对象有关该服务的限制和风险。工作者用互联网与服务对象沟通时，要充分考虑到破坏保密性风险的存在及该媒介的实验性本质，对其中的风险格外谨慎。

第二节　自决与知情同意

自决是工作者对服务对象作出选择和决定的自由和需要的实际认同。知情同意意味着服务对象理解社会工作服务的过程并自愿同意与工作者一起工作，是自决的具体表现。

一、自决的要求和影响因素

（一）自决的基本要求

工作者应尊重和推动服务对象自决，协助其认识和澄清自我目标，作出自我决定并按照相应标准生活，不应欺骗或驱使服务对象进入违背其真实意愿的活动过程。工作者应对自身价值观、态度、信念、行为有充分认识，避免将违背工作目标的价值观强加到服务对象。自决原则要求工作者在具体行动中：表达对服务对象意志和能力的尊重，协助服务对象挖掘成长和改变的潜能，协助服务对象满足内在的关于作决定时相关支持的需求。同时，如果工作者按照专业判断，认为服务对象对自己或他人构成了严重、可预见、近在咫尺的危险，可能会限制服务对象的自决权。也就是说，自决原则用于实践时会受到限制。

（二）影响服务对象自决的因素

1. 来自工作者的因素

如果工作者以专家和权威自居甚至存在“救治幻想（工作者是救苦救难的天使，能把服务对象从痛苦的深渊救到幸福天堂）”，倾向于凭借专业训练和既往经验承担解决问题的主要责任，就会自觉不自觉地将自己对于问题的判断和解决问

题的建议强加于服务对象。如果工作者不能对自身个人特性(如喜欢做主、好为人师、对特定群体的偏见等)保持警醒,也会导致直接或间接地操纵服务对象,让服务对象充当附属的角色。工作者应对专业身份、地位、权力中以及个人特质中可能蕴含的控制、操纵、代为决定的现实与冲动保持警惕和自我控制。

2. 来自服务对象的因素

服务对象自决(知识)能力、资源、性格等因素影响自决原则的执行。坏名声、低自尊、心理折磨、经济拮据以及缺少其他出路等,都会损害服务对象的自决能力。能否做到自决,也与服务对象对从工作者那里得到好处的依赖程度有关系。服务对象得到的服务或物品越重要、越有价值,对工作者的依赖感就越大,越不太可能作出自认为工作者不会赞成的选择。

3. 思想意识和文化的因素

社会普遍存在的价值观念和生存状态,也会影响特定服务对象对自决的态度和行动。比如,西方社会注重个人权利而强调个人的自决权利;而中国传统上强调集体主义、"群体文化",鼓励个人对更广大集体的服从,对社会的承担和对他人的顾及,更相信权威。很多中国人缺乏独立自主意识和能力的训练。这些社会普遍存在的价值观念和生存状态,在某种程度上也会影响特定服务对象对自决的态度和行动。

4. 服务机构的因素

社会服务机构因其性质和所处时代也会限制服务对象的自决。新中国成立后,在行政主导体制下,我国主要由民政部门或官方色彩的社会组织等依靠行政体系解决公民困难,服务和资源都由相关部门提供,在解决相似问题时采取统一模式。不同服务对象很难表达个性化需求,处在被动的接受地位;行政部门管理者也只是根据一般的社会情况再加上自己的理解制定出一般性的社会政策,无形中把自己的价值观注入在服务之中,而忽视了自决原则。

5. 法律和例外的因素

如果有法律的明确规定或司法机关的明确限制,服务对象的自决权只能在相关范围内行使。如中国《艾滋病防治条例》规定,艾滋病病毒感染者和艾滋病病人有义务将感染或者发病的事实及时告知与其有性关系者。[①] 一般认为下列情况下不适合由服务对象自决:严重的自我伤害及自杀行为,能导致监禁和犯罪的行动;由于虐待儿童导致对儿童监护权的丧失,对离家出走或者习惯性逃学的未成年学

---

① 国务院:《艾滋病防治条例》(2006 年),见中华人民共和国中央人民政府网站:http://www.gov.cn/ziliao/flfg/2006-02/12/content_186324.htm。

生，服务对象生理上或者心理上缺乏作决定的能力（如不会游泳的孩子想在无防护和监护人同意的情况下到游泳池里玩），服务对象要求与工作者发生性关系等会在实质上违背（伤害）工作者意愿（利益）的行为，等等。当个人行使自决权会伤害到他人或危及自身性命安全时，其自决权应受到限制。①

服务对象的自决受多种因素制约，是相对而不是绝对意义上的自决。将之放置于互为建构方的社会服务系统诸要素所构成的环境脉络中，把它理解为各参与方在对话与行动中共同寻找平衡的过程，服务对象的自决就仅仅是互动中相对的自决，而不是绝对客观的、没有工作者价值干预的自决。自决由此成为一个致力于追求的目标而不是前提。

二、知情同意的基本内涵和要求

学习活动

你如何理解和回应下列有关知情同意的观点？

1. 知情同意就是在开始服务前让服务对象填写某些表格；
2. 要有限制地，较少地和服务对象讨论保密的限制；
3. 知情同意是对真正的社工服务的干扰；
4. 知情同意的实施主要是为了使工作者免于法律责任；
5. 服务开始时服务对象就能迅速理解和记住服务相关的信息。

资料来源：〔美〕伊丽莎白·雷诺兹·维尔福：《心理咨询与治疗伦理》，侯志瑾等译，北京：世界图书出版公司，2010 年，第 130 页。

（一）知情同意的基本内涵

知情同意，也称知情后同意或告知后同意。“知情”是关键和前提，“同意”是核心和结果，同意建立在知情基础上。在社会工作直接服务中，知情同意是指工作者向服务对象告知有关服务的各方面情况，服务对象在确切知情的前提下自愿同意参加社会工作服务的过程。它是服务对象的基本权利，也是工作者的法律义务和伦理责任。《纽伦堡法典》认为知情同意有四个基本要素：自愿（没有暴力、欺骗、欺诈、强迫、哄骗及其他隐蔽形式的强制或强迫）、法律上有承担能力、知情、理解。也

① 隋玉杰主编：《个案工作》，北京：中国人民大学出版社，2007 年，第 47～50 页。

有学者认为知情同意的构成必须同时具备五要件:第一,前提是行为人必须具有完全民事行为能力;第二,权利内容包括知情权、选择权、同意权、拒绝权;第三,实现途径中工作者必须履行相应的义务;第四,服务对象的决定必须自主、自愿;第五,国家法律的许可和保障。五条缺一不可,否则就是违规。[①]

(二) 知情同意的基本要求

知情同意的核心成分包括:(1) 服务对象应了解社会工作服务的目的、风险、受益,以及可供选择的方法;(2) 了解和理解有关选择工作者、积极参与工作、拒绝服务(及拒绝的影响)、其他相关问题(及问题得到清楚解答)、给予(或拒绝)知情同意及收回同意授权等方面的权利;(3) 保密等方面的限制;(4) 相关的费用;(5) 工作的流程;(6) 工作者的资质;(7) 服务记录和测评的应用;(8) 服务的间接影响;(9) 电子服务和电子记录的限制和风险;(10) 工作者的督导;(11) 投诉途径和方法等。

知情同意,是工作者与服务对象协作和追求共同目标的象征,贯穿整个服务过程,而不仅仅是工作开始时的限定行政程序。工作者在服务过程中需要尽可能用通俗易懂的语言、适当地和服务对象讨论知情同意的所有内涵,向服务对象提供澄清疑问的机会,确保服务对象的相关参与,确保服务对象真正理解与服务相关的事宜。一些时候,出于对服务对象福祉的综合考虑,特别是在危急情况下,知情同意的一些内容可能需要延迟讨论直到危机过去。

工作者应采取行动确保不识字或难以理解服务语言的服务对象的知情同意。包括:向其提供尽可能详细的口头说明或尽可能安排合适的翻译人员。在服务对象缺乏知情同意能力时,工作者应通过寻求合适的第三方的知情同意保护服务对象利益,并根据其理解水平告知服务对象。在此情况下,工作者应设法保证第三方的所作所为与服务对象的意愿和利益一致。工作者也应采取合理步骤增强这类服务对象知情同意的能力。对于非自愿服务对象,工作者应告知其服务的性质和范围,以及服务对象拒绝接受服务的权限等。[1.03(b)(c)(d)]

在录音、录像或允许第三方观察服务时,工作者应征得服务对象的知情同意。在被要求同意将机密透露给第三方时,服务对象应该知道将要向谁、因什么目的、透露什么资料及其后果。要求工作者对相关选择的性质和后果都作出完全清楚的判断和说明是不现实的,但工作者必须以清楚易懂的方式向服务对象提供尽可能

---

① 参见李文杰、陈浩东:《领悟"知情同意"》,《中华现代临床医学杂志》,2004 年第 2 卷第 11B 期。

全面的相关信息资料，并与之一起探讨。

现实中，很多服务对象只是想从一个信任的专家那里获得帮助；或者会因为选择性注意及压抑不愉快信息等原因，不注意或愿意完全理解工作者提供的信息。尽管如此，工作者仍要在伦理上坚守服务对象知情同意原则。

三、操作原则和方法

（一）协助服务对象达成自决的操作原则

工作者在服务对象自决原则的操作过程中应遵循以下四个原则：

1. 自决意味着服务对象应意识到存在多种解决问题的方法

自决涉及让服务对象自己作决策：从几种行动方案中作出选择。工作者要和服务对象一起对其面临的问题和需要作出尽可能全面而客观的评估，协助服务对象了解自身处境和意愿，根据自己的目标作出决定。工作者应协助服务对象认识他能利用的相关资源，明晰各种不同选择的可行性，了解各种选择可能带来的影响和后果，确保服务对象是经过充分考虑才作出决定。除了社会资源外，工作者也应激发服务对象运用自身现有资源，既包括服务对象亲友、能够获取的服务及机会，也包括服务对象自身潜能，如性格和态度等。

2. 自决意味着服务对象才是问题的主要解决者

工作者应意识到服务对象对问题解决负有主要责任。工作者的专长不在于知道或推荐所谓最好的东西给服务对象，而在于一起走过困境的过程中，协助服务对象界定问题，开发和考察解决问题的方法，最大限度提高其独立决策的能力、机会以及实施其决策。工作者应与服务对象建立和维护良好专业关系，使服务对象不至于因为担心工作者态度而不敢作决定。

3. 自决不禁止、限制工作者提供观点或建议，工作者有责任与服务对象分享专业观点

工作者有责任向服务对象分享思想（或经验），但不是作为指导服务对象生活的方式，而是服务对象决策过程中促使其思考的一种额外的信息提供。来自工作者的信息输入只应被认为仅供参考而不是必须遵守。工作者应将解决问题的方法提炼成建议而不是忠告的形式。

4. 在工作者有保护社会的额外功能领域里，服务对象自决也是可能的和应当被鼓励的

这种额外功能的三个领域是保护服务、监狱以及假释和缓刑。比如，缓刑犯对

缓行官的报告是强制执行的，但在报告的次数、时间长短、内容以及其他会谈中应当讨论的内容等方面，是否可以允许其有相对灵活的自决呢？

（二）知情同意的基本方法

执行知情同意有两种常用方法：口头讨论，讨论加上文档并且给服务对象副本。两种方法各有利弊。口头讨论可以使工作者灵活适应服务对象的独特需要并显得更为人性化和个人化，也能够鼓励服务对象提出问题从而更加投入讨论。但单纯依赖语言讨论，可能使服务对象被太多信息淹没而忘记或不能吸收全部信息，也不利于工作者评估服务对象对相关信息的了解和理解程度。很多具体而又对服务对象非常重要的信息，以文字的方式呈现可能对服务对象更加有利。没有使用书面文件的专业人员，在面临法律纠纷或伦理申诉时会非常不利。

以下是几种常用的知情同意书面材料形式：(1) 服务对象信息手册。(2) 作为讨论指南的问题列表。它为服务对象提供了一个框架，服务对象可借此询问有关问题，强化服务对象在有效工作关系中所拥有的权利和角色的主动性。(3) 服务对象权利声明。对于服务对象的相关权利及限制进行简明汇总和说明，其中描述了服务对象的权利和义务，并呈现其知情同意。

应用书面材料具有节约时间和聚焦主题的特点，也方便双方有争议时的查阅和举证。其主要弱点在于易被误用。过于依赖它们可能会忽略对相关话题的讨论，使得知情同意成为形式而服务对象的权利得不到切实的探讨和保护。另外，书面材料对于服务对象的阅读、理解能力也提出了要求，对于部分服务对象而言意味着挑战和困难。在关键的服务初期要建立信任，而这些书面材料可能会加大服务对象与工作者的距离。也有学者倡议采用录音或录像方式。

建议使用多种适当形式达成知情同意。知情同意不只是一个事件而是一个过程，必须在第一次接触时大体完成，但直到服务结束才能结束。如果不能被恰当、轻松地执行，知情同意会带来消极影响。有人担心中国文化背景下对知情同意的执行存在很多困难和消极影响，但以文化差异论来否定知情同意在中国的适用性及严格执行是不恰当的。有文化适应性、有技巧、认真地进行知情同意过程而不使之成为信任和服务的障碍，是对工作者的考验和基本要求。

（三）应用于特定群体与服务

1. 未成年人

中国《未成年人保护法》第三条规定：未成年人享有生存权、发展权、受保护权、参与权等权利。国家保障未成年人的合法权益不受侵犯。把握自己生活的意识与个人的幸福指数密切相关，儿童、婴幼儿也是如此①。未成年人的观点应该被考虑，倾听其心声有利于帮助他们作出更好的决定。任何情况下未成年人的愿望都是重要的，他们有权得到解释和承认。

在中国传统文化背景下，工作者的一项重要工作就是协助未成年人特别是儿童增能，使其在决定自身权益问题时能够掌握相当信息，并积极参与其中。在倾听未成年人声音、协助他们参与决策、维护其最大利益和免受伤害之间，很多时候存在冲突。其中的平衡取决于未成年人作出特殊决定时所表现出来的能力。如果未成年人缺乏理解复杂决定的能力，工作者应该关注其状态、需要、生活情境和有限表达，并与相关监护方和问题解决的所有参与方共同、综合地以未成年人为本进行决策的商议。如果未成年人有能力尝试更大的挑战，工作者也应同样邀请相关方关注他们。

在知情同意方面，美国咨询协会守则规定：向未成年人或无法行使知情同意权的人提供咨询，咨询师需采取必要措施得到来访者的同意，让他们自己适当地参与决策过程。咨询师需权衡各方面因素：来访者自己决定的伦理权利，来访者决定接受咨询和知情同意的能力，来访者父母或家庭成员的合法权益和责任。咨询师有责任保护来访者，并作出对他们有益的决定。咨询师需让来访者的父母或法律监护人清楚自己的角色以及咨访关系的性质。咨询师需对家庭的文化多样性保持敏感，尊重父母或法律监护人的权利和责任，按照法律规定，他们有责任保障孩子和被监护人的福祉。咨询师要和来访者的父母或监护人建立适当的合作关系，以为来访者提供最好的服务②。

---

① 〔英〕奈杰尔·托马斯(Nigel Thomas)：《儿童青少年社会工作：照管社会工作理论与实践》，田国秀等译，北京：中国人民大学出版社，2010年，第22页。

② ACA守则，A. 2. d和B. 5. b。转引自〔美〕伊丽莎白·雷诺兹·维尔福：《心理咨询与治疗伦理》，侯志瑾等译，北京：世界图书出版公司，2010年，第143页。

拓展阅读

如何倾听未成年人心声，协助未成年人参与决策

综合O'Kane(1998)和O'Quigley(2000)的研究和总结，下面是一些有助于儿童青少年参与决策、成功倾听未成年人心声的因素和关键点：

(1) 与儿童相处需要足够多的时间。时间意味着按照儿童的步调开展工作，让儿童有一定的掌握权。(2) 保密意味着增能并允许儿童自由地谈话。如果不能保证无条件的保密，就应该在一开始的时候明确告诉儿童，这样儿童才不会觉得你辜负了他的信赖。(3) 年龄因素应尽可能被忽略——儿童的能力往往比承认预期的更强，考虑到发展因素和文化因素，工作者不能随意对一个儿童作假设。(4) 诚实、开放、同理、态度友好而非教训式的会谈，积极倾听并警觉于工作者非语言交流对儿童的影响，给予儿童表达自己观点的空间，这样的方式效果更好。(5) 当儿童想作选择并表达相关观点时，工作者应真诚表达出尊重和重视，使儿童放心、自由地回答问题和表达自我而不用担心对与错。给儿童足够的空间谈论与他们相关的问题而不仅仅是回答成人的问题。(6) 儿童在表达自己意见时需要得到支持和积极鼓励，特别是他们表达困难或负面事情的时候。对于儿童的观点，成年人要持非评判性、开放式的思维，允许他们探索自己的想法。儿童不喜欢被评判、被批评，也不喜欢被"问题化"。(7) 儿童的能力与成年人不同，但并非比成年人少。游戏、写作、绘画和其他活动可以使交流过程更有意思，可以帮助我们发掘儿童的参与能力。(8) 儿童有权选择是否和如何介入决策过程。如果事前对讨论有所准备，有时间思考，儿童更能表达自己的想法。(9) 讨论严肃问题并不意味着每个人都要绷着脸。大多数儿童觉得这样很疏远，有些人觉得这样具有威胁性。如果决策过程富有情趣，儿童更喜欢参与其中。

资料来源：〔英〕奈杰尔·托马斯：《儿童青少年社会工作：照管社会工作理论与实践》，田国秀等译，北京：中国人民大学出版社，2010年，第22页。

2. 残障者和能力缺损者

不是所有残障者[①]都缺乏自决能力或者需要与之特别讨论自决问题。总体

---

① 尽管世界卫生组织(WHO)2001年即正式改变对身心障碍的定义，不再使用损伤(impairment)、障碍(disability)和残疾(handicap)等概念，改采新的"国际功能、残疾和健康分类"(简称ICF)。目前中国对于相关个体的称谓仍未统一。《中华人民共我国残疾人保障法》采用"残疾人"并在第三条把残疾人定义为："是指在心理、生理、人体结构上，某种组织、功能丧失或者不正常，全部或部分丧失以正常方式从事某种活动能力的人。"这里采用"残障者"概念，包括所有上述"法定"残疾人及非法定残疾人、各种身心障碍者。

上，工作者应特别留意，对于在什么时间需要什么样的帮助、如何界定其困境等方面，残障者都拥有自决权。社会工作相信，残障者群体本身是自身需要和感受的最佳、最重要的诠释者。不越俎代庖，不强制服务，是残障社会工作重要的价值观。加强残障者与社会的沟通交流，有利于逐步消除社会对残障者的误解、偏见和歧视，同时也保证了案主自决。

能力缺损意味着相关服务对象不能理解影响他们的事情，不具备理解能力，不能作出知情选择，其他人必须为他们选择。在与能力缺损的服务对象一起工作时，甚至服务对象被合法宣判为无行为能力时，社会工作者仍应采取合理的步骤以保障该服务对象的利益和权利。当其他人被合法授权代表相关服务对象时，工作者也应本着服务对象的权益与代理人交涉[①]，像与一般服务对象一样地与代理人履行知情同意程序。工作者也有责任使服务对象按其所能尽可能投入决策中。如果评估结果使服务对象作出同意的能力暂时受损（如中毒或急性生理疾病），工作者应试图推迟同意的程序直到服务对象的心理机能恢复正常。[②]

3. 非自愿性服务对象

与非自愿性服务对象一起工作，必须兼顾法律、伦理、有效性三项议题。工作者应告知服务对象他所享有的各项权利，不可无故忽视或故意隐瞒，诸如公开审判、聘请律师、传唤证人、探亲权甚至上诉等。工作者服务计划的模式与过程，以及相关花费、服务对象利益等也应事先告知非自愿性服务对象并获得其同意。对于各项服务对象资料和判决纪录，工作者应谨守保密原则，未经其同意不可随意公开给媒体、公众或学者等使用。工作者也应告知、维护和保障非自愿性服务对象在法律范围内的自由权，并减少不当裁决和处遇的可能性。

工作者不仅应尊重非自愿性服务对象在不违反社会规范及法律要求下或不妨碍他人自由下的自决权，同时要积极向服务对象提供相关知识、技能和资源，以强化其自决能力。工作者应避免故意或不自觉地，因非自愿性服务对象面临法律和社会规范上的过失及压力，以工作者个人或来自宗教道德意识或主流社会的价值观来替服务对象作出决定。工作者应适切提供各种资讯并尊重其个人意愿。

在团体服务中，工作者应在甄别阶段和团体活动的初期，处理好服务对象对非自愿参与的感受。达成知情同意对于非自愿服务对象尤其重要。其核心仍然在于，工作者必须热诚捍卫非自愿服务对象仍然具有的权利。工作者至少应当力求

---

① 《美国社会工作人员守则》，《社会工作》，2004 年第 2 期，第 63～64 页。

② 〔美〕伊丽莎白·雷诺兹·维尔福：《心理咨询与治疗伦理》，侯志瑾等译，北京：世界图书出版公司，2010 年，第 145 页。

完整地告知服务对象相关的信息和可能的结果。如果工作者相信,强制的团体服务不太可能让非自愿性服务对象受益,甚至还会给他带来伤害,工作者有责任与被要求参加团体的服务对象就有关方面进行交流,把他的专业判断告诉服务对象,并努力寻求另外的能够让所有相关人满意的服务方式和方法。

4. 团体服务

团体知情同意的过程要在团体开始之前,与让服务对象了解服务性质和阶段同时开始,这也是甄别组员的过程[①]。服务对象应理解工作者和组员的角色,及其在团体中的个人责任;了解典型的团体聚会的特点、聚会中组员的应有期待等。如果团体是鼓励表达情感的,工作者应告知服务对象这个重点。工作者应向服务对象解释一些团体服务中的危险,如对暴露隐私的团体压力、因为面质而来的不舒服、团体经验对生活可能带来的暂时消极影响等。使用身体活动技术的团体也必须向服务对象说明这些技术对身体可能的潜在危险。工作者也应说明如费用、时间、地点和活动时长等具体事务。双(或更多)带领者团体中,工作者应向服务对象解释这些带领者的角色和资格,以及带领者之间会如何交流组员的事情。

因为团体凝聚力是有效团体的重要特征,服务对象需要理解当他们参与团体时他们被期望达到的承诺程度。团体成员需要了解,他们按时出席并且积极参加活动是团体获得成功必不可少的条件。应当公开讨论退出问题。"知情拒绝"的概念(服务对象有权拒绝接受服务而不受到处罚)在团体中也发挥作用。如果有人想退出,工作者在伦理和法律上都不能要求其继续。因此这部分的知情同意需要工作者启发而不带偏见,去鼓励而不是施加压力。面对多元文化团体时,工作者需要考虑文化多样性会如何影响服务对象对团体过程和对退出政策的反应。

第三节　专业边界和避免利用

工作者和服务对象之间的专业工作和私人生活之间必须保有界限。界限为整个服务过程提供结构,为服务对象提供安全,为有效服务提供必要的情感距离。当双方有额外的个人或职业关系时,客观性、对服务对象的无私承诺和服务对象的信任在一定程度上会受到威胁。专业关系中的双方因为其他关系的存在和需求而使服务过程受阻,服务对象面临着受到利用的风险,这会对服务对象、工作者以及专业声誉等产生负面影响。

---

① 〔美〕伊丽莎白・雷诺兹・维尔福:《心理咨询与治疗伦理》,侯志瑾等译,北京:世界图书出版社,2010年,第222～223页。

一、多重关系

所谓多重关系,意味专业人员和服务对象之间除了专业关系外还同时或相继扮演了两个或两个以上角色。也可以使用术语"越界(boundary crossings)"或者"界限破坏(boundary violations)",前者指多重关系对服务对象的伤害危险较小,后者则风险较高①。多重关系有如下特征:(1) 在关系性质方面,专业关系、社会关系(如成为朋友)和商务关系(如成为商业伙伴),均可能在多重关系中呈现。(2) 在时间方面,多重关系可以在保持专业关系期间发生,也可在专业关系结束之后发生,甚至包括对未来非专业关系的承诺(例如在进行服务期间承诺结束服务后与来访者发展亲密关系);双重关系或多重关系可在同一时间段出现,也可连续出现在不同的时间段。(3) 在人物关系方面,包括与服务对象本人发生专业以外的关系,也包括与服务对象的亲密他人发生关系。② 美国社会工作者协会认为,工作者不应该与服务对象或前服务对象保持双重或多重关系,以免可能对服务对象造成利用或潜在的伤害。一旦避免不了双重或多重关系,工作者应采取步骤,保护服务对象,并有责任设定清楚的、恰当的、具有文化敏感性的界限。[1.06(c)]

组织中总难以避免多重关系的存在,这也为有效应对多重关系问题制造了更多困扰。有学者认为多重关系并不总是有害的,事实上有可能是有益的。倘若对伦理守则中关于双重或多重关系部分的条款矫枉过正,会导致一种虚假的疆界,而这种疆界来源于破坏性的一味禁止,将会减弱服务成效。有中国学者认为,社会工作中私人感情和双重关系在中国差序格局的文化传统下无法避免,解决问题的关键不是努力排除之,而是应以务实态度加强对多重关系所带来的伦理风险的评估和管理。也有学者对一些工作者弱化工作关系突出亲情式关系表示质疑。

农村或者熟人社区的人口情况与文化规范,使得工作在其中的工作者面临着更多与多重关系有关的困扰:潜在服务对象的数量小,转介资源非常有限,与服务对象先前存在的、同时发生的和随后发生联结的机会显著得多。以小群体为基数获得服务对象意味着转介会造成工作者收入、工作机会上的困难。足以胜任的转介资源通常距离较远,公共交通难以到达,如果当地的工作者机械回避多重关系,服务对象获得的服务就会非常受限。乡村或小社区中的工作者很难回避"环境依存的多重关系"。虽然不能过分突出城市、郊区和乡村环境的差异,但乡村工作者要对多重关系的伦理问题特别敏感,需要不断平衡服务于公众需求的责任和产生

---

① 〔美〕伊丽莎白·雷诺兹·维尔福:《心理咨询与治疗伦理》,侯志瑾等译,北京:世界图书出版公司,2010年,第188页。

② 李扬、钱铭怡:《国外心理咨询与治疗中双重关系及其利弊》,《中国心理卫生杂志》,2007年第21卷第12期。

危害的风险，并通过寻求督导和咨询以保证不同环境下决策的适切性。

拓展阅读

评估双重关系风险

Younggren 和 Gottlieb(2004)制定的风险管理计划可用来评估双重(多重)关系的合适度。用于风险管理的问题包括：

有必要与服务对象建立双重关系吗？

双重关系在多大程度上损害或有利于服务对象？

双重关系会影响咨询关系吗？

工作者与服务对象建立双重关系后能保持客观性吗？

对于建立双重关系，服务对象有知情同意权(包括了解潜在的风险)吗？

关于建立双重关系的决策记录到工作记录中了吗？

有正在进行的服务的文件有证据吗？

决策是在服务对象利益基础上做出的吗？包括应考虑到与评估和治疗相关的问题。

资料来源：〔美〕 Michael Nystul：《心理咨询入门：艺术与科学的视角(第三版)》，张敏等译，北京：高等教育出版社，2007 年，第 40 页。

二、 利用

学习活动

多重关系和利用

请以小组方式讨论下面的案例，并给出你对小王的建设性意见。

1. 在与服务对象老李闲谈时，工作者小王无意中提到自己租住的房子就要到期。老李主动提出有朋友在作房屋租赁，可免费为小王找房源。小王礼貌地感谢并表明会尽快自行寻找。再见面时，老李告诉小王已联系妥当，会谈结束后就可以带小王去看房子。

2. 小王和妻子到商场购物时，遇到妻子的上司老李及其妻子张女士。小王发现张女士是自己的服务对象。张女士坦率地告诉丈夫自己正在接受小王的服务，并赞扬了其服务品质。老李向小王表示感谢，表达了对小王妻子工作能力的欣赏，并邀请他们夫妻有时间一起吃饭。小王的妻子接受了邀请。回到家中，妻子告诉小王，她正在公司里谋求一个更高的职位，这次的见面和接下来的聚餐一定会对她的晋升大有帮助。

改编自:香港社会工作者注册局《注册社会工作者工作者守则教材套》之处境十和处境一。香港社会工作者注册局:http://www.swrb.org.hk/chiasp/dvd.asp。

工作关系的特征之一就是双方事实上的不平等。工作者扮演着照顾和控制的双重角色,一些时候更是资源分配者或代理者。工作者对服务对象具有影响力,这种影响力使工作者拥有可能利用服务对象的资本。工作者要明了自己对寻求专业服务者的影响力,尽可能防止损害信任和引起依赖的情况发生。服务对象常常面临情绪及其他方面的重压、关系困境及自尊方面的问题等,工作者关注服务对象并以尊重、同理、真诚的态度和言行对待他们,这很容易获得服务对象的信任、依赖和感激,并可能激发不甚了解社会工作服务性质和工作关系性质的服务对象的回报冲动。一些服务对象刚刚遭遇的创伤也可能影响其判断,并导致他们更加脆弱。很多服务对象将生活(环境)改变的希望寄托于工作者身上,建立在相关社会禁忌和刻板印象基础上的对于"寻求帮助"的不安和耻辱感,更可能会使服务对象对工作者的判断和建议等过于顺从而放弃自身的判断。工作者"专业助人者"的地位也会促使信息不充分的服务对象不敢否定工作者的言行或要求,不敢坚持自己或者做出拒绝。这些都可能导致工作者对于服务对象的利用和剥削。

所谓利用是指,工作者有意或无意地通过自身专业助人者的地位/角色、工作关系及工作关系中的权力(信息)不对等、服务对象对工作者的信任和依赖、服务对象对工作者服务行为和工作关系的误解、服务对象自身面临的困扰等因素,在违背服务对象意愿或不知情的情况下,无偿占有服务对象劳动成果,或不当利用服务对象各种物质、经济和心理上的资源谋取各种形式的利益。这些利益包括(但不限于)个人的、家庭的、宗教的、社会的、政治的或商业的利益。利用与不当压力(undue influence)的概念关系密切。不当压力发生在工作者运用其权威去压迫、说服或支配服务对象去从事某些活动,这些活动可能不是服务对象的最佳利益或是会引起利益的冲突①。美国社会工作者协会规定:工作者不应从任何专业关系中获取不当利益,或是利用其他人以得到个人的、宗教的、政治的或是商业的利益[1.06(b)]。工作者不应与现有或先前的服务对象产生双重或多重关系,以避免利用或可能伤害服务对象的风险[1.06(c)]。

---

① 〔美〕Frederic G. Reamer:《社会工作价值与伦理》,包承恩等译,台北:洪叶文化事业有限公司,2000年,第253页。

三、礼物

美国社会工作者协会规定，工作者应避免接受服务对象的礼物以作为专业服务报酬[1.13(b)]。美国咨询协会规定：咨询师需了解接受服务对象礼物可能带来的风险，同时意识到，在某些文化背景下，赠送小礼物代表尊敬和感谢。决定是否要接受服务对象的礼物，咨询师需要考虑如下问题：治疗关系、礼物的经济价值、服务对象赠送礼物的动机以及咨询师接受或拒绝礼物的动机。

当礼物是对更好或特别服务的“交换物”，或是对服务过程造成障碍时，工作者不应接受礼物。接受礼物可能意味着，在第一种情况中，工作者被操纵（并因此损害了信任，妨碍了为促进服务对象福祉而作出的投入）；在第二种情况中，工作者同意了服务对象歪曲的自我评价或对关系的看法（并因此妨碍了工作进程）。当礼物是对成功的服务体验的感谢或普通的文化仪式时，接受礼物可能是符合伦理的。

具体说来，如果符合以下所有标准，接受礼物可能是符合伦理的：

促进而不是危害服务对象的福祉；不会在未来使工作者的客观性或提供胜任服务的能力打折扣；是与服务对象的文化惯例相一致的感谢的象征，并且经济价值不高；是服务中很少发生的事件而不是经常出现的行为。①

四、涉性议题和肢体接触

（一）性接触

在现代专业守则中，几乎所有的助人专业人员均被明确禁止工作关系中的性接触。如美国社会工作者协会规定：工作者任何情况下都不可以和正在进行中的服务对象发生自愿同意的或是强迫性的性行为和性接触。也不应通过终止服务规避这一原则。[1.09(a)]

工作者不可以与服务对象的亲属或与服务对象有亲密关系的他人发生性关系或性接触，以免对服务对象产生可能的利用或潜在伤害。相关行为会使工作者和服务对象间难以维持适当的专业边界。是工作者负有全部责任去建立一个清晰的、适当的以及符合文化敏感度的关系边界，而不是服务对象或其家属，也不是与服务对象有亲密个人关系的他人。工作者不可和先前的服务对象发生性行为或性接触，以免对服务对象产生可能的伤害。如果工作者的行为违背了这项禁忌，或者指出在某些特殊的情形下这个禁忌是例外，则是工作者而不是服务对象，负有完全的责任来证明先前的服务对象并未遭受到有意或无意的利用、压迫或操纵。工作者

---

① 〔美〕伊丽莎白·雷诺兹·维尔福：《心理咨询与治疗伦理》，侯志瑾等译，北京：世界图书出版公司，2010年，第202～203页。

不可对先前曾与自己有性关系的人提供临床服务。[1.09(a)(b)(c)(d)]

一个没有在伦理规范中明确提出但客观存在的现象是性吸引。来自美国的研究认为，几乎所有的心理健康专业人员都经历过感到被服务对象性吸引的时刻，并且当出现这种感觉时倾向于感到内疚、混乱和焦虑。[1] 性吸引并不一定会发展成为双重关系或构成不当行为。但是，如果这个问题得不到专业的解决，就很可能导致双重关系的发展。而发生频率较高或持续时间较长的性感觉必须认真处理。处于这种情况下的工作者应就发生的事情请教同事或督导。

(二) 性骚扰

性骚扰(sexual harassment)指以性欲为出发点的骚扰，以带性暗示的言语或动作针对被骚扰对象，引起对方的不悦感，妨碍受害者行为自由并引发受害者抗拒反应。工作者不得对服务对象进行性骚扰。性骚扰包括：性的示好、性的诱惑、要求性行为，及其他含有性本质的语言和肢体的接触[1.11]。

(三) 非性爱肢体接触

非性爱肢体接触(以下简称"触碰")包括握手，手、胳膊或者肩膀的接触，拥抱或其他短暂的身体接触等(在中国内地大多数文化背景下亲吻不被归于此类)。有人建议禁止一切触碰行为，有人认为慎用触碰对服务对象有利。只要工作者感觉到对服务对象的性吸引，就应避免触碰。美国社会工作者协会《伦理守则》规定：如果肢体接触(例如轻轻拥抱或抚摸服务对象)的结果可能对服务对象产生心理上的伤害，工作者不应与服务对象有肢体的接触。工作者在与服务对象有适当的接触时，有责任设定一个清晰的、适当的和具有文化敏感度的界限，以约束类似的肢体接触。[1.10]

下面是一些基本的建议。首先，工作者要明确自己的触碰动机是否有利于满足服务对象合理的需要和实现工作目标。工作者感受到强烈反移情时，应对触碰特别注意。如果服务关注涉性问题，服务对象控制冲动的能力较弱，或者触碰似乎是谈话的替代时，工作者应避免触碰。工作者发现自己对触碰男性和女性服务对象具有不同模式时，也要检查自己的触碰动机。一般而言，男性工作者在触碰女性服务对象时要保持足够的自我警惕和文化敏感。是否触碰成年服务对象的决定也立足于对文化和社会问题的理解。在不同文化中触碰具有截然不同的含义，工作

---

① 〔美〕伊丽莎白·雷诺兹·维尔福：《心理咨询与治疗伦理》，侯志瑾等译，北京：世界图书出版公司，2010年，第172页。

者应避免触犯特定文化规范。任何相关决定都要考虑服务对象对触碰的文化界定。确定触碰行为是否恰当,也应着重考虑服务对象的特质和经历。如果触碰使服务对象产生不自在的感觉,就应该避免。例如很多有过性侵犯经历的服务对象不愿意被触碰。即便对于那些背景和经历中不排斥触碰的服务对象,工作者也必须精确评估触碰的准备性。一般来说,在发生身体触碰前寻求服务对象的许可。有关未成年服务对象的非性爱接触问题可能更加复杂。在不那么极端的情况下,决定对儿童的触碰是否恰当,工作者必须考虑儿童的年龄和成熟度、文化背景、评估和历史、父母的偏好,以及儿童用语言表达其需要和偏好的能力。机构和具体学校就触碰问题的具体规定也须被考虑在内。当存在质疑时,限制自己的触碰并请教别人是谨慎的做法①。

五、 训练指导原则

健康关系最明显的特征是,任何行为都必须以尊重和关心所有涉及的人员为中心。为了避免发生违背伦理责任特别是与多重关系相关的行为,Hamilton 和 Spruill 建议,所有的工作者在接触服务对象前接受以下方面的指导:

(1) 熟悉性、相似性、自我暴露和身体接近对吸引力的强大影响作用。

(2) 提供证据说明,受人尊重的工作者也会在工作中遇到性吸引的问题。

(3) 在感到有吸引的时候应采取的特定行为,并强调督导的重要性。

(4) 服务对象与工作者亲密关系的危险因素和征兆。

(5) 工作者对服务对象采取违规性行为带来的后果。

(6) 进行社会技能训练以提高执行伦理道德行为的技能并降低焦虑。

(7) 对工作程序中关于伦理道德犯罪的相关政策进行详细的解释,强调所期望的情感和那些不允许的行为之间的明确界限。②

最后,建议在工作中采用职业公开声明③(a professional disclosure statement, PDS)以制止违规行为。职业公开声明包括工作者训练和经验的所有细节问题,同时也包括像保密性等问题。它具有一种潜在的警告作用,能让工作者和服务对象的关系发展制约在职业关系的约束之内。这种声明,通常还包括当对工作关系中

---

① 亨特和斯图沃(1998)基于西方文献研究提出有关肢体接触的很多建议。可参见〔英〕约翰·麦克里奥德:《心理咨询导论(第三版)》,潘洁译,上海:上海社会科学院出版社,2006 年,第 378 页。

② 〔美〕伯纳德:《临床心理督导纲要》,王择青等译,北京:中国轻工业出版社,2005 年,第 78～79 页。

③ 参见美国俄勒冈州执业咨询师和治疗师职业公开声明:http://www.oregon.gov/OBLPCT/disclose.shtml。

发生的一些问题产生疑问时，可以接触的工作关系以外的专家信息。这可以充分体现和提醒工作者对职业性和诚信的高度重视。

第四节　直接服务实务过程中的其他伦理议题

一般把社会工作实务通用过程概括为：接案、预估、计划、介入、评估和结案等六个阶段，每个阶段都有不同的工作任务、内容和方法。工作者对于服务对象的伦理责任体现在整个实务过程中，并在一些特定环节中有更加具体、特殊的要求。本节摘要论述实务过程中其他一些具体的对服务对象的伦理责任。

一、付费的伦理责任

虽然工作者被鼓励在不求金钱回报情况下奉献自己部分专业能力（免费的服务），但工作者在很多时候都面临着与服务费用相关的伦理责任。工作者应确保收费的价格公平、合理并相当于所提供的服务，同时要考虑服务对象的负担能力[1.13(a)]。美国咨询协会守则 A.10 (b)更增加要考虑当地的收入水平。如果确定的收费方式不适合服务对象，工作者需要协助服务对象在可接受的价格范围内找到合适的服务。工作者经由雇主或机构的安排为服务对象提供服务时，不应请求私人的费用或其他报酬。

交易(bartering)指工作者接受服务对象的物品、服务或其他非货币形式的报酬以支付相关服务费用。美国心理学会规定，只有在满足下列情况时，才可以使用该方式：(1) 在临床上没有被禁止，(2) 这种方式不会给对方造成剥削。① 美国咨询协会规定：如咨询师与服务对象进行交易，需满足以下条件：没有剥削关系或伤害产生，不会让咨询师占便宜，由服务对象提出这一要求，这种安排是该社区中的其他专业人员普遍接受的行为。咨询师需考虑交易的文化含义，与服务对象就相关问题进行讨论并达成一致意见，然后用书面形式清楚地记录该协议②。美国社会工作者协会规定：工作者应避免接受服务对象以服务作为专业服务的报酬。交易制造了潜在的利益冲突、利用及工作者与服务对象之间不适当的关系边界。工作者只有在非常有限的情况下才去探求和寻求交易，这些情况如：当地专业人员已接受的做法，对服务的提供而言是重要的，没有压迫的交易协商，以及由服务对象

---

① 美国心理学会守则. 6.05. 转引自〔美〕伊丽莎白·雷诺兹·维尔福：《心理咨询与治疗伦理》，侯志瑾等译，北京：世界图书出版公司，2010 年，第 208 页。

② 美国心理学会守则 A.10.d。

主动提出并得到服务对象的知情同意。工作者在接受服务以作为服务报酬时，其负有全部责任以表明这项安排不会伤害到服务对象或专业关系。[1.13(b)]

二、开始提供服务或转介抉择的伦理责任

在接案时，除紧急情况外，工作者应在充分尊重服务对象自决权、负责任地协助并获得服务对象知情同意后，才可以开始提供服务；不得通过不诚实、欺诈或诱骗等行为来获得服务对象。若服务对象面临的困扰超出工作者专业能力，或者工作员服务机构与服务对象需要在服务范围和资源匹配上明显不符，工作者应给予负责任的转介。存在个人问题的工作者在接案时，也应诚实评估自身的个人问题、心理社会压力、法律问题、物质滥用或心理健康问题是否影响他们的专业判断与表现，是否适合为该服务对象提供服务，再作出相关决定。

三、评估中的伦理责任

工作者有责任经过资料收集和研究，在服务对象的积极参与下，对服务对象面临的困扰、需要作出自己的专业判断。工作者的评估过程、报告、结论及可能的建议等，应基于其通过合适的研究所得的发现。工作者必须在评估活动中细心而谨慎，并留心所有相关的权利和责任。在进行临床精神健康等领域服务的心理诊断时，工作者必须注意行为得当，避免歧视，并向服务对象清楚解释自己专业判断的意义。工作者应充分认识到现行诊断体系的长处与短处，以及这种鉴定对服务对象的影响。使用心理测评的工作者必须具备相应的技能、资格和训练经历，以确保恰当运用结果。工作者应拥有知识和能力去区分有效和无效的结果，并考虑被测评者的文化和社会背景。专业不应该鼓励没有资格的人从事测验活动，也不应该在工作中使用过期的测验结果。多数情况下，服务对象有权获得关于测验的反馈。各国社会工作协会在评估方面的明确规范普遍较少，从事临床服务特别是心理测评服务的工作者可参照美国心理学会守则的相关规定遵守执行。

四、介入过程中的伦理责任

除了前述伦理责任和要求外，在服务的输送和介入过程中，工作者还应保证自己的行动符合下列要求：当工作者要在独立的领域提供服务，或使用新的介入技术或取向，应在相当的研习、训练、咨询或接受具备该介入技术或取向的专家督导下才可施行。在普遍认同的标准尚未建立的新兴实务工作领域中，社会工作者应谨慎地判断，并采取负责的步骤（包括：适当的教育、研究、训练、咨询和督导），以确保

能胜任这一工作，并能保护案主免受伤害。［1.04(b)(c)］

在服务的提供过程里，存在个人问题的工作者不应该让自己个人的问题影响到专业判断和服务对象的利益。工作者如遇有职业耗竭等问题时，应该寻求专业治疗和工作内容、工作量的调整，以保护服务对象的权益①。

五、记录的伦理责任

工作者应尽可能对服务过程中的重要决定（包括分歧和协商结果、服务对象的各种承诺、危机事件、转介等）进行记录。一般的记录也同样重要。仔细且完整的记录可以增强所提供给服务对象的服务。记录同时也提供了服务的进度表。完整的记录也可以确保服务对象所得到的服务不会因为工作者的生病、度假或离职而中断。“借着确实、有意义与具有时效性的记录，社会工作者不只是在描述、解释、证实其所提供的服务，他们如此也尽到伦理与法律上的责任。”②美国社会工作者协会《伦理守则》明确规定：工作者有责任确保记录的正确性并且能反映出所提供的服务；工作者应确保记录的内容是充分的且合乎时效的，以利于未来服务的提供和确保服务的延续性；工作者的档案应尽可能地、适当地保护案主的隐私权，且仅记录与服务直接相关的信息；工作者在服务结束时应保存记录以供未来需要时使用，并依州政府法律或相关契约要求保留记录若干年。［3.04(a)(b)(c)(d)］

六、服务中断和终止的伦理责任

不同助人专业的伦理守则都禁止在没有事先提醒或进行恰当转介的情况下无缘无故地停止必要的服务。美国咨询协会守则规定：咨询师不能在咨询过程中放弃或是忽视服务对象。如有必要，咨询师必须作出适当的安排让治疗继续，特别是在节假日、自己生病期间或是咨询即将结束的时候。美国社会工作者协会规定：即便在面临诸如服务缺乏、搬迁、疾病、身心障碍或是死亡而导致服务中断时，工作者也应尽合理的努力确保服务的延续［1.15］。

关于终止服务，美国社会工作者协会规定：当服务与专业关系不再有需要时，或其不符合服务对象需要或利益时，工作者应终止对服务对象的服务以及专业关系；工作者也不得为了与服务对象建立社交的、财务的或性的关系而终止其服务；工作者应采取合理步骤以避免对仍有需要的服务对象终止其服务，只有在非同寻

① 《美国社会工作人员守则》，《社会工作》，2004年第2期，第63～64页。

② 转引自〔美〕Frederic G. Reamer：《社会工作价值与伦理》，包承恩等译，台北：洪叶文化事业有限公司，2000年，第262页。

常情况下才可仓促撤回服务，并要审慎思考各项因素，使得负面影响降至最低；工作者应进行适当的安排以延续必要的服务；在付费服务机构中，工作者如果事先曾与服务对象有清楚的财务合约说明，如果服务对象没有对自己或他人有立即的危险，以及如果曾与服务对象说明和讨论未付款所造成的临床上与其他的后果，则工作者可以终止对逾期未付款的服务对象的服务；当工作者预备终止或中断对服务对象的服务时，应立即通知服务对象，并且依照服务对象的需求和意愿寻求服务的转案、转介或延续服务；工作者如果要离开受雇机构，应该告知服务对象适当选择延续服务以及这些选择的优点与风险。[1.16]

总之，在工作的每一个阶段，工作者都应最大限度地减少对服务对象的伤害，为服务对象提供符合伦理责任要求的有品质保证的专业服务。工作前期的主要伦理实践包括：正确的宣传服务，制定符合服务对象利益的财务预算，确定工作者的服务能力，协助服务对象作出知情同意选择，避免多重关系，协商并明确实验性的工作方法，采取适当的安全预防措施，确认保密性的限度等。工作中期主要的伦理实践包括：保守秘密，征求必要的意见，做好充分记录，对有明显自伤或伤害他人倾向的服务对象采取必要的行动，遵守法律关于报告受虐待或忽视的儿童、老人的规定。工作结束期主要的伦理实践包括：对服务对象工作后期关心的问题保持敏感；如果对服务对象不再有帮助，应终止服务或转介给其他工作者，以及评估服务的有效性等。

A　本章小结

1. 工作者必须首先服从具体政治体制中的法律责任。工作者对于服务对象的伦理责任的核心议题主要包括：保密和尊重隐私、自决和知情同意、保持专业边界、避免多重关系和利用（特别是避免涉性接触）等，也包括付费、服务的中断与终止、转介、记录、评估等其他伦理责任。

2. 保密分绝对保密和相对保密。保密的总体原则是：没有服务对象的知情同意不得披露任何信息。在必要情况下，根据专业伦理、责任和法律要求，工作者必须披露某些信息，如服务对象要求披露的信息、司法部门要求披露的信息等。工作者应注意特定服务领域和特定服务群体中的保密伦理责任，注意多元文化和科技、网络时代的保密问题。

3. 工作者应尊重服务对象的自决权，理解影响服务对象自决意识和能力的复杂因素，并依照伦理规范和操作性原则提升服务对象的自决意识和行动能力。

4. 工作者应理解知情同意的内涵和基本伦理要求，并善于运用包括语言和书面等多种方式在服务的整个过程中保证服务对象的知情同意权。工作者应注意特定服务领域和特定服务群体中的知情同意伦理责任。

5. 工作者和服务对象之间的专业工作和私人生活之间必须保有界限。避免多重关系,避免利用服务对象。

6. 工作者禁止与现在、曾经的服务对象及相关人士发生性关系。工作者不得对服务对象进行性骚扰。

7. 工作者与服务对象有适当接触时,有责任设定一个清晰的、适当的和具有文化敏感度的界限,以约束类似的肢体接触。

8. 工作者对于服务对象的伦理责任体现在实务过程中的整个脉络中,并在一些特定环节中有更加具体、特殊的要求。

B 主要术语

服务对象(Client):目前正在接受工作者所提供的包括个案、小组或项目活动等直接服务的人士。

隐私权(Right to Privacy):自然人享有的对其个人的、与公共利益无关的个人信息、私人活动和私有领域进行支配的一种人格权。

知情同意(Informed Consent):指工作者向服务对象告知有关服务的各方面情况,服务对象在确切知情的前提下自愿同意参加社会工作服务的过程。

多重关系(Multiple Relationship):指专业人员和服务对象间除了专业关系之外还同时或相继扮演了两个或以上角色。

授权(Authorize):由当事人自己委托或依据法律规定,由特定某人或某机构代为行使当事人的某些民事权力或对相关民事权利负责。

能力缺损(Diminished Capacity):相关服务对象不能理解影响他们的事情,不具备理解能力,不能做出知情选择,其他人必须为他们选择。

利用(Exploitation):在违背他人意愿或不知情情况下,无偿占有他人劳动成果,或以他人各种物质、经济和心理资源不当谋取各种形式的利益。

交易(Bartering):服务对象给予社会工作者物品、服务或其他非货币形式的报酬以支付相关服务费用。

文化适应性(Cultural Flexibility):社会工作者接纳服务对象的文化背景和特质,努力理解该文化背景对服务对象的影响和意义,并提供与之相匹配的有效服务。

D 思考题

1. 保密的基本要求有哪些?
2. 对保密原则的限制主要有哪些条件?打破保密限制时要注意哪些问题?
3. 影响服务对象自决的因素主要有哪些?
4. 知情同意应包括哪些主要内容?知情同意的主要操作方法有哪些?
5. 工作者在不同工作阶段应该关注的主要伦理问题分别包括哪些?

C 练习题

何先生,35 岁,单身男性,与年老的父母同住且非常孝顺。他因为父母的需要与自己的需要有冲突,前来机构寻求帮助。何先生半年前认识了一个和他同龄的单身寡居女性刘女士,并很快发生了性关系,1 个月前,刘女士告诉何先生她怀孕了并且决意生下这个孩子。何先生的父母因为他花太多时间在刘女士身上而变得非常不高兴。何先生并不想惹父母不高兴,可是也很想过自己的生活,并且刘女士也越来越急迫地要求他搬出来和她一起生活。

接访的机构工作者李军,是一个正在该机构实习的 27 岁的男性 MSW 学员。他支持何先生的独立要求,鼓励何先生面质父母不切实际的期望,并且向他们表达自己独立生活的需要。李军同时向何先生指出,他孝顺父母的方式对他自己是不公平的,对刘女士和她腹中的胎儿也不公平。李军建议何先生借着这次机会改变目前所有的状况。由于李军的支持和鼓励,虽然何先生还是有些犹豫,他还是同意面质自己的父母。然而,当他向父母提出时,出乎他的意料,其父母表示接受。但何先生明确感受到了父母的伤心和失望,这使他对自己提出这样的要求产生了很深的负罪感。在无法消除内心负罪感的情况下,何先生变得非常沮丧,甚至失去活着的价值感。

两周之后的一天,何先生打电话给李军,告诉李军自己很恨他和刘女士,是他们毁了自己的生活;他再也不会接受李军的服务,并且他会报复李军和刘女士,然后结束自己的生命。

讨论一：

1. 你认为李军到目前阶段可能违背了哪些专业人员对于服务对象的伦理责任，他的工作失误的要点主要包括哪些？

2. 请结合案例并检阅文献，从一般意义上总结，违背相关伦理责任的要求，发生类似李军做法的工作失误，往往会带来哪些不良后果？

3. 如果你是李军，在接到这个电话后，你会如何做？你行动的伦理依据是什么？

李军经由有效跟进，在一个月的时间里协助何先生解决了这次危机。李军获得了何先生的原谅，何先生也和父母达成谅解并搬出来与刘女士一起生活。

半月之后，何先生突然很恐慌地来到机构。他告诉李军自己的身体出现了一些症状，自己在前段时间情绪沮丧时曾接受过性工作者的服务，他很担心自己感染了某种经由性接触传染的疾病。李军建议何先生去医院进行详细的专业检查并在检查结果出来之前避免和刘女士及其他人发生性关系。何先生接受了建议。

在等待检查结果的那几天，何先生每天打很多电话给李军，甚至在夜里很晚的时候。这让李军感到自己的生活被严重干扰。但体会到何先生的感受，他对于何先生的电话都进行了耐心的接听，一些时候的通话时间超过两个小时。在电话里，为了安抚何先生的情绪，李军也告诉何先生自己曾经在少年的时候感染过性病，并且经过有效治疗完全康复。李军的言行给了何先生很大的安慰，他越来越觉得认识李军这样的朋友是自己人生的一大幸事。

讨论二：

1. 你认为本阶段的做法有哪些合适和不合适的地方？可能遵循或违背了什么样的专业价值和专业伦理规则？

2. 请结合案例并检阅文献，从一般意义上总结，违背相关伦理责任的要求，发生类似李军本阶段做法的工作失误，往往会带来哪些不良后果？

3. 如果你是李军，对于本阶段发生的相关事件，你会有什么样的不同做法？你行动的伦理依据分别是什么？

何先生的检查结果出来了，他感染了 HIV 病毒。这对于何先生来说，无异于晴天霹雳。他在拿到检查报告的第一时间给李军打电话，第一句话就是“我不想活了”。电话里李军感受到何先生情绪的强烈和紊乱，他马上要求与何先生见面，并按照何先生的意愿约好在郊区一个少有人光顾的公园里见面。他也在电话里答应了何先生不将检查结果告诉任何人的请求。随后，没有与机构督导和其他同工说明，他独自一人来到约定地点。

在公园门口见面后，何先生一直和李军保持两米左右的距离，并且沉默不语。

李军也保持了沉默。走到一个僻静处，何先生停下来，继续保持着距离看着李军，然后，他突然大声痛哭。他一边痛哭一边诉说着："我觉得自己很脏，是杀人犯，我不敢和任何人接近"，"我害怕，我不想死"，"我不敢回家"，"我只有和你说，我只有你一个朋友了"，等等。李军耐心地听着他的哭诉，并慢慢接近他，将手搭在他的肩上轻拍。何先生猛地推开了李军，但看得出来，他眼里有震惊和感谢的神情。

在何先生逐渐平静下来一些之后，李军开始和何先生对话。

讨论三：

1. 你认为李军本阶段的做法有哪些合适和不合适的地方？它们可能遵循或违背了什么样的专业价值和专业伦理规则？

2. 请结合案例并检阅文献，从一般意义上总结违背相关伦理责任的要求，发生类似李军本阶段做法的工作失误，往往会带来哪些不良后果？

3. 如果你是李军，对于本阶段发生的相关事件，你会有什么样的不同做法？你行动的伦理依据分别是什么？

4. 如果你是李军，在接下来的对话中，你的工作重点可能包括哪些？你行动的伦理依据分别是什么？

［本案例的第一部分改写自：Dean H. Hepworth Ronald H. Rooney：《社会工作直接服务：理论与技巧（第六版）》，曾华源、李自强主编，王秀雯等译，台北：新加坡商汤姆生亚洲私人有限公司台湾分公司，2004年，第88页，案例1］

E 阅读文献

1.〔美〕伊丽莎白·雷诺兹·维尔福：《心理咨询与治疗伦理》，侯志瑾等译，北京：世界图书出版公司，2010年。

2.〔美〕拉尔夫·多戈夫等：《社会工作伦理——实务工作指南》，隋玉杰译，北京：中国人民大学出版社，2005年。

3.〔美〕Frederic G. Reamer：《社会工作价值与伦理》，包承恩等译，台北：洪叶文化事业有限公司，2000年。

4. 周月清：《家庭社会工作——理论与方法》，台北：五南图书出版股份有限公司，2001年，第六章，第157～170页。

5.〔英〕约翰·麦克里奥德：《心理咨询导论（第三版）》，潘洁译，上海：上海社会科学院出版社，2006年，第十二章、第十五章，第275～302、第357～402页。

第六章　对同事和雇佣机构的伦理责任

工作者隶属于一定的服务(雇佣)机构,大多数服务的开展,需要团队合作,工作者必然涉及与各种同事关系的处理。作为正式工作人员,必然对工作机构负有特定伦理责任。

第一节　对同事的伦理责任

同事一般指共同服务于某个单位或者服务项目的人员。当今社会,工作者与同事的关系受到越来越多的挑战。斯特罗穆·戈特弗里德综合分析美国社会工作者协会从 1986 年至 1997 年累计 894 宗涉及伦理问题的投诉案,发现有 93 宗(10.4%)是投诉同事,另有 40 宗(4.4%)是投诉雇主或督导,有 174 宗(19.4%)是投诉雇员或被督导者。因此,34%(307 宗)的投诉针对同事、雇主或督导。[①] 对同事伦理责任不容忽视。

一、尊重

工作者对待同事,应相互尊重。尊重指社会工作者对同事的理念、行为、能力、特征等的一种宽容与接纳,而无论这些理念、行为、能力、特征等是否与自身相同。尊重体现在工作者与同事之间的互动行为中采用合适的言论、行为等。一般说来,尊重具有由内而外、说易行难的特征。尊重本身不代表完全赞同,工作者对于服务对象、自身、专业、机构、社会等的认知是有对错之分的,虽然工作者需要尊重同事的观点,但是并不意味着认同同事的观点是正确的,如果同事的观点错误并且已经影响到实际工作的开展,工作者在尊重同事表达观点或采取相应行为机会的同时,需要根据实际状况向同事提出建议,必要时可报告或制止同事的行为,以让同事能

---

① 〔美〕拉尔夫·多戈夫等:《社会工作伦理——实务工作指南》,隋玉杰译,北京:中国人民大学出版社,2005 年,第 148 页。

够具有符合专业规范、有助于实际工作顺利开展的观点或行为。

对同事的尊重一般涉及如下伦理标准：

第一，正确而公正地认知、表述同事的资格、职责、观点与方法。美国社会工作者协会《伦理守则》(2.01a)、香港《社会工作守则实务指引》(19)分别专门探讨此标准。一般说来，能够成为工作者的同事，其必然拥有特定的资格；同处一个社工机构或者处于一个合作团队之中，工作者与同事之间必然有所分工；而由于家庭背景、受教育经历、信仰状况、实务经验等的差异，在对于一些事件的认知与处理方法上工作者和同事之间可能是有差异的，特别是与同专业之外的其他专业人员共事时，此种差异会更加明显。工作者应正视这些差异，尊重同事的资格、职责、观点与方法，特别是尊重同事的专业知识与专业判断。《美国社会工作人员守则》(第十条第四部分)指出：社会工作人员对于同事的资格、观点、见解与发现应予以尊重，在引用时需以正确的字汇与公正的态度①。也就是说，工作者在向有关人员介绍同事资格、职责时，必须保证准确、客观，不能夸大其词，也不能吹毛求疵。

第二，合理应对与同事的不同意见，避免对同事的不当负面评论。不当的负面评论的内容主要包括对同事的能力水准或个人特征的评论，如民族、种族、国籍、肤色、性别、性倾向、年龄、婚姻状况、政治信仰、宗教信仰或身心障碍等的贬低和批评。不当评论的方式涉及采用不合理的步骤处理与同事的差异，采用污言秽语或侮辱性言论针对同事的人格及诚信等人身攻击行为。

因此，我们需要采用正确的方法，合理对待同事的不同意见与差异特征。首先，工作者必须正确认识同事的个人特征，理解个体之间的差异，避免贬低或者批评同事的个人特征，更不能背后评判同事的个人特征。其次，工作者应避免对同事的能力水准进行不当的负面评论，这个准则又可进一步分为两个方面：第一个方面是避免在服务对象面前直接对同事提出批评，不过这并不意味着工作者不可以有或者表达不同的意见。如果与同事有不同的看法，工作者需要采取有关的步骤与直接相关同事、其他同事等分享其看法，并尝试解决意见之间的冲突。如果冲突无法解决或者意见无法统一，则进入此准则的第二个方面。第二个方面是合理表达不同的意见，即当工作者在表达不同意见时，尽量不批评向同一服务对象提供服务的同事的意见与做法；在用语方面，尽量客观、保持价值中立，不得进行人身攻击，包括针对某人的人格及诚信使用污言秽语及侮辱性言论。

第三，尊重同事的服务对象的合法权益，设法增进服务对象的福祉。工作者对同事的尊重也表现在对同事的服务对象的尊重，将同事的服务对象与自己的服务

---

① 《美国社会工作人员守则》，《社会工作》，2004年第2期，第63页。

对象一视同仁;尊重、积极协助同事针对其服务对象的服务内容、方式、过程等方面达至最佳,为从同事一方转介来的服务对象提供周到服务。

二、保密

保密是指工作者确保同事了解并遵守保密原则,同时对与同事在专业关系和工作交接中分享的机密资料保守秘密。美国社会工作者协会《伦理守则》(2.02)专门探讨对于同事的伦理责任。保密一般涉及如下的伦理标准:

第一,确保同事了解并遵守工作者对于服务对象的保密原则。受过专业训练的工作者一般会了解专业保密原则的内涵、要求及重要性,但是否能遵守或永久遵守这些保密原则却是一个未知数,特别是对于新入职的工作者来说,其可能并不知道在工作中如何更为有效地遵守保密原则。如果发现同事并不知道如何遵守保密原则,工作者应通过直接提供咨询或向有关部门反映的方式,增进同事现实工作情境下应用保密原则的认知和能力;一旦发现同事有违背保密原则的行为,工作者应及时制止,并依据机构、协会或者其他的规定程序反映此种违规行为。

第二,保障同事不泄露在专业关系和转介流程中所分享到的服务对象资料。如果同事把其服务对象的资料与工作者分享,工作者要对该服务对象的相关资料进行保密。这种情况一般发生在工作者作为督导者、教师或者被咨询者,而同事是那些作为被督导者、学生/实习生或者咨询者的情况下。被督导者、学生/实习生或者咨询者由于缺乏实务经验,不确定如何在服务过程中更好地维护服务对象的利益,对专业整体实务操作不熟练,需要督导者、教师或者被咨询者为其提供指导。其中必然涉及同事之间有关服务对象资料的分享过程。除非案主同意或有强制性的需要,否则不可泄露任何可供辨认的信息。无论如何,工作者只应公开与达成目标相关的最必要且最少量的保密信息,而且只有与目标直接相关的信息才可以公开暴露。

第三,工作者应采取适当的规范来劝阻、预防、揭穿和纠正同事的不伦行为,维护服务对象的合法权益。如果发现同事有不合伦理行为,如与服务对象之间有性关系、金钱交易等,工作者需要劝阻、预防、揭穿和纠正同事的不合伦理行为,以维护服务对象合法权益。在充分了解专业伦理守则、处理伦理行为的现有政策与程序并确信同事存在不合伦理行为的基础上,工作者揭穿同事不合伦理行为涉及两个层面:一个层面是内部指正,即工作者与同事共同探讨、纠正、终止其行为并预防再次发生。需要注意的是,内部揭穿或者内部解决并不意味着既往不咎。即使同事决定并采取了有效行动改正此种不合伦理行为,工作者仍需向有关人员说明相关事实。如果同事拒不改正则涉及第二个层面，即外部举报。工作者需向有关社会工作者委员会等部门、机构反映、举报，借助这些部门终止、改变同事的相关行为，更好地维护服务对象利益。工作者也应该替那些受到不公正的指控为不伦行为的同事辩护并给予帮助。

保密责任在当今社会受到越来越多的挑战。高科技发展所带来的现有保密技术的漏洞，使得"第三者"窃取到社会工作者与同事之间的保密内容更为便利，从而影响到社会工作者与同事之间的相互信任。随着社会的发展，社会成员的流动也不断加快，有的社会工作者从原有的工作机构"跳槽"到其他机构工作，社会工作者就需要对于已经"跳槽"的同事执行保密责任。另外，对保密的程度（保密的范围、内容和期限等）应如何把握，如对一个服务对象或案例的姓名、地点、身份、时间、情节等作出何种程度的保密，都是需要在服务实践中不断去探讨的问题。

三、合作

合作是指社会工作者与同事之间通过交流讨论、共同努力，提升互动双方的服务质量和服务水平，并进而增进服务对象的福利水平。社会工作者应主动与同事分享知识、经验、技能，互相促进，共同成长。有责任在必要时协助同事为服务对象提供服务，接受转介的工作。工作者应与同事诚意合作，遇到问题时，互相探讨，坦诚交换意见，或善意地进行批评和自我批评，以促进专业水平、工作效率和服务效能的提高。① 这种合作关系除了社会工作专业人员的合作外，还包括与其他专业人员、辅助专业人员和社区领袖的合作等。

合作一般涉及如下伦理原则：

第一，拥有团队合作能力，以公平和专业的态度对待同事。无论与同事的专业性质、关系性质如何，在待人接物方面，工作者不因有共同的话语而热情过度，也不因专业背景的差异而冷落他人；在执行职务方面，工作者应运用专业的理念、知识、方法、技术等参与服务，并从专业角度表达自身观点，在专业基础上与同事合作。②

第二，从专业的角度尽力与同事协作，并以客观、尊重的态度满足服务对象的

---

① 民政部：《社会工作者职业道德指引》（2012 年 12 月 28 日），载《民政部关于印发〈社会工作者职业道德指引〉的通知》（民发〔2012〕240 号）。

② 根据美国社会工作者协会《卫生保健领域社会工作服务标准》，作为团队成员和合作工作的一部分，社会工作者应具备下述能力：了解受聘的服务组织或团体的使命与功能；了解其他相关专业和组织的角色；恰当地与其他学科人员和机构沟通合作；确保向团队里的其他成员清楚地交代和描述社会工作的角色和责任；确保参与合作的每个组织的角色和责任都有清楚的交代和描述；倡导反映服务对象及其系统的利益的照顾上的改变；以尊重和客观的态度交流服务对象的信息，并保护服务对象的机密资料和隐私；分权并与他人协商作决定。资料来源：《美国全国社会工作者协会社会工作从业服务标准汇编》（第一稿），民政部社会工作人才队伍建设领导小组办公室组织翻译，2007 年 7 月。

需求。

为了提升服务成效，工作者应重视尽量与同事合作，分享知识、技能和经验。此种与同事的协作涉及两个层面：第一，服务于同一服务对象。参与到跨专业服务团体时，工作者应重视自身的专业身份，表达社会工作专业的认识与判断，也尊重、考虑其他专业人员的认识与看法，努力打破专业隔绝的僵局，在专业的层面与其他专业人士沟通。当然，工作者的同事也可以是社会工作专业的人员，这种情况下，工作者需要与同事分享关于服务对象的资料（特别是在转介服务时，工作者需要重视与同事之间完整、准确、客观的资料的分享），共同探讨并制定服务计划，及时更正和修改服务计划，并且能够在计划制定与执行的过程中协调。第二，如果服务于不同的服务对象，一般说来，此种情况下的工作者与同事的协作是工作者之间的协作，应注重资料探讨、经验总结与经验学习，甚至在必要的时候协助同事照顾服务对象，而不能我行我素，影响实际服务质量。

第三，尽量促使跨专业团队清楚地界定团队整体及其个别成员的专业和伦理责任。跨专业团队指不同专业人员针对同一服务项目或服务对象所形成的群体。参与到跨专业服务团队中的工作者，应基于社会工作专业的观点、价值与经验，制定参与并贡献于影响服务对象福祉的决策，建立跨学科团队作为一个整体和其成员的专业及伦理职责，以此保证团队决策和行为符合社会基本伦理道德。工作者所处的团队决定若引发伦理的顾虑，应通过适当的渠道来尝试解决分歧。一般分为三个层面：其一，能够直接解决。也就是说，此种伦理问题能够在团队内部解决，只是此种问题目前还没有被提出来，工作者可直接指出该决定所存在的伦理问题，让协作团队考虑并积极改正。其二，如果不能被直接解决则借用外力。在内部解决无果而问题必须得到解决时，工作者也可以向有关机构或部门反映问题。其三，表明关切。有的伦理问题本身就具有模糊性，不同专业人员之间对其存有无法解决的分歧时，工作者应寻求恰当途径来表明与服务对象福祉相一致的关切。

第四，妥善处理与同事之间的矛盾和争议。发生矛盾或存在争执时，工作者应谨慎、冷静地应对，设法与同事用沟通、协调的方式予以解决；如果靠彼此的力量无法解决，工作者可向机构督导、管理者等寻求帮助。不应利用服务对象作为处理同事间矛盾争执的手段，更不能不恰当地与服务对象讨论同事之间的冲突。对于其他同事之间的矛盾或争议，工作者应以客观立场设法予以协调、帮助解决，不可利用同事间的或同事与雇主间的矛盾或争议谋求个人利益或者职位的晋升。

在为服务对象提供专业服务的过程中，为了增进服务的实际成效，社会工作者非常重视与同事的合作，特别是同专业之间的合作，由于其简单易行、增促服务对象福利效果明显的特点，而经常被社会工作者所推崇；同时，随着经济社会的发展和人权意识的提升，社会公众越来越关注自身的福利状况，对于自身所能获取的服务要求越来越高，所以一些特定领域的服务，要求由专业社会工作者和其他专业人员共同提供，而且此种领域的范围也是在不断地拓展。

四、性关系

工作者与同事之间必须保持严格的性界线。"性关系"是基于"性行为"而形成的关系，其不仅包括双方认可的性行为关系，还包括不被一方认可的性骚扰关系。在各个国家和地区的伦理守则中，对性关系通常有如下规定：

第一，不得与上下级或一般同事发展性关系。社会工作者作为督导者或者教育者，无论是主动还是被动，都不应借助"权力关系"，对督导对象、学生、受训者或者其他在其专业权威之下的同事发生性行为或性关系。社会工作者如与某一同事发生性关系，意味着形成"双重"或"多重"关系，容易产生多种"利益冲突"①。

第二，社会工作者应避免与任何同事发生性关系。根据有些国家的规定，如果社会工作者已经或者即将与同事涉及性关系，在必要时需要转换专业责任以避免利益冲突②。

第三，不得进行性骚扰。美国社会工作者协会《伦理守则》(2.08)中指出：性骚扰包括性的示好、性的诱惑、要求性行为及其他含有性本质的语言或者肢体的基础。社会工作者不能与任何级别的同事发生性骚扰关系，即其不能与督导对象、学生、受训者这种具有上下级的同事发生性骚扰关系，也不能与同级别的同事之间发生性骚扰关系。

五、咨询

社会工作咨询，是指具有丰富专业知识和经验的咨询者，向在专业工作过程中遇到问题而需要帮助的受咨询者，提供有关专业知识和技术，以提高受咨询者的专业素质，使其能够有效处理所遇到的工作难题③。工作者对于同事的咨询伦理，包括工作者作为咨询者和受咨询者的两个方面。作为能力不足或者不能胜任的工作

---

①　在社会工作守则中，"利益冲突"是一个十分重要的概念，是指当某一个人或组织在涉及多个利益时，其中某个利益可能破坏对其他利益付诸行动的动机。就性关系下产生的"利益冲突"而言，利益冲突包括：(1) 与某个同事之间的性关系，破坏了与该同事的正常工作关系，是对工作利益的损害；(2) 性关系所造成的利益联系，造成与其他同事的利益冲突。

②　美国社会工作者协会：《伦理守则》2.07(b)，参见本书附录部分。

③　王刚义：《社会工作学》，长春：吉林大学出版社，1990 年，第 175 页。

者，需要及时向同事寻求咨询；而针对能力不足或者不能胜任的同事，工作者也应努力为其提供咨询。

咨询一般包括如下的伦理标准：

第一，为了使服务对象获得最大利益，工作者应向同事寻求意见与指导。从咨询的出发点看，工作者寻求咨询是为了维护服务对象的最佳利益；从咨询的对象看，工作者的咨询对象必须是拥有与咨询主题相关的专业知识与能力的人，以保证咨询的实际成效。从咨询的内容看，在涉及有关服务对象资料的分享时，工作者应在达到咨询目标之下，坚持必要、有限准则，必要主要是指工作者所提供的资料是必须要叙述的，否则无法说清楚所要咨询的问题并影响咨询问题的正确解答；有限是指工作者所提供的资料并不是服务对象的全部资料，那些与咨询问题非直接相关的、非必要的资料，一律不透露。

第二，积极向能力不足或不能胜任的同事提供咨询。这既包括对那些主动寻求咨询的同事的被动咨询，也包括对那些没有寻求咨询、工作者发现其能力不足或不能胜任而进行的主动咨询。在咨询中，工作者需要保持积极、谦卑的态度，并以服务对象利益最大化为根本目的。

第三，在能力范围内提供咨询。工作者首先应确保自身能够胜任提供咨询的工作，并通过相应的进修、培训、研究等方式获得与提升自身的知识、技能水平；工作者应认同其在咨询过程中所扮演的教育者、支持者的角色；在提供咨询的过程中，工作者要注意在知识领域或工作范围之内提供相应的指导；当工作者知道同事因为个人问题、心理社会压力、物质滥用或者心理健康等问题而影响其实际工作成效时，或者知道同事的能力不足时，应主动与同事讨论，提供相应的咨询，以避免同事的此种行为伤及服务对象的最佳利益；工作者不能利用与寻求咨询者之间的关系而谋取任何利益。

第四，借用第三方力量解决同事的能力不足问题。工作者相信同事的个人问题或能力不足已影响其工作成效，但同事并没有采用充分步骤予以应对时，工作者应向第三方力量（如教学和研究机构、直接服务机构或协会组织等）寻求帮助，通过第三方所建立的适当途径采取行动。

第二节　对雇佣机构的伦理责任

雇佣机构是雇佣社会工作者、并为其提供相应工作条件、工资福利待遇等的机构。中国社会工作者协会《社会工作者职业道德指引》指出，社会工作者应认同机构使命和发展目标，遵守机构规章制度，按照机构赋予的职责开展专业服务；社会工作者应积极维护机构的形象和声誉，在发表公开言论或进行公开活动时，应表明自己代表的是个人还是机构；社会工作者应致力于推动机构遵循社会工作专业使命和价值观，促进机构成长、参与机构管理，增强服务能力、提高服务质量，社会工作者对待组织和领导，应按照民主集中制的原则，主动献计献策，提供咨询意见，并自觉服从决定，遵守纪律，维护集体荣誉，努力使领导和单位的计划实施获得最佳效果，圆满完成社会工作的各项任务。[①] 工作者对于实务机构的伦理责任涉及三个方面：信守[②]、增能与劳动关系。

一、信守

（一）信守的含义与伦理标准

信守是指工作者遵守机构的政策与各项规章制度，并在此框架下提供具有效率和效能的专业服务。工作者对于机构的信守的伦理责任是多方面的，既有行政方面的信守责任，也有服务方面的信守责任，并有具体的针对机构的承诺。信守责任涉及对内与对外两个层面，对内主要是涉及内部的行事规则、关系的处理、服务的开展等；对外则涉及与外界处理关系时，工作者的身份和代表性问题。

信守一般包括如下的伦理准则：

第一，遵守服务机构的规则，履行机构赋予的权责。社会工作机构实行的是科层制管理形式，具有细密的分工和复杂的规章制度体系。科层制关注组织的效率，强调组织内部人员的分工与协作。所以工作者被安排到不同的工作岗位、赋予差异化的职责时，需要服从机构的安排。

第二，妥善管理机构的资金，绝不滥用或不依指定用途使用资金。社会工作者特别是社会工作行政人员必须采取科学合理的方法管理机构的资金，并建立制度化的机构资金开支制度，坚决杜绝任何浪费、违规使用资金的情况。

第三，正确区分与表明自己的身份。在与外界打交道时，工作者必然面临身份的确认问题，其需要正确地区分个人身份与工作身份，并设法表明自己的身份。其涉及如下两个方面的规定：一是在发表自己意见或者采取个体行动时，除非得到机构或者所属团体的批准，否则工作者应避免使用任何与机构或所属团体有关的身

---

① 民政部：《社会工作者职业道德指引》（2012年12月28日），载《民政部关于印发〈社会工作者职业道德指引〉的通知》（民发〔2012〕240号）。

② 此处“信守（commitment）”含义同“承诺”，参见美国社会工作者协会《伦理守则》“1.01 对案主的承诺”、“3.09 对雇主的承诺”。

份或名义，更不能宣称个人观点代表机构观点、个人行为代表机构行为等；二是工作者不应在没有征得服务机构同意的情况下，为个人的私人业务招揽客户。

在现代科层制之下，处于不同职位的工作者应在机构政策与规章制度的范围内开展工作，扮演好自身的角色。唯有如此，机构的整体效率才能得到有效保证。根据职位或职责的不同，工作者对于机构政策与规章制度的信守可分为不同的类型，在此主要探讨三种信守类型：(1) 督导的信守，即督导如何有效遵守机构政策与规章制度；(2) 直接服务人员的信守，即直接服务人员如何有效遵守机构政策与规章制度；(3) 行政人员的信守，即行政人员如何有效遵守机构政策与规章。这三种类型的信守并不是截然分开的，有时可以转化。

1. 督导的信守

第一，具备督导相关的知识与技能，仅在自身知识与能力的范围之内提供督导服务。也就是说，作为督导的工作者，不仅需要具备与督导相关的知识，还要知道如何进行督导；具体的督导内容，一定要以自己的能力为限，避免出现超越知识与能力范围的督导状况的出现。

第二，设定清楚的、适当的和具有文化敏感度的关系界限。工作者应与督导对象充分讨论和明确双方的专业关系，不能建立治疗关系以替代督导，为督导对象提供专业指导而非替代其作决定。工作者应具有文化敏感性，注重自身与督导对象在种族、国籍、性别、年龄、肤色等方面存在的差异，并采取基于此种差异基础之上的督导方式。在整个过程中，工作者应严把专业界限，不应同督导对象发生双重或多重关系，以避免对督导对象产生剥削或者潜在伤害的危险。

第三，公正与尊重地评估督导对象的表现。督导应该站在客观公正、尊重的立场，对于督导对象的表现给出持续性反馈。针对不同类型的督导对象，工作者应采用全面而统一的评估标准，避免出现标准的片面性或者标准因人而异的状况；采用合适的评估行为，尊重督导对象的个人特征、价值观念与行为表现等，严禁出现因处于评估者的位置而对督导对象威胁、恐吓、命令甚至侮辱的情况。

第四，提供或者安排督导对象的继续教育。督导应把督导对象的继续教育列入计划，并及时提供继续教育，确保在继续教育中讲授有关社会工作实务和伦理的新的知识与发展趋势，以促进督导对象的健康有序发展。

2. 直接服务人员的信守

第一，具备作为直接服务人员相关的知识和技能，并在自身知识与能力范围内提供专业服务。直接服务人员不仅应具备工作者所需的专业知识，还要知道如何提供专业服务；具体的服务内容与服务方式，一定要以自己的能力水平为限，避免出现超越自身的能力水平而提供服务的状况。对于超出自身的能力水平的服务对象，工作者应以服务对象最佳利益为基础进行转案。

第二，建立并维持合理的付费方式。此种付费方式应该能够准确反映服务本质、服务内容，并且指明实务机构中提供服务的工作者。此标准包括三个方面的含义：一是如果机构还没有此种合理的付费方式，工作者可以根据情况着手建立此种付费方式；二是如果机构已经建立此种付费方式，但是不合理，则需要工作者完善并建立合理的付费方式；三是对于已经建立的合理的付费方式，工作者应设法维持。

第三，正确、充分、及时地作好服务记录，在记录中尽可能适当地保护服务对象的隐私，并按规定保存记录。工作者在提供专业服务时，必须完整、充分、及时地记录服务内容、服务过程等，以促进未来服务的提供和确保服务的延续性，为其他类似的服务提供经验积累与借鉴，确保服务水平的不断提升；在记录过程中，应尽可能适当地保护服务对象的隐私权，实现服务对象相关个人身份等能够辨认服务对象信息的匿名化，而仅仅记录与服务直接相关的信息；服务结束时，工作者应当按照有关规定保存信息若干年，以供未来需要时使用。

第四，接受转案。若服务对象的问题在自己的知识和能力范围之内，工作者应接受转案。对于转案的服务对象，工作者在考虑服务对象最佳利益的情况下，与其讨论是否向其先前的服务提供专业咨询。也可能出现一种情况，即服务对象正在接受其他机构或者同事的服务，但来向该工作者求助。对于此类情况，工作者应该谨慎考虑作出抉择：应该就服务对象与其他服务提供者关系的本质、与新的服务提供者建立关系的含义和其中的利益、风险等状况进行讨论，以降低可能的混淆和冲突。

3. 行政人员的信守

第一，确保其负责的工作环境符合并遵守专业伦理守则。首先社会工作行政人员应确保其负责的工作环境符合伦理标准，消除不符合的状况；其次行政人员应确保其负责的工作环境遵守伦理守则，劝阻、预防和纠正违规行为。

第二，倡导为服务对象提供充分的资源。行政人员应设法在机构内外募集相应的资源，以确保有充分的资源满足服务对象的需求。

第三，倡导建立公开且公平的资源分配程序。虽然行政人员努力募集相关的资源，但是可以获取的资源与服务对象的需求相比毕竟是有限的，所以行政人员应倡导建立并公开一个合理的资源分配程序。所有的人员，服务对象或者是可能的服务对象，都能通过便捷途径了解和接触到此种资源分配程序。此种程序也必须是公平的：即只要相关人员通过其中的程序验证，就能够获取相应资源。

第四，确保机构有足够的资源为员工提供督导，提供或安排员工的继续教育。

行政人员应该关注员工的成长，确保机构有足够资源为员工提供相应的督导，以提升员工的服务水平；行政人员还应重视员工的继续教育，为员工提供继续教育的机会或者直接安排员工的继续教育。

（二）信守所面临的挑战

工作者对于机构的政策与规章制度的信守，一方面使得工作者能够有效利用社会工作服务机构的资源开展工作，另一方面使机构使得以正常运行与稳定发展。信守责任是工作者对于机构的基本伦理责任，在当代社会受到越来越多的重视。但是，工作者运用此伦理责任时常常受到一些挑战：(1) 个人主义与信守。个人主义的本质是强调个体的权利、价值、尊严和利益，并认为所有的个体均有同等的权利、价值、尊严和利益。个人主义为社会工作专业的发展奠定了某种思想基础并促进了社会工作专业的发展，但当这种个人主义思想出现在社会工作机构中时，却挑战着工作者的信守责任：个人利益与机构利益，哪个更重要？对不同的工作者来说，在处理个人与机构的关系时常常有不同的权重衡量。(2) 多重责任与信守。工作者对于机构的信守责任是其作为"机构人"的责任，事实上，按照"人在情境中"的理论要求，人是处于情境中的，外在的复杂的情境会对人产生多种影响，工作者同时还是"社会人"、"专业人"等。这些不同的处境均要求工作者的信守，如果这些不同处境下的信守发生矛盾或者冲突，会挑战工作者的信守责任。

二、增能

增能是社会工作者作为机构的工作人员，设法提升机构的整体服务水平和服务质量，以高质量的服务满足服务对象的需求，以高效能的服务回报社会。增能不仅包括社会工作机构政策的完善，还包括机构工作人员特别是机构领导者有关社会工作实务认知水平的提升。

增能一般包括如下的伦理标准：

第一，确保机构实务工作与专业伦理规范的一致性。工作者应在全面了解机构实务运作的相关政策、实务流程等基础上，及时发现并设法消除与专业伦理规范不一致的政策、程序、规定、行政命令或者服务行为。工作者可首先向机构提交建设性的评论、建议，若机构不重视相关意见，不采取变革行为，工作者则需要向有关部门（比如社会工作者协会）反映机构的问题，通过有关部门促使机构事务工作的改善。

第二，确保机构领导人了解专业伦理守则。机构领导者是机构的核心所在，其对于专业伦理守则的认知状况，直接影响着机构服务的开展。工作者需要协助机构领导人了解社会工作者必须遵守的专业伦理守则，也要协助其了解遵循伦理守则对于社会工作服务的重要性。

第三，致力于改善机构的政策、程序及服务的效率与效果。对于机构的政策与程序，工作者应该在全面调查了解的基础之上，选择可行的修正、调整或者完善举措，消除政策、程序中存在的问题，特别是在人员招聘、人员分配、人员评估等方面所存在的不易察觉的歧视，并设法预防其中可能会出现的不公正、不合理内容。对于机构的服务状况，工作者应设法通过督导、教育、培训等方式，并促使此种方式制度化，提升整体的服务水平，提高工作效率，改进服务成效。

三、劳动关系

（一）劳动关系的含义与伦理标准

劳动关系是指工作者与雇佣机构之间形成的、以工作者提供劳动为基础的契约关系。工作者只要与雇佣机构签订劳动合同，其彼此之间的劳动关系便已经成立。劳动关系之下，工作者与机构之间因为劳动条件、工资福利待遇等发生的争议，可以称之为劳动争议。

劳动关系之下的伦理准则具体表现为：

第一，遵守劳动合同。劳动关系之下，工作者的一个重要义务就是要遵守劳动合同，按照劳动合同的约定开展和衡量自身的工作状况，尽量在劳动合同范围内解决可能的劳动争议；机构无权超越劳动合同对劳动者提出要求，工作者也不能超越劳动合同对机构期许过多。

第二，合理解决劳动争议。对于超越劳动合同的劳动争议，工作者必须谨慎对待，按照如下两个层面予以解决：(1) 参与工会等组织，通过有组织的活动，改善对服务对象的服务与工作条件；(2) 针对抗议、罢工等行动，工作者应在专业价值、伦理守则的指引之下，审慎地检视与行动相关的各种问题，考虑此种行动对于服务对象可能产生的影响，在综合权衡的基础之上，决定是否参与。

（二）劳动关系面临的挑战

劳动关系之下，工作者隶属于机构，在机构的各项规章制度下提供专业服务。但是社会工作者身份的多样性常常对劳动关系产生挑战：(1) 工作者作为社会成员与作为机构雇员。工作者作为社会成员，必须遵守社会规则，最大限度地维护社会利益；而作为机构雇员，必须最大限度地维护机构利益。在机构利益与社会利益之间存在差异而需要工作者对此进行选择时，会对劳动关系产生挑战。(2) 工作者作为专业人员与作为机构雇员。工作者作为专业人员，必须遵守专业伦理规范，最大限度地提升服务对象的福利生活水平；而作为机构雇员，则需要切实维护机构的利益。当维护机构的利益要求与服务对象的福利生活水平需求之间发生冲突时，会对劳动关系产生挑战。

案例 6-1：儿童福利院中的子宫切除手术

某儿童福利院有两个中度智障的女孤儿，生活半自理，经常发生痛经，院方觉得护理难度太大，同时也为避免意外的性侵害带来恶果，便由院领导集体商议决定，请城东医院给两位女童做子宫切除手术。作为该院社会工作科的社工，觉得院方的集体商议并不能维护女孤儿的利益，社工应该怎么办？

案例资料来源：鞠靖：《福利院切智障少女子宫之人道伦理争议》，《南方周末》，2005 年 6 月 9 日。

上述案例涉及工作者作为专业人员与作为机构雇员之间的冲突。无疑，作为专业人员，工作者应设法最大限度地维护孤儿利益；而作为机构雇员，应设法维护与增进机构的利益。当机构的利益选择与孤儿的利益维护之间存在冲突时，工作者应该忠于机构还是忠于服务对象？如果工作者选择忠于机构，可能会因为自己对于服务对象利益的背叛而自责；如果选择忠于服务对象，拒绝福利院的这一工作安排，工作者可能因此失去晋升的机会甚至失去工作。如果工作者预知到没有人会为他的选择可能带来的损失进行补偿，其最好的策略无疑就是服从。所以，罗兹(Margaret L. Rhodes)指出：工作者多受雇于福利机构，而为组织力量所控制，其工作目标常取决于机构的政策而非服务对象的需求。在科层体制中，“一切制度化”与“决策层级化”的压力下，工作者常常会发觉他自己对服务对象不是“照顾”而是“控制”；不是“增能”而是“安抚”，他似乎只能考虑行政效率，而无法谈到道德责任①。

A 本章小结

1. 社会工作者对于同事的伦理责任主要涉及尊重、保密、合作、性无涉和咨询。

---

① Rhodes, Margaret L., *Ethical Dilemmas in Social Work Practice*, London, RKP, 1986, pp 133-144.

2. 尊重的伦理标准具体包括：正确而公正地认知、表述同事的资格、职责、观点与方法；合理应对同事的不同意见，避免对同事的不当负面评论；尊重同事的服务对象的合法权益，设法增进服务对象的福祉。

3. 保密的伦理标准包括：确保同事了解并遵守工作者对于服务对象的保密原则；保障同事不泄露在专业关系和转介流程中所分享到的服务对象资料；工作者应采取适当的规范来劝阻、预防、揭穿和纠正同事的不伦行为，维护服务对象合法权益。

4. 合作的伦理标准要求工作员拥有团队合作能力，以公平和专业的态度对待同事；从专业的角度尽力与同事协作，并以客观、尊重的态度满足服务对象的需求；尽量促使跨专业团队清楚地界定团队整体及其个别成员的专业和伦理责任；妥善处理与同事之间的矛盾和争议。

5. 性关系的伦理标准要求工作员不得与上下级或一般同事发展性关系，避免与任何同事发生性关系，不得进行性骚扰。

6. 咨询伦理标准要求工作员为了使服务对象获得最大利益，应向同事寻求意见与指导；积极向能力不足或不能胜任的同事提供咨询；在能力范围内提供咨询；借用第三方力量解决同事的能力不足问题。

7. 社会工作者对于机构的伦理责任包括信守、增能和劳动关系。

8. 信守的伦理标准体现在三个方面：(1) 督导的信守，(2) 直接服务人员的信守，(3) 行政人员的信守。

9. 对机构的增能伦理标准如下：确保机构的实务工作与社会工作者协会的伦理守则是一致的，确保机构领导人了解专业伦理守则，致力于改善机构的政策、程序及服务的效率与效果。

10. 劳动关系伦理标准包括遵守劳动合同；合理解决劳资争议等。

B 主要术语

同事(Colleague)：一般指共同服务于某个单位或者服务项目的人员。

尊重(Respect)：指社会工作者对同事的理念、行为、能力、特征等的一种宽容与接纳，而无论这些理念、行为、能力、特征等是否与自身相同。

跨专业团队(Interdisciplinary Team)：指不同专业人员针对同一服务项目或服务对象所形成的小组。

雇佣机构(Employment Agency)：指雇佣社会工作者、为其提供相应的工作条件、工资福利待遇等的机构。

信守(Commitment):指社会工作者遵守机构的政策与各项规章制度,并在此框架下提供具有效率和效能的专业服务。

劳动争议(Labor-Management Dispute):指劳动关系之下,工作者与机构之间因为劳动条件、工资福利待遇等发生的争议。

C 练习题

1. 案例讨论:小刘与小李均是某社工机构的正式工作人员,前段时间,小刘发现小李与小李的案主之间持续存在着性关系,而且此种行为已经持续了半年之久。当小刘与小李探讨这个问题时,小李认为这是个人的私事,小刘是不应该干涉的;而且小李还认为,既然自己的案主对于这种关系并不反感也不拒绝,这是不会危害到任何人。据悉,小李的这种行为已经早为其督导所知晓,但是督导并没有阻止小李。

问题:(1) 作为机构的同事,小刘对于小李有着何种伦理责任?

(2) 小李的行为违背了何种伦理责任?在处理问题的过程中,存在的难点是什么?

2. 案例讨论:张老师是一家社会工作服务机构的督导,在此机构中督导两位社会工作者。机构规定督导的一个重要职责是对于每一位社会工作者的表现进行打分,机构将以此为依据决定员工的晋升。小唐是张老师负责督导的其中一位社会工作者,其平时表现时好时坏,但是与张老师私交不错,小唐觉得张老师人很好、值得深交,所以在年前拿着礼物来看张老师。

问题:(1) 从机构的角度讲,张老师应遵守何种伦理标准?

(2) 张老师是否可以收小唐的礼物,为什么?

D 思考题

1. 谈谈对同事尊重的含义。
2. 社会工作者对于同事的性无涉标准具体有哪些?
3. 社会工作行政人员对于机构的信守伦理标准是什么?
4. 社会工作者如何正确地处理劳动争议?

E 阅读文献

1. Rhodes, Margaret L., *Ethical Dilemmas in Social Work Practice*, London, RKP. 第六章，第 133～153 页。

2. 〔美〕拉尔夫·多戈夫等:《社会工作伦理——实务工作指南》，隋玉杰译，北京:中国人民大学出版社，2005 年，第十章，第 148～166 页。

3. 徐震、李明政:《社会工作伦理》，台北:五南图书出版有限公司，2002 年，第三章，第 63～108 页。

4. 王永慈:《检视社会工作管理的伦理议题》，《台湾社会工作学刊》，2004(1)，第 1～44 页。

5. 王刚义:《社会工作学》，长春:吉林大学出版社，1990 年，第十一章第二节，第 174～180 页。

第七章　对专业与社会的伦理责任

本章论述社会工作专业人员所需要理解、掌握、践行的伦理责任，包括对社会工作专业人员自身的伦理责任、对社会工作专业的伦理责任和对社会的伦理责任。作为社会工作专业服务人员，既要明白这些伦理价值的内涵和意义，又要在社会工作中去遵守和实践。

第一节　作为专业人员的伦理责任

社会工作者必须遵守对于自身作为社会工作专业人员的伦理责任，这些伦理责任包括专业能力的养成与发展、自我与专业划界、专业身份的认同与定位等多个面向。

一、专业能力

具备专业服务能力是做好社会工作服务的关键。美国社会工作者协会《伦理守则》规定：社会工作者应在自己专业能力的范围内执行业务，并提升自己的专业技能；社会工作者应持续地致力于增加自己的专业知识和技巧，并运用于实务工作中，社会工作者应对自己专业的知识基础有所贡献。

（一）专业能力的基本内涵

能力，指顺利完成某一活动所必需的主观条件。专业能力主要是指从事某一专门职业所需各种能力的综合。对于工作者应具备的基本专业能力，各国社会工作者考核、认证及评价机构大都有具体规定，如中国民政部于2007年12月发布的《全国助理社会工作师、社会工作师职业水平考试大纲》。总体上看，社会工作者专业能力包括如下三个方面的基本内容：

1. 专业知识

社会工作者应根据已有知识来提供服务，包括与社会工作和社会工作伦理相关的实证基础知识。[①] 具备专业知识，意味着对于社会工作及其特定服务领域的历史、理论和研究进行过系统的学习，并对自身知识的局限性有所了解。具体说来，应掌握的知识包括：该领域的理论和研究、在特定情境下应选择什么知识和干预方法，以及评判新的理论和研究的一系列客观标准等。美国社会工作教育委员会(1992)要求所有认可的项目必须包括如下的内容：社会工作价值伦理、多样性、社会和经济公正、高危人群、人类行为和社会环境、社会福利政策和服务、社会工作实践、研究等。

作为一个综合性很强的专业和职业，社会工作要求工作者除应具备社会工作专业知识外，还应具备心理学、社会学、政治学、管理学、教育学、法学等多学科综合知识，应熟悉与社会工作业务相关的法律、法规、政策知识。

2. 专业技能

专业技能即社会工作的实务能力。技能的基本内涵就是工作者能够判断在什么情况下采取什么干预方式最适合，并具有成功运用相关干预方式的能力。[②] 广义上说，通才取向的工作者应熟练运用个案、小组、社区、社工行政等工作方法，应能够与各类服务对象建立专业关系，对服务对象的问题作出预估，制定服务计划和服务协议，能够独立接案、结案和提供跟进服务，能够对提供的专业服务质量和效果进行评估，能够制定科学合理的工作方案和发展规划，整合、运用相关社会服务资源，拓展服务领域，影响社会政策。

同时，各国(地区)社会工作专业协会一般都强调工作者必须了解文化及其对人类行为和社会的功能，并认识到存在于所有文化中的力量。要求工作者应具备对服务对象文化背景的知识基础，并在提供服务时展现对服务对象文化的敏感度，也要能分辨不同人群和文化群体间的差异。由此，作为伦理责任的一部分，工作者应通过教育并致力于了解社会多元化的本质，以及关于民族、种族、国籍、肤色、性别、性倾向、年龄、婚姻状况、政治信仰、宗教或身心障碍等问题。[③]

美国社会工作教育委员会也强调"批判性思考"能力的重要性。批判性思考是指当参与某种特定活动时，运用反思怀疑的思维方式的倾向和技巧，包括对信念以

---

① 美国社会工作者协会：《伦理守则》4.01(c)，参见本书附录部分，下同。

② 〔美〕伊丽莎白·雷诺兹·维尔福：《心理咨询与治疗伦理(第三版)》，侯志瑾等译，北京：世界图书出版公司，2010年，第59页。

③ 美国社会工作者协会：《伦理守则》1.05(a)(b)(c)。

及行为的仔细检查和评价等。所有的工作者都应成为优秀的批判思考者，因为他们的分析和判断影响着服务对象的利益[1]。

3. 伦理能力

工作者必须理解和内化社会工作专业价值观，熟练掌握并严格遵守社会工作的伦理原则和伦理标准，并善于在各种复杂情境下处理伦理冲突，作出符合伦理原则和服务对象最大利益的伦理抉择，进行恰当的伦理实践。

专业能力必须转化为实际的服务成果即专业表现才具有真正意义。能力是胜任的先决条件，但能力不等同于胜任。

(二) 能力边界与持续学习

1. 能力边界

社会问题的复杂多样和不断变化、服务手段的多样性和持续发展、生命的有限性等因素使工作者不可能完全具备社会工作专业所要求的一切能力。工作者也必须将自身的工作限制在某些特定的领域。工作者在接受任务或受雇时，应仅立足于现有的能力，或具有取得必备能力的意愿。也就是说，工作者应仅在自己所受的教育、训练、执照、证书，所受的咨询或被督导的经验，及相关专业经验的范围内提供服务和展现自己[2]。在普遍认同的标准尚未建立的新兴实务工作领域中，社会工作者应谨慎地判断，并采取负责的步骤(包括：适当的教育、研究、训练、咨询和督导)，以确保能胜任这一工作，并能保护服务对象免受伤害[3]。

当社会工作者要在独立的领域提供服务，或使用新的介入技术或取向，应在相当的研习、训练、咨询或接受具备该介入技术或取向的专家督导下才可施行[4]。当发现自身能力与服务对象的需求不匹配或不足以为服务对象提供有效服务时，如果有适当的转介资源，工作者应遵循伦理标准的要求进行负责任的转介；如果是紧急服务又没有合适的转介资源，美国心理学会《心理学工作者伦理守则和执行规范》的要求是，“虽然心理学工作者之前未接受过必要的培训，但为了确保来访者能及时得到帮助，因此仍应提供咨询服务，而不能加以拒绝。紧急情况一结束或是一

---

① 〔美〕Barry Cournoyer：《社会工作技巧手册》，朱孔芳、杨旭、丁慧敏译，上海：华东理工大学出版社，2008年，第12～13、26～27页。

② 美国社会工作者协会：《伦理守则》1.04(a)。

③ 美国社会工作者协会：《伦理守则》1.04(c)。

④ 美国社会工作者协会：《伦理守则》1.04(b)。

旦有人能提供适当的服务，这种咨询服务就要立即中止”①。

2．持续学习

知识社会中的工作者，均需要多样性的知识，能够适应工作岗位和工作性质的不断变更，需要不断更新自身知识体系和能力结构，不断提升自身与不同专业团队共同应对新鲜复杂问题的能力。工作者必须具有持续（或终生）学习的意愿、能力和行动。② 社会工作机构、行政人员和督导也有责任为他们负责的所有职员提供或安排继续教育与员工发展。继续教育与员工发展应讲授有关社会工作实务和伦理的新的知识与未来发展。③

工作者应持续地致力于增加自己的专业知识和技巧，并运用于实务工作中，并对专业的知识基础有所贡献。因此，批判地检视与取得最新的社会工作有关知识，并且在专业的实务中充分地使用评估与研究所得到的证据。工作者应经常地阅读专业文献并接受与社会工作实务和社会工作伦理相关的继续教育。④

二、 自我与专业划界

工作者是社会工作专业人员，承担相应专业角色和专业责任；同时也是作为社会成员的个体，扮演其他多种社会角色。在专业实践和工作情境中，工作者必须正确处理自身的多元身份和多元角色，不应允许其个人行为、个人问题干扰到自己执行专业职责的能力。⑤

（一）自我认识和自我控制

1．自我认识

社会工作是“生命影响生命”的过程，涉及有意识地对自我的运用。在这一过程中，工作者自身就变成了知识、态度和技能的传递者。为了有效发挥自我，工作者需要有清醒的自我意识，高尚、理想化的动机，单向利他的服务意识。如果缺乏自我意识和自我控制，工作者就可能无意中表露自己的情感或行为模式，进而可能

---

① 〔美〕伊丽莎白·雷诺兹·维尔福：《心理咨询与治疗伦理（第三版）》，侯志瑾等译，北京：世界图书出版公司，2010年，第483页。

② 梁传孙、伍锐明、吴敏洁：《社会工作实践——认识自我与沟通技巧》，北京：商务印书馆，2008年，第229～231页。

③ 美国社会工作者协会：《伦理守则》3.08。

④ 美国社会工作者协会：《伦理守则》4.01(b)，5.02(c)。

⑤ 美国社会工作者协会：《伦理守则》4.03，4.05(a)。

伤害到服务对象。①

2. 自我控制

工作者需要有较强的自控能力，这也是职业操守的重要内容。工作者必须管理自己的情感且将冲动或行为限制在情境允许的恰当范围内。在与服务对象一起工作时，为了服务对象的利益，工作者需要有意识地注意和控制自己的语言及非语言的行为，管理自己公开的和私下的行为，觉察甚至有时还需要控制自己内在的想法。自控是专业化真正的标志性行为之一，它把一名专业的工作者和一个带着良好愿望的友善的人区分开来。②

(二) 个人问题与专业划界

1. 自我与职业

工作者不应该让自身的个人问题、心理社会压力、法律问题、物质滥用或心理健康问题影响他们的专业判断与表现，或是危害到工作者对其负有专业职责的人之最佳利益。当这些问题影响其专业判断与表现时，工作者应立即寻求咨询，并采取适当的补救行动，包括：寻求专业协助、调整工作量、结束实务工作或采取其他必要措施，以保护服务对象及其他相关人员。③

不可否认，作为个体从事专业服务工作，总是携带个体自我的喜好、信仰、价值立场等系列特征，这些表现在从喜好这个领域到选择专业，掌握相关知识和策略、接受并认同服务理念和价值等系列过程之中。但是当专业人员一旦进入职业工作情境中，就需要作出清晰的边界划分与分离。自我的情绪、个性等方面不能影响到作为专业人员的服务工作。但是客观来说，这个界限并不是那么轻易划分和界定的，因为作为社会人的自我和作为职业人的自我是融合在一起的，正因为如此，才需要专业人员时时处处自我警觉和反思。

案例 7-1：个体信仰与专业工作的困境

张杰是一名社会工作者，同时也是天主教徒，对于同性恋群体的态度是持有异议的。近期他的专业服务对象是因同性恋者的身份而招致群体排斥所引发的精神抑郁。

---

① 〔美〕Barry Cournoyer：《社会工作技巧手册》，朱孔芳、杨旭、丁慧敏译，上海：华东理工大学出版社，2008 年，第 29～41 页。自我认知的重要性、范畴和方法等，参见梁传孙、伍锐明、吴敏洁：《社会工作实践——认识自我与沟通技巧》，北京：商务印书馆，2008 年，第 162～165 页。

② 〔美〕Barry Cournoyer：《社会工作技巧手册》，朱孔芳、杨旭、丁慧敏译，上海：华东理工大学出版社，2008 年，第 45～49 页。

③ 美国社会工作者协会：《伦理守则》4.05(a)、4.05(b)。

张杰会正确面对这其中的矛盾并妥善处理吗？他该怎么办？

首先，工作者必须了解相关问题的征兆和原因，加强自我照顾，避免职业倦怠，预防相关问题的出现。当问题出现后，应及时处理，并向机构或督导汇报，寻求专业帮助。其次，社会服务管理机构与其他专业服务从业人员要及时发现并作出处理。最后，机构或工作者需要向服务对象声明专业服务人员的职业行为范围和表现，告知服务对象一旦出现因工作者个人问题而影响服务质量的情况时，服务对象如何进行反馈和报告。

2. 自我与组织机构

当专业人员开展服务工作时，其社会角色和职业身份得以凸显并居首位，因此，身份或者角色就像一个标签符号，此时与专业服务人员互动的其他行动主体，无论是同事、社会结构、案主、其他相关人员，均在交往互动的角色期望方面把专业服务人员看做社会工作者及其背后相关机构的代表，因此，专业人员的行动表现直接和组织机构相关。这就要求除了处理上述自我与职业的关系之外，还要处理自我与组织机构的关系。美国社会工作者协会《伦理守则》认为：社会工作者的言语和行为，应清楚地区分是代表个人自我，或是代表社会工作专业、某个社会工作专业组织，或是社会工作者的受雇机构。社会工作者若代表专业社会工作组织发言，应正确地代表其在组织中正式的与被授权的地位。①

要想达到上述规则的要求，需要专业服务人员在职业环境中妥善处理自我和组织结构之间的复杂关系。社会服务机构也可以通过制度设置程序来安排，比如在公共场合或服务工作中，明确双方的关系以及相关权利义务，并以公文授权书的纸质文件的签署为依据。但是在实际服务的过程中，关于相关的授权，仍然会存在弹性空间和自由裁量权的地方，这其中要求专业服务人员在遵从规则的同时，不断总结实践经验。

案例 7-2：个体身份还是机构身份？

吴刚是某社会服务结构派出的专业服务人员，在针对某市的一次关于流浪人员管理和救助的 NGO 服务沙龙上，吴刚发表了系列关于社会服务和救助的看法，并向与会媒体发送了名片。随后的报道中出现吴刚供职的某某机构的看法，由于观点存在分歧，吴刚供职单位表示这是其个人言论，和机构立场无关，而吴刚出席沙龙是向机构申请批准后才参加的。这其中的矛盾让吴刚陷入困境，究竟在什么时候、哪些方面可以代表身后的机构，什么时候什么言行又是代表自己的看法？你怎么看？打算怎么处理？

---

① 美国社会工作者协会：《伦理守则》4.06(a)(b)。

三、正直与忠诚

工作者的所作所为要让服务对象感到信任、正直、真诚和公平，是工作者专业素养的重要内容之一。

(一) 非歧视

工作者不应从事、包容、推动或配合各种形式的歧视，包括源自于民族、种族、国籍、肤色、性别、性倾向、年龄、婚姻状况、政治信仰、宗教或身心障碍等的歧视。① 不应以个体或群体的方式，主动参与、默许认可、被动介入行为的、言语的、交往的、符号的等各种歧视活动中去。下列原则有助于工作者觉察和应对可能的歧视态度和行为：

1. 首先把所有的服务对象都看成单个的个人，其次是少数的特定地位的人，最后才是一个待定族群的成员。这将防止过度概括化。

2. 绝不要设想，一个人的族群身份能告诉你任何有关他/她的文化价值和行为模式的信息。

3. 把所有关于文化价值和特质的“事实”当成是将要用每一个服务对象来重新检验的假设。

4. 社会中的所有少数族群都生活在至少两种文化中——他们自己的和多数人的文化。在双文化环境中生存的困难可能比他们自己的文化背景重要。

5. 并不是服务对象的文化历史、价值和生活方式的所有方面都与社会工作相关。只有服务对象能够识别的方面才是重要的。

6. 在服务对象的文化取向中识别并建立力量。

7. 意识到你关于文化多样性的态度。

8. 让服务对象参与到学那些文化内容——信仰、价值和经历——与合作相关的过程中去。②

(二) 避免招揽

专业社会工作服务人员，所面对的往往是社会中掌握资源极少、社会地位偏低

---

① 美国社会工作者协会：《伦理守则》4.02。

② 〔美〕戴维·罗伊斯等，《社会工作实习指导(第四版)》，屈勇译，北京：中国人民大学出版社，2005年，第91～99页。

的弱势群体，因此与其他社会人员相比而言，专业人员在事实上与服务对象会形成一种不平等互动关系，这就要求专业人员尤为注意避免招揽。也就是说，要避免乘人之危，使服务对象对专业人员形成不得不依赖的困境，比如为了获取专业人员的在社会情感、物质、人际互动等方面的支持与帮助，要委曲求全地答应专业人员的某些不合理要求。因为潜在案主的特殊情况，而使其较容易受到不当诱惑、操纵或强制的影响，所以社会工作者不应对潜在的案主进行强制招揽。因为案主或其他人的特殊情况而较容易受到不当诱导，所以社会工作者不应要求案主或其他人为自己提供表扬信的签名（包括要求案主同意使用案主先前的陈述作为表扬信而签名）。①

（三）诚实

自欺是助人专业中最危险的自负。作为真实性和尊重两种促进性特质不可或缺的一环，诚实、值得信赖，是工作者最重要的职业操守之一。② 诚实，意味着真实、真诚和公平，包括对自身专业行为的诚实、对自身专业资格和能力的诚实、对专业价值的忠诚。

第一，对于自身专业行为而言，工作者不应参与、宽容或涉及有关不诚实、欺诈或诱骗等行为。③

案例 7-3：善意的谎言可以吗？

刘军是一位社会工作者，经验丰富，他的好朋友李洋目前正处于社会工作学习阶段，但还未获得职业资格，为了加快学习进度、积累经验、拓展视野，李洋让刘军带他一起去为服务对象开展服务，并谎称是新来的实习生，刘军应该怎么处理这个问题？如果李洋加入，会带来什么样的后果和伦理问题？

第二，对自身专业资格、专业能力的诚实。工作者应确认他们对服务对象、机构和社会大众所表述的专业资格、证书、教育程度、能力、会员身份、所提供的服务和可以达成的结果都是正确的。④

案例 7-4：专业发展中的虚假

小韩是一名从业三年的社会工作者，擅长养老保障和社区社工，但是他想拓展

---

① 美国社会工作者协会：《伦理守则》4.07(a)(b)。

② 〔美〕Barry Cournoyer：《社会工作技巧手册》，朱孔芳、杨旭、丁慧敏译，上海：华东理工大学出版社，2008 年，第 10、19 页。

③ 美国社会工作者协会：《伦理守则》4.04。

④ 美国社会工作者协会：《伦理守则》4.06(c)。

并想尝试其他服务领域，当某机构招聘留守儿童项目社工时，他投递了简历和报名材料，其中他虚构了自己过往工作履历中从事儿童社工的经历。这样的行为，会造成怎样的不良影响？

第三，对专业价值的忠诚。专业价值是社会工作专业的灵魂。社工应有意识地并批判性地审视个人工作时所持的价值观及操守标准，务求与专业的规范一致。在审视过程中，社工需识别及试图克服任何个人或机构的障碍，并寻求方法与资源去将社会工作价值观及操守付诸实行。[①]

工作者也应对其他人和组织破坏、污名、损害专业形象及服务开展的言行及时、适当地提出反对意见，并加以澄清说明。除非有充足的事实，否则工作者不应诋毁服务工作，而且要对服务工作予以尊重，并采取负责任的、建设性的态度促进专业服务工作的健康发展。

四、认可专业业绩

（一）对自己的业绩认可

多年的经验积累、系统的专业训练、熟练的服务技能、精湛的专业水准、良好的服务反馈等多个方面共同积累了社会工作者的专业成绩。这些成绩，是自我和外界互动的结果。工作者对于自己曾实际执行的工作与贡献过的实务（包括著作权）享有责任和功绩。[②] 这些成绩，既是对既往成绩和社会工作者个体自我成就的明证，也是对未来服务选择、服务信用的承诺。

（二）对他人的业绩认可

专业服务的成果，大都是多方合作的产物。在提供服务的过程中，同事、督导机构、其他社会服务机构，都会共同参与到社会工作者的专业行动中来。工作者应诚实地承认其他人所作的努力和贡献。[③] 工作者之间应互相尊重，平等竞争，取长补短，友好合作，共同提高。[④] 尊重他人的业绩，就是共同成就自我的业绩，共同实现对于问题的解决。这其中的每一行动主体，相互构成一个共同体，这个共同体各自通过自己的专业服务，无论是在改变个体困难处境层面，还是在改变团队小组或社区层面，抑或宏观层面的国家相关社会政策的制定与实施方面，都在为公平和正

---

① 香港社会工作者注册局：《社会工作者工作守则实务指引》38.1，参见本书附录部分，下同。

② 美国社会工作者协会：《伦理守则》4.08(a)。

③ 美国社会工作者协会：《伦理守则》4.08(b)。

④ 深圳市社会工作者协会：《深圳市社会工作者守则》二 4(1)，参见本书附录部分，下同。

义而行动。

第二节　对社会工作专业的伦理责任

对社会工作专业的伦理责任，是指社会工作者在运用专业知识、提供援助服务的过程中，围绕专业知识的形成与发展、专业效能的目标达致、专业知识生产中的多方参与主体的平等参与和权益保护等方面所需要遵守的伦理责任。社会工作者对于自身专业的相关伦理责任，围绕专业本身展开，涉及专业发展与社会工作服务的关系，专业与同事、服务机构、服务对象之间关系，专业知识获得与评估及其相关权益的保护等问题。

美国社会工作者协会《伦理守则》认为：社会工作者需要采取实际行动来促进和提高社会工作专业的价值、伦理、知识和使命，并通过调研、讨论、参与和介入公共事务，来保持专业的正直和专业及机构的发展。而对于专业知识的发展所采取的重要途径之一就是评估和研究的开展，这个环节暗含了理论与实践，研究者和研究对象、参与者和服务对象多种角色主体的关系密织，涉及通过程序和规则对于相关参与主体的规制以及权益的保护和尊重。香港社会工作者注册局《工作守则》也认为：社会工作者要坚守职业操守和价值观，来诚信、尽责地发展专业知识，但是在发展专业知识的过程中，要自觉遵守研究程序和研究规则，并采取措施保护研究对象的相关权益。民政部的《社会工作者职业道德指引》提出，社会工作者应不断内化和践行专业理念，持续充实专业知识和技能，提升专业能力，促进专业功能的发挥和专业地位的提升。①

综上所述，可以认为，社会工作专业伦理中，对于专业的伦理责任明确而具体，可以说，既包含着知识和专业技能学习、养成和达致的基本要求，又包含着知识生产过程中的社会过程，也就是说要处理好专业知识是如何生产的、谁的专业知识、为谁服务、知识生产中的自由参与、平等对话、权益保障等一系列问题。

一、注重专业发展

（一）掌握专业理论

1. 运用相关理论

社会工作作为一门专业，具备较完备的理论体系。社会工作者作为专业人员，

---

① 民政部：《社会工作者职业道德指引》（2012 年 12 月 28 日）第五章第十九条，载《民政部关于印发〈社会工作者职业道德指引〉的通知》（民发〔2012〕240 号）。

首先需要熟知有关人类行为的知识，这涉及心理社会治疗、认知行为理论、人际互动和沟通模式、社会建构理论、增能和倡导理论、反歧视理论、存在主义理论等等。其次，致力于专业发展，还要求社会工作者对心理、卫生、医学、人际传播、政治经济学等领域有所了解。

2. 发展相关理论

社会工作者所从事的工作是理论和实践密切结合的统一体。社会工作作为一门专业，学科知识的拓展、工作实践的检验和应用是密不可分的。社会工作者在从事服务的同时，还应促进知识的贡献与创新。现有的成熟理论从经验层面上来看，都是专业工作者、研究人员对于既往社会工作实践的研究、分析和总结的产物。社会工作者应对社会工作知识基础有所贡献，并且和同事分享自己在实务工作、研究和伦理方面所得的知识。社会工作者应寻求对专业知识的贡献，并且在专业会议和研讨会中分享知识。[①]

3. 总结理论成果

优秀的社会工作者是决不会忽视对于自己日常工作中的理论发现进行理论总结的。首先，这些理论总结，会对未来的服务工作开展形成一定的指导意义。其次，对于本专业领域的发展而言，阶段性的理论总结和成果交流，是每一个社会工作者对于专业共同体所需担当的责任，也是促进本专业领域不断成长、发展、完善的利器。最后，对于专业领域的人才培养和教育训练而言，通过专业杂志、学术会议、论文专著等方式，把理论成果进行发布交流，使其得到学术共同体的同业评定和认可，是研究积累、传递知识、发展社会的重要渠道。

（二）发展专业技术

1. 运用专业技术

如前所述，社会工作专业实践中已经积累了众多成熟、可操作性强、并具备理论基础的专业技术。对于这些技术的运用，存在两个层面：一是基本专业技术的运用，比如个案社会工作中的危机介入模式、任务中心模式、心理社会模式、行为治疗模式等等。但是在具体操作、运用这些技术的时候，就需要同时涉及另一个层面的技巧策略问题，比如危机介入模式中的压力疏导、恳谈倾诉，行为治疗模式中的正强化、负强化、角色扮演等等。这些专业技术和技巧策略的运用，都是以社会工作专业服务对象的具体情境为前提，以服务对象得到援助、恢复和提升为目标指向的。社会工作者专业技能也在长期的、不断的实践中得到训练和提高。

① 美国社会工作者协会：《伦理守则》5.01(d)。

2. 总结实务经验

社会工作专业技术和理论主要来自社会工作者对于实务经验的总结、提练和理论抽象和提升。这就要求社会工作者不仅仅要做一个会技术、懂方法、明策略的专业人员，还要做一个专业研究者，为社会工作专业领域作出知识贡献。社会工作者一方面要善于总结实务经验；另一方面要审慎对待新的知识和实务经验，并随时省察其在运用拓展中的局限和不足。

（三）拓展专业领域

现代社会所呈现出的社会问题与社会不公，已经远远超越了社会工作传统专业领域所关注的那些范围，而年龄、族群、性别、性取向、民族、种族、文化、国籍、宗教、语言、社会经济地位、党派政治、教育水平、职业地位等多个方面的因素，或单独或交织在一起，对个体、群体、家庭、团队、社区、群落、亚文化群体、城镇发展、区域经济结构、城市规划等林林总总的领域产生了巨大影响。这些新领域、新问题，对社会工作者的研究提出了全新的要求。而社会工作者，只有正视这些问题，不断完善自己的专业训练和知识结构，同时开展跨学科、跨领域的合作和交流，才能不断拓展自己的专业领域。对于这些问题的探讨和解决，更是社会工作专业的生命力所在。

（四）分享专业成果

社会工作领域分工日渐细化，不少社会工作者只有通过专业的分工，才会有精深的研究和分析，才会发展出相对有效的服务策略和技能。美国社会工作者协会《伦理守则》规定，社会工作者担任跨学科团队的成员时，应基于社会工作专业的观点、价值与经验，参与并贡献于影响案主福祉的决策，应建立跨学科团队作为一个整体和其成员的专业及伦理职责。[①]《中国临床与咨询心理学工作伦理守则》认为，在专业工作中，心理师应相互了解和相互尊重，应与同行建立一种积极合作的工作关系，以提高对寻求专业服务者的服务水平。[②]

1. 分享实务经验和研究成果

在社会工作的服务实践中，实务经验是最丰富、最饱满、也最具吸引力的部分。基于多样化工作实践的实务经验和研究成果，理论的有效性、命题的真实性，都可以得到检验和完善。而不同专业领域的实务经验和研究成果的分享，是社会工作者之间分享、交流、沟通、学习、积累、发展的重要渠道和平台。

---

① 美国社会工作者协会：《伦理守则》2.03(a)。

② 中国心理学会：《临床与咨询心理学工作伦理守则》1.12，《心理学报》，2007 年第 5 期。

2. 分享伦理体验

在具体的服务情境中如何面对复杂关系中的伦理问题,是一个比较集中关心的问题。而由于服务行动的特殊性,又无法动员手边现成的伦理规则加以援用。因此,面对此类伦理困境,社会工作者之间彼此分享伦理体验,是一种有效的交流和积累,也为日后更好地为他人提供优质服务奠定了基础。

二、致力专业评估与研究

社会工作的服务质量和效果,是需要加以衡量的,否则社会工作者的专业服务水平就无法得到体现。而对于这方面专业工作的伦理责任要求,社会工作者必须重视专业评估与研究。

(一)评估与研究政策

评估研究是运用科学的研究方法和技术,系统地评价社会工作的介入结果、总结介入和服务过程,考察社会工作的介入和服务是否有效、是否达到预期目标与目的的过程。[①] 这也是对服务质量和效果的客观评判活动,并检验和证明服务机构及社会工作者的服务品质,为取信社会大众及以后的持续服务资助奠定基础。一般评估分过程评估和结果评估两种。而针对服务对象和问题的差异,评估方法又可分为定量研究和定性研究两大类。

(二)评估与研究介入方案

1. 发展新的知识

社会工作者作为服务实施者,面对独特、复杂的服务对象和服务环境,如何在既有政策和措施的基础上,作出对社会工作实务发挥最大成效的行为选择,需要对政策、方案的执行和实务工作的介入进行监督和评估。社会工作者应促进与催化对知识发展有益的评估和研究。社会工作者应批判地检视与取得最新的与社会工作相关的知识,并且在专业的实务中充分地使用评估与研究所得到的证据。[②]

以上过程呈现出社会工作的知识理论、政府规则与社会工作实践之间的张力。这种张力的存在,也就是社会工作专业知识得以创新、发展的契机。因此,当遇到

---

① 〔美〕C. 尼古拉斯·泰勒等:《社会评估:理论、过程与技术》,葛道顺译,重庆:重庆大学出版社,2009年,第26页。

② 美国社会工作者协会:《伦理守则》5.02。

既有理论和政策工具无法满足服务的需要，而又要保证工作的顺利实施和完成时，社会工作者应积极参与到实务工作中去，促进和催化对社会工作专业知识有助益的评估和研究，对于理论的生成、命题的推演、逻辑的合理性、体系的完备性都需要加以检视，充分利用自己所掌握的经验数据和材料，进行验证、补充和修正。每一次评估研究，都是对未来社会工作专业知识的一次贡献和拓展。

2. 接受指导

社会工作者的审慎不仅仅表现在上述对于知识和研究的专业水准上，更需要一种对于自我服务能力的正确、冷静的认知和评估，也就是对于自己的服务能力的边界，以及服务过程中可能出现的问题、服务结束之后所可能引发的后果都需要有一个预期评估和判断。

面对这些问题，要遵循已有的保护评估，以维护和保证服务对象的权益不受侵害为目的，同时加强与相关合作同事的沟通和学习，并针对自己无法解决的问题向他们寻求帮助和指引，此外，社会服务机构和评估机构也是可以选择的咨询对象，必要时，还需要向相关机构的伦理审查委员会提交服务报告，寻求支持。

3. 告知同意（知情同意）

评估和研究的过程中，告知同意主要是针对参与者而言。主要分三个方面：

首先，在研究起始阶段，需要获得参与者的同意与授权，研究者应获得参与者的自愿参与和书面的告知后同意。美国社会工作者协会《伦理守则》规定，告知后同意的信息应该包括：请求参与的性质、范围和时间以及阐明参与研究的危险性与利益。对于拒绝参与的情况，应该没有任何潜藏的或实质的剥削和处罚，也不能不当地诱导参加。其中，对于参与者的福祉、隐私权和尊严，研究者应予以适当的尊重。对于那些没有能力给予告知后同意的参与者，社会工作者应给予参与者适当的解释，获得参与者能力范围内的同意，并且取得适当代理人的书面同意。①

其次，在研究的时间点方面，参与者都有权利在没有任何附加限制条件的前提下退出研究，并且他们也不会为此付出任何代价或受到任何惩罚及相关的付出。

最后，社会工作者从不设计和执行未经参与者同意程序的评估和研究，例如自然观察法和档案研究。也就是说，任何没有告知、得到参与对象许可的研究和评估以及相关项目的实施，都违背了专业伦理规范要求。美国社会工作者协会《伦理守则》认为，以下的情况除外：对研究加以严格和负责任地审查而发现它对未来具有科学性、教育性、应用性的价值，同时除非同等效果的替代方案并不需要告知后同

---

① 美国社会工作者协会：《伦理守则》5.02。

意和告知后同意并不易得到。[1] 但是,这些方面也往往被具有研究雄心的研究者尝试以擦边球的方式逾越专业伦理要求,而其背后可能将直接或间接地影响或损害到参与者的权益。所以,从社会工作者自身来讲,要严格、明确地要求自己坚守伦理守则。此外,还需要相关服务监管机构的审查委员会在程序、制度设置以及服务对象反馈机制方面加以规范和约束。如此才会最大可能地避免、杜绝侵犯参与者、服务对象权益问题的发生。

4. 专业领域的权益保护

美国社会工作者协会《伦理守则》认为,社会工作者在从事评估和研究时,应保护参与者避免不当的身体或精神的痛苦、伤害、危险或剥削[2]。在研究过程中要随时关注、评估、反馈参与者的主体反应。对于参与者的平等、尊重和基本人权的保护,是专业研究伦理的核心规则。在开展研究的过程中,参与者是专业人员开展研究的合作伙伴,而非研究工具。现代工具理性在科学研究程序中的逻辑不能延伸到参与者与研究过程之间的关系。研究者和参与者不是人和物的关系,也不是研究者与研究对象之间的关系,更不是研究者与科学规程之间的关系,而是人与人两个主体之间的关系,他们各自具有丰富、独特、个性化人类情感。因此,要全力避免参与者在研究中遭受到各种损伤和侵害,当参与者出现相关问题的时候,研究者要提供满足参与者获得情感、资源、人际互动等多方面的支持性服务。

5. 限于专业

社会工作者对于参与者的研究是介入性的。因此,虽然经过参与者授权之后,社会工作者看似获得了研究的合法性,但关于研究者围绕研究本身与专业机构、同事之间展开的讨论与交流,都要限定在专业基础之上和范围之内,而不能旁涉其他、无所顾忌。社会工作者在从事服务工作的评估时,其讨论应仅限于专业的目的,而且只与从专业的角度关心此咨询的人进行讨论。[3] 香港社会工作者注册局《工作守则》指出:社工应只在其教育、训练、执照、证书、专业咨询、被督导的经验或其他相关的专业经验的范畴内,提供服务及声称自己具备有关的职效能力;社工应只在参与研究、训练、专业咨询,及经由熟悉该等介入方法或技巧的人士的督导后,才在实质的范畴内提供服务,或采用对他们来说新的介入技巧或方法[4]。

---

① 美国社会工作者协会:《伦理守则》5.02(g)。

② 美国社会工作者协会:《伦理守则》5.02(i)。

③ 美国社会工作者协会:《伦理守则》5.02。

④ 香港社会工作者注册局:《社会工作者工作守则》第41、42条。

(三) 评估与研究介入结果

1. 隐私保护

保密性是社会工作者的伦理规则中的核心理念之一,其背后隐含的是对于参与者的独立性和基本权利的保护与尊重。美国社会工作者协会《伦理守则》规定,社会工作者在从事评估或研究时,应确保参与者和从他们身上所获得资料的匿名性及保密性。社会工作者应告知参与者保密性的任何限制、为保障保密性所采取的行动以及记载研究资料的记录何时将被销毁。①

社会工作者开展研究的科学和服务他人的目的,不足以成为研究者忽视参与者隐私的理由。研究结论和科学知识的获得,与参与者是谁毫无关系。而参与者在研究过程中的参与和付出,更不需要让自己的问题、困境和伤口再度暴露于社会之中,形成再次伤害。社会工作者在报告中评估和研究结果时,除非获得适当的同意授权揭露,否则应除去足以辨识身份的信息以保障参与者的隐私权。

2. 客观公正

在研究的过程中,从样本的选择、访谈的设定、问题的安排、问卷的设计、资料的搜集、数据的录入、统计的分析、结论的得出、命题的检验等多个方面和多个阶段,研究者都需要保持客观公正的研究态度,而不能肆意编造、伪造、歪曲相关资料、数据和结论。美国社会工作者协会《伦理守则》认为,社会工作者应准确地报告评估和研究的发现。他们不应该伪造或曲解结果,对于经标准发行程序出版的资料中若发现错误,应采取行动校正之。②

研究结论的客观公正,需要研究者在研究过程中不断地反思和批判来加以审视的,要注重对于研究结论的信度和效度的分析而不能断然声明自己研究结论的客观正确是必然的。同时,同行交流、出版发布,也是学术共同体对于研究的一种良性反馈机制。

3. 避免冲突

美国社会工作者协会《伦理守则》认为,社会工作者在从事评估或研究时,应留意并避免和参与者有利益冲突的双重关系。当有真实的或潜在的利益冲突发生时,应知会参与者并采取以参与者利益为优先的态度解决问题。③

---

①②③ 美国社会工作者协会:《伦理守则》5.02。

第三节 对全社会的伦理责任

社会工作者的自我发展、专业服务的实现，最终目标汇聚为对于社会的伦理责任。社会工作者对社会的伦理责任就是通过职业立场和公共行动的选择，促进人类福祉、提升社会正义，进而通过对于社会公共事务、公共政策的参与和改进，来推动社会变迁。

一、 社会工作在实现社会福祉方面的伦理责任

(一) 人类福祉的基本内涵

人类福祉是指人类生存与发展的幸福状况及目标，其内涵包括个体的生命、自由和财产权要得到保障；拥有言论自由和宗教信仰自由；拥有富有尊严的生活所需要的各项条件，包括物质的免于匮乏、爱与群体归属的满足、公平正义的社会参与机制；自我价值与存在的意义得以实现。

美国社会工作者协会《伦理守则》认为：社会工作者应促进本土社会及全球的整体福祉，并增进人们及其社区与环境的发展。社会工作者应倡导与人类基本需求满足有关的生活条件，并促进社会、经济、政治和文化价值与制度能符合社会正义的实现。[①] 面对上述人类的福祉，社会工作者如何通过自己的专业实践努力，推动社会向着理想的目标转换、迈进，从社会工作的终极价值关怀来看，可以认为目标包括以下内容：

第一，人的尊严、价值、自由和平等是与生俱来的。

第二，人有获得资源并发展潜能的能力和权利。

第三，每个人的独特性和个别性都应当被尊重。

第四，人与人之间、个人与社会之间有相互支持和帮助的责任和义务。

(二) 促进人类福祉

1. 服务社会弱势群体

美国社会工作者协会《伦理守则》认为，社会工作者应采取行动以扩大所有人群的选择和机会，并对于弱势人群、处于劣势者、受压迫者、受剥削的个人和团体给

---

① 美国社会工作者协会：《伦理守则》6.01。

予特别的关注。[①] 民政部在《社会工作者职业道德指引》中指出，社会工作者要勇担社会责任，增进社会福祉。[②]《深圳市社会工作者守则》规定，社会工作者应“及时向有关部门反映民众的困难和问题并提出建议，努力推动完善社会福利政策和制度，促进提高整体社会福利水平”[③]。追根溯源，社会工作是社会福利事业发展到现代社会的一个重要里程碑。而社会福利的存在，原本就是针对社会上的弱势群体而由政府实施的治理措施。社会工作的核心理念，就是服务他人、助人自助。社会中的个体或群体，因为偶然的因素、自我的局限、认知的误区、自然的灾害、社会的不公、制度的非正义等等诸多原因，使自身处于社会不平等中的弱势地位和结构层面。依据前面所述人类的福祉所高扬的精神旗帜，弱势群体需要得到来自他人的、外界的帮助，重新恢复生活的能力、获得发展的资源和机会，重新让自己活得有价值和尊严。所以，社会工作者服务于社会弱势群体，是职业的要求，更是人本价值的召唤。而服务于弱势群体，更是社会工作者把社会工作作为“志业”的应有之义，也是社会工作这项职业在现代社会存在和发展的重要依据。

2. 挑战社会歧视

社会歧视是指社会中的某一个体或群体受到的来自某些强势或主流社会群体、阶层在制度层面或行为方面的不公正对待。美国社会工作者协会《伦理守则》认为，社会工作者应采取行动以防止和消除那些源自于民族、种族、国籍、肤色、性别、性倾向、年龄、婚姻状况、政治信仰、宗教或身心障碍所造成的支配、剥削和歧视。[④] 这些社会歧视有失对于人类基本价值的承诺，因此是需要消除、改变的。这些社会歧视不是一种天然的、从来就有的社会实在，而是历史的、社会所建构的产物。因此，社会工作者的主要任务之一就是通过帮助弱势群体，改变社会不公，恢复社会正义。要想挑战社会歧视，社会工作者有两个方面的任务：

(1) 挑战观念歧视

人的行为动力有几个方面的来源，来自于对他人的模仿，来自于自我观念的驱使，来自于潜意识甚或无意识层面的动力，来自于整个社会环境所长期影响导致的习而不察的“惯习”。面对这几种来源，在梳理其生发运作机制的同时，首要需要挑战的就是观念歧视。

无论是全社会对于人类福祉和终极价值关怀的倡导，还是针对某些群体或个人的观念论辩，目的都是为了改变这些不公正的歧视观点。比如就业中的女性性

---

①④ 美国社会工作者协会：《伦理守则》6.04。

② 民政部：《社会工作者职业道德指引》(2012年12月28日)，载《民政部关于印发〈社会工作者职业道德指引〉的通知》(民发〔2012〕240号)。

③ 深圳市社会工作者协会：《深圳市社会工作者守则》(2008)。

别歧视、少数民族歧视、种族歧视、残疾人歧视、农村歧视、同性恋歧视、艾滋病人歧视、乙肝患者歧视等等不一而足。社会工作者应采取行动以防止和消除那些源自于民族、种族、国籍、肤色、性别、性倾向、年龄、婚姻状况、政治信仰、宗教或身心障碍所造成的歧视。

观念的改变关键而又漫长。观念往往存在于内在主体意识之中，以无形的方式弥散在社会行动和认知的方方面面，并在天长日久的社会生活环境和人际交往中，形成固定的行动模式和身心倾向。因此，社会工作者面对观念歧视的挑战是漫长的，却又是必需的。

(2) 挑战政策歧视

社会歧视的另一表现就是政策歧视。这是整个主流社会以制度、政策、法规的方式通过议程设置、准入规则等各种方式，设置社会界限，形成社会阻隔，对弱势群体形成社会排斥的过程。社会工作者的核心理念之一就是改变人际关系模式，推动社会政策的改变。

社会工作者的重要行动目标，从微观层面来说是辅助弱势群体，从宏观层面来说，更需要追问形成这些弱势群体现状和处境的背后那些制度性、结构性的支配性力量是什么，它们是怎么形成的，可以改变吗，如何改变。这是社会工作宏观实务层面所要涉及的问题。此时的社会工作者要变身为一个公共参与者，更要推动社会公众形成公共参与。[①] 社会工作者要积极与地方或中央政府、司法、人大(议会)等部门进行协商沟通，同时告知社会大众如何参与社会公共事务，来积极行动，推动社会政策法规的修改和完善。社会宏观层面社会政策的改变需要其他社会各界的参与，但是社会工作者的声音和力量，是不可或缺的。

拓展阅读

参与改变社会

2003 年，大学生孙志刚在广东被作为流浪人员关进收容站后被打死。其背后的原因是，当时在各个省份自由流动，必须持有当地公安和城市管理部门签发的暂住证，如果没有办理暂住证，就意味着没有获得所在省份的政府许可，就要被强制办理甚至遣返回原籍。而孙志刚之死，就直接反映了这样一个深远的问题。

在孙志刚事件中涉及两种政策：一是 1982 年的《城市流浪乞讨人员收容遣送办法》，二是 2003 年 8 月 1 日起实施的《城市生活无着的流浪乞讨人员救助管理办法》。

---

① 公共参与是指公民为了维护或促进社会公益，通过各种合法的途径与方式表达利益诉求、影响公共活动以及公共决策的社会政治行为。

前一种政策的功能定位一开始是社会救济，后来发展出治安管理职能。后一种政策则完全定位在社会救助上，且是自愿救助。前一种政策先后具有发展（救济）和稳定（治安）两种功能，后一种政策则着眼于发展或解决发展中的问题。孙志刚事件与政策歧视有着密切的关系。这一事件的发生，引发前后两种政策的改变。虽然导致孙志刚事件背后深远的结构性力量还没有发生明显变化，但是至少不合理的社会歧视政策受到了挑战，发生了改变。

3. 参与公共紧急事件的处理

社会工作者的主要职责就是为弱势群体服务。而在社会整体或大的局部发生公共紧急事件（比如地震、泥石流、突发疫情等）时，社会工作者的角色和积极介入的重要性显得尤为突出。美国社会工作者协会《伦理守则》认为，社会工作者应尽最大可能为公共紧急事件提供适当的专业服务。[①]

拓展阅读

参与公共紧急事件

2008 年的汶川特大地震所造成的社会影响是全方位的，比如经济损失巨大、社会关系断裂、家庭结构改变、个体肌体伤害、内心精神创伤、社区空间失序等等，面对这一公共突发危机事件，国（境）内外共有 100 多家社会工作服务机构、20 多家高校组织了 1000 多名社会工作专业人员投身灾区一线进行了介入，有效弥补了灾区社会服务力量的不足。

资料来源：柳拯：《社会工作介入抗震救灾和灾后恢复重建情况报告》，社会工作网，http://www.guangdongsw.com/html/shegongxuetang/fangfajiqiao/20101012/3809.html。

二、维护社会正义

（一）促进社会关系的和谐

社会关系的和谐，是指个体与自我内心、个体与个体、个体与群体、群体与群体、群体与国家、国家与国家的社会交往互动的关系融洽与和谐。而社会中各个领域、各个方面存在的弱势群体，恰恰是不公平、不合理的交往规则、观念习性、制度政策所致，弱势群体的困境，说明了社会机体的问题症结所在。因此，只有通过加

① 美国社会工作者协会：《伦理守则》6.04。

强对于弱势群体的帮助，消除社会问题的形成机制，社会关系才能和谐迈进，社会才会逐步实现正义。

和谐社会是每个人的梦想，也是一个社会良性发展的最佳状态。但是和谐不是自然形成的，而是需要包括社会工作者在内的每一个个体、群体、机构、部门、政府、政党的共同努力才能达致的理想目标。

(二) 促进社会资源公平分配

美国社会工作者协会《伦理守则》规定，社会工作者参与社会和政治行动，确保所有公民都能公平地得到其所需要的资源、就业机会、服务和机会，以使个人基本需求获得充分的满足与发展。[①] 目前社会上存在的许多社会非正义或者社会不公平，有很大部分是因为社会资源分配不公所致，资源的不公平分配导致贫富差距不断拉大。资源的获得，是社会个体或群体发展的基础。资源的多少，直接决定家庭生活水平的高低，进而决定家庭教育支出的多少，这也就进一步影响到孩子的教育成长和未来的发展平台，最终影响家庭第二代能否公平地通过个人的奋斗、公平的环境获得社会阶层地位的向上流动。

拓展阅读

社会资源的公平分配

身边的“穷二代”、“官二代”、“富二代”的代际社会地位的再生产，使社会需要认真对待社会资源的公平分配是何等重要。

当一个“不平等”的循环完成之后，基本可以把握那些支配着我们的外在的结构性力量是什么，以什么样的方式再生产我们的未来。一如我们身边的“穷二代”的形成，亦可追溯到城乡隔离、户籍差异、身份歧视、公民权利的缺失、弱势群体的社会地位、收入分配的失衡等一系列结构性因素，由并不遥远的历史而来，建构了第一代农民工的身份和生存境遇，又以“不平等”的再生产机制，从童年开始，建构新的“穷二代”，依然是穷，只不过已经二代。而一个社会是否在公平和正义中取得进步的标志之一，就恰恰体现在如何使其公民的权利得到保障和发展，使社会沿着公平的路径发展，而非不断地、无穷尽、一代代地再生产“不平等”，直至社会的失衡和断裂。而这个问题的背后，就不仅仅是再生产的问题，而是怎样的社会流动机

---

① 美国社会工作者协会：《伦理守则》6.04。

制，才能实现从父辈向子辈的代际流动，不仅仅在职业上，而且在收入、受教育程度、社会地位等各方面；不是一如既往的水平流动，不是愈演愈烈的贫富分化、向下流动，而是公平渐进的向上流动。

资料来源：郑庆杰：《不平等的再生产》，《社会学家茶座》（第 40 辑），济南：山东人民出版社，2011 年，第 62 页。

社会工作者在这个方面有两个层面的工作可以展开：一方面是在社会工作实务中，采用“人在情境中”的理论视角，围绕服务对象，把与之相关的人际关系加以疏通整合，并促进社会交往和互动模式的转变。同时动员存在于亲属血缘关系、邻里社区、社会民间组织、媒体和网络空间、政府主管部门等多元主体中的相关资源，来为服务对象提供援助服务。另一个层面，就是社会工作者作为专业人士，在动员资源之外，积极扮演公共知识人的角色，推动政策和制度框架的改变。

（三）促进社会政策的转变

社会政策与个体或群体福利的提高有着密切的关系。个体需要的满足，与个人的努力有关，但是更与其生活的社会环境有关。在某些环境条件下，个人难以使自己的需要得到满足，这就需要来自他人、机构的帮助。现代社会中，个人需要得到满足、得到多大程度上的满足，通过怎样的途径和方式得到满足，这很大程度上需要以国家或政府的社会政策为依据。因此，从微观到宏观，社会政策的转变是其中的核心机制。民政部《社会工作者职业道德指引》认为，社会工作者应运用专业视角，发挥专业特长，参与相关政策法规的制定和完善，维护社会公平正义，增进社会福祉。①

当社会工作者为了帮助服务对象和弱势群体摆脱困境、发展自立而动员其他社会资源时，需要关注资源分配不公背后社会政策的不公。当帮助了一个又一个弱势家庭走出阴影的时候，现实只是在微观个体的层面做到了改变，但是社会政策作为结构性不平等存在的事实没有改变，这样的家庭还会不断出现。所以，促进社会政策的改变，同样是关键之举。不少人对于社会工作者从事宏观社会工作政策层面的实践工作抱有偏见。他们认为，从事社会规划、邻里与社区发展、社会行动，以及制定社会政策之类的事情，都是高度政治化的工作。面对这些质疑，社会工作者需要从自己的专业伦理中寻求支持资源。为了人类社会的整体福祉和社会正义的实现，社会工作者有责任积极参与到不同层级的社会公共事务中去，努力通过各

① 民政部：《社会工作者职业道德指引》（2012 年 12 月 28 日）第六章第二十一条，载《民政部关于印发〈社会工作者职业道德指引〉的通知》（民发〔2012〕240 号）。

种渠道和方式，让社会公众知晓相关社会政策的程序、议程设置、渠道，并能够表达出自己的观点和诉求，进而形成民主参与的力量，来推动社会政策的改变。

（四）促进社会的多元包容性发展

近代社会以来，随着交通和通讯的发展，不同文化、国家、地区之间的交往日渐频繁，对于文化的差异与多元抱有宽容的文化价值观，已逐渐为社会所认可。多元文化是指文化因其形成的历史、地域、语言、族群、心理等多方面的差异性，而在传播、流动的过程中汇聚、呈现出多元形态和相互间的复杂关系。在多元文化背景下，社会工作者应具备较强的文化敏感性。文化敏感性是指两种或两种以上文化相遇时，其中某一文化主体对其他文化的差异性特征所表现出的自觉认知程度。社会工作者应促进人们对中国与全世界的多元文化与社会的尊重，并促使政策与实务工作均展示对差异的尊重，支持文化知识与资源的扩展，倡导展示文化资产的项目与制度，促进保护所有人群权益，并确认其社会正义与公平的政策实施。

三、促进社会变迁

（一）社会变迁的基本内涵

社会变迁是指社会的精神、制度与行为、物质层面等在工业化、现代化、城市化和科技发展的推动下，发生的从传统向现代的变迁过程。其总体的目标取向是经济发展化、工业化、城市化、政治民主化等诸多方面。

（二）社会工作在实现社会变迁方面的途径

1. 促使社会公众了解社会政策

美国社会工作者协会《伦理守则》中指出，在社会政策与制度的发展过程中，社会工作者应促进社会大众了解如何参与公共事务。[①] 社会政策是影响社会生活的重要制度性力量，它的特殊之处在于社会政策是通过民主代议制的方式形成的，它在一定意义上体现了社会公众的意志和诉求，但是又并未与社会公众发生直接的关联。所以，社会政策的制定和执行中存在诸多环节，这就为社会政策导致社会不公提供了机会。因此，社会工作者应在专业实践中，积极通过社会倡导等多种渠道和方式，让公众了解、知晓、讨论与他们切身利益息息相关的社会政策的制定、执行、优劣及问题所在，并对如何通过合法程序积极推动社会政策的改变形成改革力

---

① 美国社会工作者协会：《伦理守则》6.04。

量，提供必要的帮助和支持。

2. 倡导公众参与社会公共事务

社会倡导是一种通过社会动员获得公众支持从而推动社会变化的工作方式。香港社会工作者注册局颁布的《社会工作者工作守则》认为，社会工作者需要鼓励社会大众在知情的情况下参与制订和改善社会政策和制度。[①] 民政部《社会工作者职业道德指引》认为，社会工作者应正确鼓励、引导社会大众参与社会公共事务，推动社会建设。[②] 社会工作者所面对的社会公共事务是多层级、多样化的。既有宏观国家层面的社会政策，又有中观层面的地方政府和城市治理政策，还有社区、家庭、群体等微观层面的社会政策。各个层面的参与规则和参与机制基本一致、密切关联。比如国家层面对社会治理的基本政策，会直接影响到地区、城市的治理政策，进而会影响到社区层面。但是反观之，社区层面的自下而上的对于社会公共事务的参与，却会成为社会基层民主的训练和发展，同样也会逐步影响到中观或者宏观的国家层面。

综上所述，社会工作者需要积极把握专业实践中的每一次机会，积极把握条件甚至创造条件，通过社会倡导，来促成社会公众对于社会公共事务的参与，来促进政策与立法的改变，以改善满足人类基本需求的社会条件，并促进社会的正义。

3. 推动社会管理体制的创新

社会的发展与变革存在两种类型：一是激变性的革命性的重组，二是渐进的演化的变革形式。历史的先例证明，前者往往带来对社会和人类的较大冲击，而且造成的破坏性很强；后者是逐渐的、缓慢的发生变化。因此，可以以较小的代价实现社会变迁。但是需要指出，这两种类型的社会变迁并不存在历史决定论的规律可以遵循。

对于如何建设和谐社会的目标，每一个社会工作者都负有重要的责任。每帮助一个服务对象脱离困境，就是为建设和谐社会作出一份贡献。此外，还要积极与社会服务机构、政府行政部门、法律司法界、社会民间组织、工商企业界合作，针对服务中出现的问题和困境，提出有针对性、建设性的建议，共同商讨如何从管理体制上来实现对建设社会主义和谐社会的制度创新，这是一个亟待解决的课题，也是一个漫长的历史使命。

---

① 香港社会工作者注册局：《社会工作者工作守则》第五十三条。

② 民政部：《社会工作者职业道德指引》（2012年12月28日）第六章第二十二条，载《民政部关于印发〈社会工作者职业道德指引〉的通知》（民发〔2012〕240号）。

A 本章小结

1. 社会工作者自身作为专业工作人员的伦理责任包括专业能力的形成与发展、自我与专业划界、正直与忠诚、认可专业业绩等。

2. 对专业的伦理责任包括致力于专业理论、专业技术、专业伦理的发展,致力于专业评估和研究过程。

3. 社会工作者需要处理好发展专业理论,保护相关人基本权益,与社会工作专业人士,以及服务机构之间的伦理关系。

4. 社会工作者需要明确社会工作的目标是为了人类的福祉而努力,并积极帮助弱势群体维护社会正义、促进公共参与、推动社会政策的改变。

5. 社会工作者应努力通过自己的专业实践努力,来推动社会变迁,实现社会正义。

B 主要术语

专业能力(Professional Competence):从事某一专门职业所需各种能力的综合。

评估研究(Assessment Study):是运用科学的研究方法和技术,系统地评价社会工作的介入结果,总结介入和服务过程,考察社会工作的介入和服务是否有效、是否达到预期目标与目的的过程。

人类福祉(Human Well-being):指人类生存与发展的幸福状况及目标。

社会歧视(Social Discrimination):社会中的某一个体或群体受到的来自某些强势或主流社会群体、阶层在制度层面或行为层面的不公正对待。

社会变迁(Social Change):社会的精神、制度与行为、物质层面等在工业化、现代化、城市化和科技发展推动下,发生的从传统向现代的变迁过程。

多元文化(Multi-culture):文化因其形成的历史、地域、语言、族群、心理等多方面的差异性,而在传播、流动的过程中汇聚、呈现出多元形态和相互间的复杂关系。

公共参与(Public Participation):公民为了维护或促进社会公益,通过各种合法的途径与方式表达利益诉求、影响公共活动以及公共决策的社会政治行为。

社会倡导(Social Advocacy):一种通过社会动员获得公众支持从而推动社会变化的工作方式。

C 练习题

案例一：小王是一名刚开始工作的社会工作者，他的案主是一位因家庭暴力导致的初期臆想症患者，小王已经为案主进行了三个月的心理咨询治疗，案主的情况逐渐好转。但是案主的前夫因为家庭财产纠纷重新找上门，对案主进行威吓并再度实施了身体侵犯，导致案主再度陷入精神臆想并呈加重趋势。这对于小王的经验积累是一个挑战，小王一方面感觉到自己继续维续和案主的治疗服务关系的难度，另一方面作为新人又想通过实践和经验的积累提升自己的专业能力，而不想放弃这份服务关系。

如果你是小王，你是退出，还是转介出去，还是向专业机构或督导求助，抑或向其他同事求助，还是自己坚持做下去，这个伦理困境中的核心条件和基本准则是什么？

案例二：小薛和小李是某市社会工作专业服务机构几个月前刚引进的专业社会工作硕士，机构想把他们作为研究型社会工作者加以培养，如果两个人的专业业绩表现都很好，公司就会在实习期满之后把他们都留下。言外之意，就是如果两人之间强弱分明，就会有一人出局被淘汰。小薛要比小李的专业能力更胜一筹，所以在小组开会、专业交流等很多时候，小薛都会或明或暗的以各种理由防着小李，怕他超过了自己，两人之间的竞争逐渐明朗化。

你如果是社会工作服务机构的人力资源部门主管，你如何处理这种情况？

案例三：王凯和徐立是某市社会工作服务机构的同事，由于多年的共事合作，二人成为关系非常好的朋友。徐立近日接受了机构指定的案主李旭的心理咨询工作，这项心理咨询服务周期为三个月，进行了一半以后，徐立认为成效显著，决定继续延续治疗。某日徐立和王凯工作之余聚会谈话的时候，谈及李旭的治疗工作进程，王凯也为徐立工作的进展顺利而感到高兴。回家后，王凯把这件事情告诉了他的哥哥，说社会工作者虽然非常劳累，需要处理的关系也比较复杂，但是看到别人的困难得到解决，还是非常高兴。说者无意、听者有心，李旭恰巧是王凯哥哥所掌权的公司正要招聘的财务人员，听王凯这么一说，他的哥哥心里打起了算盘。

请思考，这其中的伦理问题是什么，专业边界如何把握？

D 思考题

1. 社会工作者作为专业人士的伦理责任包括哪些内容？请举例说明。

2. 社会工作者对于专业的伦理责任有哪几个方面？请对其中内含的伦理冲突加以说明。

3. 社会工作者对于社会的专业伦理有哪些？

4. 社会工作者在增进人类福祉、促进社会正义方面，该如何开展工作？

E 阅读文献

1. 王思斌主编:《社会工作概论》，北京:高等教育出版社，2006年，第七章，第78～95页。

2. 〔美〕C. 尼古拉斯·泰勒等:《社会评估:理论、过程与技术》，葛道顺译，重庆:重庆大学出版社，2009年，第一章，第1～25页。

3. 〔美〕戴维·罗伊斯等:《社会工作实习指导(第四版)》，屈勇译，北京:中国人民大学出版社，2005年，第六章，第91～99页。

4. 〔美〕Barry Cournoyer:《社会工作技巧手册》，朱孔芳、杨旭、丁慧敏译，上海:华东理工大学出版社，2008年，第一章，第1～27页。

第八章　特定服务对象和过程的伦理责任

不同领域的社会工作实践运用不同的理论、技术和特定术语，受不同法律和社会福利项目影响，社会工作价值观和伦理也体现出不同特征。本章借助实务案例，分析工作者服务于不同人群、不同场域及采用不同服务方法时面临的伦理议题及其特殊性；分析其伦理决策行为背后的伦理思考，以及追求伦理正当性过程中的考虑因素，进而为伦理决策提供参考。

第一节　特定人群服务中的伦理责任

从年龄维度看，社会工作服务于特定人群，形成儿童社会工作、青少年社会工作以及老年社会工作等具体工作领域。特定人群具有不同特征、面临不同问题，其社会工作的伦理责任也表现出不同形式。

一、 特定服务群体的特征及其面临的问题

不同的服务对象人群（以下简称“不同人群”）处于生命周期的不同阶段，各有不同的生理、心理和环境特征，要完成的主要任务各有差异，会经历不同的发展阶段，其行为也会呈现出特定变化。对于不同人群，工作者要处理的问题域各不相同。

儿童期的主要任务是发展身体和认知技能，习得语言和道德判断，获得自我意识和性别角色意识，以及适应离开家进入同辈群体与学校的变化等。儿童保护、离家照顾、儿童寄养、儿童永久性选择等问题是工作者的主要服务内容。

青少年的主要任务是处理青春期的身体和精神变化，处理性意识和情感，发展同辈关系，寻求日益增加的独立性，发展独立生活所需的技能。青少年保护、自我认同的培养、性、药物滥用、早孕、自杀、辍学或逃学、饮食失调、校园暴力等问题是社会工作的主要问题域。

老年人的主要任务是同日益恶化的健康状况作斗争、处理工作角色消失带来

的失落感以及传递智慧等。[1] 养老方式的选择、医疗手段的选择、临终关怀等是老年社会工作者的主要工作内容。

总之,不同人群具有不同的主体能力以及不同特质的问题域,使得不同人群的工作者伦理责任呈现出多方面的差异性,要承担程度不同的伦理责任。

二、 儿童、青少年社会工作的伦理实践分析

大部分情况下,未成年人[2]诸如隐私、知情同意、参与等权利应得到和成年人一致的尊重,涉及特殊情况,工作者应在充分理解和尊重具体文化背景的前提下,尊重当地法律和专业伦理准则,与监护人及其他相关人士充分讨论并共同解决伦理议题,并最大程度保证未成年人的相关权利。

现代国家一般都制定实施了保护未成年人的法律法规。这是工作者伦理实践的基本前提。从事未成年人服务的工作者,必须充分掌握有关未成年人权利和保护的相关法律法规,并及时修订更新。法律法规的指导方针和贯彻执行可能会与未成年人及家庭的最佳利益有冲突。在发生冲突时,工作者要以专业伦理守则或原则指导自己作决定。另外,对相关法律法规提出针对性的修订意见,也是社会工作者的伦理责任。

很多国家不同的助人专业协会也都制定了相关伦理原则以指导专业人员。如美国社会工作者协会就制定有《美国儿童福利社会工作服务标准》(以下简称《标准》)和《青少年社会工作伦理规范》(以下简称《规范》)[3]。

《标准》要求,从事儿童福利工作的工作者应奉行专业价值和伦理规范,注重服务对象的增能和自决,应以《伦理守则》为指针处理伦理问题。从事儿童福利工作的工作者要掌握相关专业知识,并证明自己有能力采取建设性的干预措施把这些知识用于家庭、组织或社会系统。这些干预措施应支持儿童和家庭着手解决识别出的需求和困难,防止儿童受到伤害,并尽最大可能让家庭有机会积极发挥功能并保持稳定。工作者应不断与时俱进,对专业基本的新知识和新见解有所了解,尤其是要了解有关最有效的实际干预措施方面的研究发现及其意义。在适当的时候,

---

① Devore, Wynetta, Schlesinger, Elfriede G., *Ethnic-Sensitive Social Work Practice*, Bell & Howell Company, 1986, P 41.

② 中国《民法通则》中有关未成年人的定义与《联合国儿童权利公约》中对儿童的定义基本一致,主要指未满18岁的公民。而对青少年的年龄界定则多有争论。本节中的青少年涵盖在未成年人概念的范畴之内。

③ 《美国全国社会工作者协会社会工作从业服务标准汇编》(第一稿),民政部社会工作人才队伍建设领导小组办公室组织翻译,2007年7月。

工作者要积极做好倡导工作，争取资源和制度体系方面的变革，改善给予儿童及其家庭的服务。从能力的伦理责任出发，《标准》对儿童福利工作者的知识结构提出了具体要求。除法律法规、行业和机构规范规定外，其建议涵盖的知识领域包括儿童发展、亲子问题、家庭动力、社区及本地系统等几个方面。《标准》还特别强调了保密及多元文化敏感性等伦理责任。

目前，中国未成年人保护的基本原则是“以未成年人为中心，以家庭为基础，以社区为依托”，重视保护未成年人的生存权、发展权、受保护权和参与权。在儿童社会工作服务伦理实践中，工作者应注意以下基本原则：

1. 优先考虑未成年人利益最大化

联合国《儿童权利公约》第三条规定：“在所有关于儿童的行动中……应首先考虑儿童的最大利益。”[①]这也与社会工作服务对象利益优先、服务对象利益最大化原则相一致。在涉及儿童利益最大化的伦理考量中，工作者必须慎重考虑以下问题：第一，儿童的长远利益和眼前利益之间如何平衡；第二，如何解决研究成果与具体儿童利益的结合；第三，如何平衡不同文化、不同利益方对儿童利益的指认；第四，由谁决定儿童的最大利益。[②]

2. 尊重未成年人的价值、尊严、发展阶段和多元差异性等

工作者在服务中必须充分了解和尊重未成年服务对象的生命发展阶段特性，在伦理实践中基于未成年人的年龄和成熟水平，综合考虑多方面因素进行严谨的评估。工作者要接纳服务传递中未成年群体的文化差异，并为发展和保持这种文化差异作出贡献。如《规范》要求工作者要理解青少年的价值观、信仰以及行为，不能因青少年服务对象的种族、生活方式、性别、宗教信仰、性取向或特殊的行为表现而歧视他们。工作者对于自身可能妨碍向青少年提供具有文化多样性以及平等有效服务的观念应该寻求改善。工作者也必须了解如何帮助青少年建立具有文化多样性的目标，使其能够通过实现这些目标获得成功，倡导与多样性文化相关的机会。

3. 注意与未成年监护人有关的伦理问题

合法监护人对未成年人拥有法律授予的监护权。但这种监护权在行使过程又可能影响到未成年人服务对象的权利和利益。工作者要充分了解有关监护权的法律法规，并在评估父母或其他监护人的法律权利与未成年人的情绪状态之后，基于

---

① 联合国网站：http://www.un.org/chinese/children/issue/crc.shtml.

② 〔英〕奈杰尔·托马斯(Nigel Thomas)：《儿童青少年社会工作：照管社会工作理论与实践》，田国秀等译，北京：中国人民大学出版社，2010年，第5页。

未成年人福祉的最大化原则决定如何做才对未成年人最有利。美国咨询协会(ACA)《伦理守则》和实务标准 B. 5. b 对父母和法律监护人的责任规定为:咨询师需要让来访者的父母或监护人清楚自己的角色以及咨访关系中保密协定的性质。咨询师要对家庭的文化多样性保持敏感性,尊重父母或法律监护人的权利和责任。按照法律规定,咨询师有责任保障孩子和被监护人的福祉。咨询师要和来访者的父母或监护人建立适当的合作关系,为来访者提供最好的服务。①

案例 8-1:青少年服务对象自决权利实践的困境

王放在某家庭服务机构从事社会工作服务。一天,14 岁的女孩小丽来向他寻求帮助。小丽经常逃学和夜不归宿。她告诉工作者自己怀孕了而且想生下这个孩子。但她还没有告诉父母,认为他们肯定会觉得这是个耻辱并强迫她堕胎。那么何种干预最符合专业价值观和伦理呢?

案例分析:

通常而言,社会工作者有三种选择:第一,建议小丽堕胎;第二,鼓励她与父母沟通讨论这个问题以及各种可能的行动方案;第三,因为她非常明确地表示想要孩子,所以马上安排她去早孕青少年之家。

第一种选择很明显地违背了自决原则,工作者在用自己的价值观影响服务对象的选择;第三种看似执行自决及保密原则,但却是片面呆板的践行,忽视了青少年监护人对于解决问题的重要意义。因此第二种选择比较合适。但是工作者首先要评估未成年服务对象的行为能力及其父母的反应可能带来的破坏性后果的程度;其次,要接纳未成年服务对象,不能因为自己的价值观对她产生偏见;最后,在自决及保密原则下,邀请未成年服务对象的家庭参与服务过程也是有益的。

三、 老年人社会工作的伦理实践分析

老年人服务几乎涵盖社会工作所有领域和层面,其复杂性对工作者的伦理实践提出了特殊要求。比如从事老年护理、临终关怀等服务的工作者应掌握生命伦理科学知识。在个别化、尊重、接纳、增能、自决、保密等一般专业价值和伦理规范基础上,老年人社会工作服务中要注意特定的伦理议题,承担特定的伦理责任。

第一,工作者应遵循生命安全与生活权利优先原则。

工作者应优先考虑老年服务对象(以下简称"老年人")及其家庭的生活质量和健康状况,应注意有效承担与之相关的多元专业角色。遇到伦理冲突时,工作者应

---

① 〔美〕伊丽莎白・雷诺兹・维尔福:《心理咨询与治疗伦理》,侯志谨译,北京:世界图书出版公司,2010 年,第 451 页。

尊重专业伦理规定并考量相关生物医学伦理原则，对老年人的最佳利益作出科学、审慎的评估，在老年人的自决权与其家庭决定之间保持适当的张力。

第二，工作者应灵活规范地处理与自决和保密等有关的伦理问题。

自决原则就是要尊重老年人的观点和意见，在不威胁老年人最佳利益的前提下，尊重其主导生活的权利，不要急于作出评判，更不能把个人价值观强加给老年人。[①] 在具体操作过程中，工作者要清楚老年人自决并非绝对的。可能会限制老年人自决的行动大体有：(1) 能导致监禁的犯罪行动；(2) 虐待儿童，包括生理上和情绪上的疏忽，以至丧失对被抚养者的监护权；(3) 与身份相抵触的行为，诸如需要法庭干预的离家出走；(4) 导致丧失从事个人所在专业的工作权利的不道德行动；(5) 在生理或心理上缺乏作决定的能力等。[②]

在保密方面，老年社会工作者应该遵循以下一般性规定：(1) 工作者可以同他人分享老年人的秘密，前提条件是基于一些强制性理由；(2) 工作者应该清楚明白地告诉老年人，在特定情况下，保密是有限的，也必须告知老年人获取资料的目的以及将怎样使用这些资料；(3) 工作者在录音、记录或准许第三者观察他们的活动前应该征得老年人的同意。工作者应该保护老年人的资料，避免在不当的场合中泄露，如在不受保护的环境或同不相干的人讨论老年人的资料和有关情形。[③]

第三，工作者应注意跨团队合作服务中的伦理责任。

老年人服务常常涉及多元服务的合作，工作者应注意跨团队合作中的伦理责任(请参见本章第三节及第六章相关内容)。

第四，工作者应注意与文化差异有关的伦理议题和伦理责任。

老年人的、当地的及工作者的文化背景都会影响到对老年人问题的决策。工作者应注意与文化差异有关的伦理议题和伦理责任。如美国社会工作者协会《姑息护理和临终关怀规范》中指出，从事姑息护理和临终关怀服务的工作者要具备并不断发展专业知识，理解与姑息护理和临终关怀服务有关的不同群体的历史、传统以及家庭系统，工作者应该根据美国社会工作者协会的《社会工作实践中的文化能力规范》以及国家的要求来实践，而在美国社会工作者协会《长期护理机构服务标准》中要求工作者必须在具备多元文化理解和能力的背景下向服务对象及其家庭提供服务[④]。因此，老年人社会工作者必须坚持民族文化相对主义原则以保障服务

---

① 陈钟林、黄晓燕：《社会工作价值与伦理》，北京：高等教育出版社，2011 年，第 169 页。

② 范明林、张钟汝：《老年社会工作》，上海：上海大学出版社，2005 年，第 23 页。

③ 同上书，第 21～22 页。

④ 《美国全国社会工作者协会社会工作从业服务标准汇编(第一稿)》，民政部社会工作人才队伍建设领导小组办公室组织翻译，2007 年 7 月。

的水平。根据贝内特(Bennett)的定义,民族文化相对主义是一种不断适应现实结构中的文化差异的能力,处在不断的发展过程之中并能够观察到发展的不同阶段。①

案例8-2:老年人权利实践的伦理挑战②

Marcia是某综合医院的工作者。她被指派主要负责医院的外科医疗单位,服务对象是癌症病人及其家属。68岁的病人Michael被送去接受下腹部探测性外科手术。Michael意志很薄弱,他的主治医生形容其为"情绪不安"。

一个下午,Michael的女儿Ellen来找Marcia,告知她化验报告显示她父亲已是癌症末期。Ellen说她和家人"都很震惊,从未想到他会得这种病。他们无法告诉父亲他的生命已接近尾声,他会无法面对这个事实"。Ellen告诉Marcia,她和家人决定一旦父亲从麻醉中醒过来,他们不希望医院工作人员告诉他这个事实。Ellen希望Marcia可以帮她向父亲的主治医生解释。

案例分析:

在本案例中,涉及的主要伦理议题是老年人的自决权、知情权以及隐私和保密权利的问题。就本案例而言,是否向老人隐瞒病情,工作者必须要考虑到老年人、医务工作人员以及家属不同的文化背景会怎样影响该问题的处置。比如,西方文化一般提倡与病人公开讨论病情,中国文化则更倾向于向患绝症的病人隐瞒病情。其次,必须评估该老年人的身心状况以及获知该消息对于他健康状况的影响。再次,还要考虑该医疗机构对相关问题的规范要求。

第二节　特定服务场域中的伦理责任

社会工作者总是在一定的组织环境中提供服务,组织环境为不同领域社会工作的开展提供了基本情境。

一、特定服务场域的特点及其任务

家庭社会工作关注的焦点是家庭成员之间以及家庭成员与外在环境之间的动力状态。家庭最重要的特征是家庭成员人际关系的亲密性,这使得工作者在实践

---

① Bennett, M. J., A Developmental Approach to Training for Intercultural Sensitivity, *International Journal of Intercultural Relations* 10 (2), 1986, pp 179-195.

② 〔美〕Frederic G. Reamer:《社会工作价值与伦理(第二版)》,包承恩等译,台北:洪叶文化事业有限公司,2000年,第152~153页。

中必须基于家庭以及其他成员的关系来考虑和处理伦理议题，这种关系亲密的多服务对象特征使得工作者的伦理实践面临诸多难题和挑战。

学校社会工作，也叫教育社会工作，指工作者在学校环境中向学生及其家庭提供支持，协助家庭、学校及社区建立联盟和伙伴关系并协调合作，协助学校形成教与学的良好环境；引导学生寻求个别化和生活化教育，建立社会化人格，习得适应现在与未来生活的能力。学校社会工作的功能在于：第一，帮助学生适应学校生活，改善行为及提高学习能力，改善人际关系及其家庭生活；第二，帮助学生认识自己，建立正确的人生观及适当地进行社会化教育。[①] 服务对象独立性不足、有权利的关系人众多使得学校社会工作的伦理议题变得复杂。

医务社会工作，指工作者在医疗机构的特殊环境中向服务对象提供支持和服务，工作者通过与医疗机构以及医务专业人员合作，使服务对象的身心得以康复，恢复社会功能。医疗机构的专业技术性和权威性以及医院特有的伦理规范都深深影响着工作者的伦理选择，工作者需要在两种专业伦理规范之间寻找平衡，这无疑加大了其伦理实践的难度。而日新月异的医疗技术也使得工作者不得不面对更多的伦理挑战。

总之，由于不同类型的组织具有各自的特点和职能，分别处于这些组织环境中的社会工作服务在目标和内容上会存在一定的差异，使得社会工作伦理呈现出不同的层面，对工作者要承担的伦理责任也会提出不同的要求。

二、家庭社会工作的伦理实践分析

家庭社会工作既是艺术又是科学，它在方法、技术、模型以及传递服务的方式上都会存在特殊性。但在具体实践中，包括在婚姻和家庭咨询实践方面，要遵守一些通用的伦理规范。

第一，足够的受督导的经验或专业能力。

家庭社会工作者或从事婚姻和家庭咨询的工作者，需要专门的技能才能有效地投入实践。没有接受过该领域督导和训练的工作者应首先弥补自己的弱点，然后再从事相关工作，以减少违反伦理原则的危险，或者是避免自己在能力范围以外做不当服务。

第二，家庭社会工作中有关保密论题的处理。

美国社会工作者协会《伦理守则》对保密原则有清晰阐述。美国婚姻和家庭治

---

① 程毅：《当代大学生性观念形成机制及其优化路径——基于学校社会工作理论的独特视角》，《南昌大学学报》，2010年第6期，第145页。

疗学会和美国咨询学会《伦理守则》对婚姻和家庭治疗中的保密问题作了清楚说明,如:

美国婚姻和家庭治疗学会(AAMFT)《伦理守则》(2001),2.2部分:

婚姻和家庭治疗师不得公开来访者的隐私,除非是来访者签署授权协议或者弃权声明,抑或是法律要求或允许。只有口头的授权是不够的,除非情况紧急而且法律没有禁止这样的情况。当提供夫妻治疗、家庭治疗……时,除非每个参与者都签订了书面授权,声明他们放弃了自己的权利,否则咨询师就不能在咨询以外的环境下透露信息。在夫妻治疗、家庭治疗……中,治疗师不可以把任何人的隐私透露给其他来访者,除非之前来访者签订协议允许透露给那个人。

美国咨询学会(ACA)《伦理守则》(2002) A.7 部分"多个来访者":

如果咨询师同意为两个以上彼此之间有关系的来访者提供咨询服务,咨询师必须在一开始就澄清哪个人或者哪些人是来访者,以及与每个来访者关系的性质。如果明显存在角色冲突的可能性,咨询师就必须适当地澄清或者调整自己的角色,甚至避免充当某些角色。

美国咨询学会《伦理守则》(2002),B.4.b部分"婚姻和家庭咨询":

在婚姻和家庭咨询中,咨询师对来访者要有清晰的界定,并和来访者讨论他们对保密协定的期望以及保密协定的限制。在参与咨询的各方达成一致意见后,咨询师要用书面形式立下协议。参与咨询的各方对于每个人享有的保密权以及必须遵守的保密义务要有清楚的认识,并做到知情同意。①

从上述规范不难看出,工作者在家庭社会工作中一定要分清楚保密的界限和针对的对象。

第三,有关没有参加家庭服务的家庭成员的伦理议题。

很多时候,工作者需要与家庭中的所有成员一道工作,但并不是所有家庭成员都愿意参加到工作中来。在必要时,工作者应努力消除那些家庭成员参与到服务之中的障碍,但不应强迫或是干涉他人的人身自由。相关建议如下:

(1) 把其他家庭成员参与活动的录音让没有参与的人听,为的是帮助未参与者更加了解服务过程(当然,要得到参与者同意)。这种方法对于误解或恐惧家庭社会工作服务的人将很有效。

(2) 给未参与者写信,向其解释家庭服务的过程,并描述其他家庭成员可能发生的变化,这些变化都有基于研究的证据。以此为邀请,让对方重新思考参与进来

① 〔美〕伊丽莎白·雷诺兹·维尔福:《心理咨询与治疗伦理》,侯志谨译,北京:世界图书出版公司,2010年,第231、232、451页。

可能既是帮助其他家人的姿态，也是促进自身利益的一种方式。

(3) 与未参与者进行一次单独会谈，帮助其理解自己的焦虑，并且减轻其对于家庭服务的恐惧和误解。

(4) 推荐其他家庭成员去做个案会谈，直到全家都能够参与进来。①

第四，个人利益与家庭利益相冲突时的伦理问题。

理想的个人利益可能在某些方面是与家庭利益相冲突的，同时促进个人和家庭的发展并非总是可能。作为工作者，在服务对象的个人利益与家庭利益发生冲突时，一个重要的原则就是告知服务对象各种决定及其潜在的后果，并由其作出最终决定。

美国婚姻和家庭治疗学会《伦理守则》(2001)，1.8 部分：

婚姻和家庭治疗师尊重来访者作出决定的权利，并且帮助他们理解决定的后果。治疗师明确告知来访者他们有责任作出关于同居、结婚、离婚、分居、和解、监护和探望等各种关系的决定。

如果深陷个体利益和家庭利益的两难之中，工作者要仔细评估继续某种关系会带来何种程度的伤害。如果这会给相关服务对象中的任何一方带来持久而严重的伤害，工作者应当和他们诚恳地谈到这一点。工作者不应当参与会严重损害服务对象精神健康的活动，即便是对方希望活动继续也不可以。无伤害原则应当优先于其他一切考虑。②

第五，工作者对于性别角色和性取向的信念和价值观对家庭服务的影响。

所有的介入都带有价值观取向。性取向以及性别角色是家庭服务中不可回避的主题。工作者必须对自身相关信念和价值观有自我反思和警醒的认识。

负责任的工作者在处理家庭中关于性别角色的问题时，要尽可能地尊重每一个成员的自主权，还要清晰辨别家庭对于性别角色的看法和家庭机能不良之间到底有何关系，而不能用自己的认识来审视和评断服务对象的性别角色。工作者也不能因为性取向而歧视服务对象。

第六，家庭咨询中的法律问题的处理。

家庭服务中最常见的法律问题涉及离婚和儿童监护权。

当接受家庭服务的夫妻决定离婚，工作者要承担起保密的伦理责任。工作者应对保密和打破保密问题的知情同意表述清楚。工作者应当向双方进行解释(最

---

① 〔美〕伊丽莎白·雷诺兹·维尔福：《心理咨询与治疗伦理》，侯志谨译，北京：世界图书出版公司，2010年，第233～234页。

② 同上书，第235页。

好用文字的方式)，专业的服务对象是家庭整体，而不是特定个体，并进一步描述这一看法的含义，以防未来出现法律问题。毋庸多言，只要家庭成员就离婚问题向工作者询问信息或要求其作证，工作者都应当就此咨询律师的意见。

离婚夫妇在儿童监护权上常常也会发生分歧。这时工作者不能擅自表示愿意参与法庭程序，为其中一方辩护。评估儿童监护权到底应该给谁需要专业的特殊的技能，而许多专业人员还未达到这些要求，即便是达到了这些要求，正在为家庭提供服务的工作者的判断也可能有失客观。美国婚姻和家庭治疗学会《伦理守则》明确禁止参与治疗的专业人员兼任监护权的评估人。①

总之，家庭服务包含了特定的伦理问题和法律挑战。工作者需要认识到他们的个人价值观可能会影响服务的效果，尊重服务对象的尊严和个体差异，要按照相关的伦理守则进行实践，并积极寻求法律和督导的协助。

三、 学校社会工作的伦理实践分析

学校社会工作者面对的服务对象通常都是青少年，与未成年人工作时，保密问题和知情同意问题都会变得非常复杂。同时，工作者还要面对来自学校方面对其专业信誉的质疑和挑战，与行政人员的微妙关系也会使伦理实践变得更加复杂。最后，工作者还要面对来自不同文化背景的服务对象并保持工作的效能。具体而言，有以下几个问题是学校背景下的社会工作所特有的：(1) 教育工作者之间的公开交流模式和学校社会工作职业保密模式之间的冲突，(2) 帮助学生克服个人与社会困难的职责以及父母和社区对学校社会工作的干扰和妨碍，(3) 未成年人同辈咨询和调停的伦理问题，(4) 关于父母获得儿童教育信息的权利和冲突，(5) 面对自杀学生的伦理职责，(6) 学校中团体咨询的复杂性。②

第一，工作者在实践中要将专业价值观具体运用到学校社会工作中去。如助人自助的理念，践行服务的理念，坚持平等的理念等。工作者应遵从“学生为本”的原则，强调与学生的双向沟通与互动参与，尊重个体的特性与积极性。

第二，工作者应在坚持保密原则的基础上，积极努力地与其他教育工作者共同建构互助合作的伙伴关系。

学校教育从业者通常会开放地交流有关学生教育和成长的相关信息，增加自身对学生的认识和了解，提高教育效果，加强同事联系与合作。但这种交流方式同

---

① 〔美〕伊丽莎白·雷诺兹·维尔福：《心理咨询与治疗伦理》，侯志谨译，北京：世界图书出版公司，2010年，第239～240页。

② 同上书，第336页。

工作者应该坚持的保密原则相冲突。工作者在处理问题时可参考以下建议：

（1）坚持为服务对象保密的原则，除非面临例外情况。这是工作者必须坚持的底线，不能因为面临学校及其他教育者的压力就放弃这一原则。学生是学校工作者的服务对象，必须把服务对象的利益和权利放在第一位。

（2）在学校中与相关工作人员真诚讨论有关保密的伦理议题，使其他教育者能够理解和接受为服务对象保密的原则。工作者可以对学校员工、行政人员、学校管理层进行工作者角色和职责的教育，向其解释有关保密原则的伦理和法律规定，使双方更清楚地认识彼此的工作角色和责任，避免冲突。

（3）在有利于学生利益的基础上，工作者可以适度披露相关信息。在特定情况下，工作者在作出慎重评估后，可以适当透露学生的某些信息，但信息披露的内容和程度必须小心衡量，并采取措施避免他人有意或无意地滥用这些信息，明确信息披露可能的法律后果。

一些研究指出：学生的年龄、学校的水平以及来访者的危险程度是决定工作者是否打破保密规定的主要因素。自杀、药物滥用、危险的性关系和早孕、严重的心理危机是打破保密情形的可能情境。① 工作者在这些情境下，还需要进行评估确定是否需要打破保密原则。

第三，对与社会工作价值观存在分歧的父母和学校（或社区），工作者要采取有效措施，与之建立合作联盟，保障和发展学生福祉。

一些父母和组织会争取对学生在校活动的更多控制权。父母有权知晓孩子在学校所参加的活动，这种知情同意的权利可能会同工作者的伦理原则相冲突。学校或其他社区有时在一些问题上同工作者的价值观相悖，比如学校或其他社区不能容忍讨论性或者药物滥用，不能容忍同性恋或双性恋的取向，社会工作者因此面临难题。

通常而言，学生年龄及成熟程度、学生跟父母沟通的意愿、父母的反应不伤害孩子的可能性、学校相关政策、适用法律和专业标准是处理这些问题要考虑的因素。一种有效的方法是对父母、学校、社区进行学校社会工作教育，以避免对方的误解。比如可以编制并发放相关手册，内容包括工作者的保密原则、职责以及与父母及学校等社区互动的规定和程序等。

第四，工作者要担负起校园同伴互助项目的督导责任。

校园同伴互助项目是培训学生成为其他面临成长困境学生的支持人的社会工

---

① 〔美〕伊丽莎白·雷诺兹·维尔福：《心理咨询与治疗伦理》，侯志谨译，北京：世界图书出版公司，2010年，第341页。

作服务项目。这种方法在学校社会工作中得到了日益广泛的应用。工作者要对在其指导下参与同伴项目的学生的福祉负责。工作者一方面要积极评估项目效果，确保受过训练的工作者担任项目督导，以保障项目效果。对于志愿担当同伴助人者的学生也要进行精心挑选，调节他(她)们的压力并频繁进行督导，以此保障志愿者及其他学生的权益。最后，还要应对保密原则在这些团体实践时带来的挑战。保密的事宜要在团体中得到充分讨论，督导也要为同伴之间的信任崩溃时作好准备并作出适当的反应。总之，工作者在从事校园同伴互助项目时，必须付出大量时间和精力来对这些项目进行管理和督导。而且，他们应该系统评估这些项目对受助者和志愿者的影响，并调整项目中无效或有害的方面。

第五，工作者应慎重应对学生自杀等危机事件中的伦理议题。

工作者如果不能很好地处理对学生所应担负起的责任，可能会因玩忽职守问题而被投诉。工作者在获知学生要自杀的相关言论后，需要评估该言论的真实性，避免对自杀的信号作出草率和情绪化的判断。一旦经过评估相信言论可能是真的，工作者就要采取合理步骤防止学生自杀。如果自杀成功，工作者应该为学生群体提供支持服务，帮助他们应对悲伤和丧失感，这种支持服务意义重大，有时青少年会盲目模仿自杀。工作者对其他形式的可预见的危险也负有法律和伦理责任，如严重的心理和情绪功能障碍，通常履行这一责任的最好方式是让年轻人同意父母参与到服务中来。

第六，工作者应慎重处理有关校园性骚扰、校园暴力的伦理议题。

学校暴力性事件问题日益突出，学校和社区需要积极干预以防止有毁灭性冲动的学生实施行动。保证这项工作的一个前提是学生能将非即刻攻击性行为、违法行为或怀孕事件告知家庭成员、工作者或校方，但如果学生不能信任学校的成年人，就不会透露这些信息。获得他们信任的前提就是践行保密伦理。为此专业协会以及学校工作者要积极地和学生以及学校行政管理人员讨论并解释保密政策内在的得与失，必须和行政人员及学校管理层共同努力来制定更加平衡的政策，让学生打消与学校社会工作者讨论其个人和社会问题的疑虑。

在学校中，以女同性恋、男同性恋、双性恋以及跨性别(LGBT)学生为目标的暴力行为也相当普遍。工作者对于降低学生的骚扰、侮辱和暴力行为负有伦理和法律上的责任。他们需要以身作则使用包容的语言，挑战反同性恋和反女性的言论，创造机会让员工和学生看到对于同性恋和性别的偏见，积极教育其他员工认识骚扰和学校暴力之间的关系，在给有需要的学生和父母安排合适的转介时，尤其需要为 LGBT 学生提供可转介的资源，因为他(她)们的被忽视使其难以自己找到合适的服务。[①] 就中国而言,校园暴力事件比较常见的是校园欺凌、教师体罚学生等。校园暴力的后果常常是隐性的心理伤害,而不是显性的身体伤害。中国文化中的“事不关己、己不劳心”的处世态度、“不打不成才”的教育态度更使得校园暴力“正常化”。社会工作者要致力于构建和谐的校园环境,教育学生如何保护自己,并从政策和文化方面积极推动校园安全文化的形成。

总之,学校工作者面临的伦理挑战相当严峻,必须在熟悉相关法律、了解学校规范的基础上,通过与其他教育工作者真诚开放的交流,不断摸索践行社会工作价值观和伦理规范的程序和技巧,从而处理好学校社会工作的伦理难题。

四、 医务社会工作的伦理实践分析

随着医学技术的发展,医务社会工作面临日益复杂的伦理议题和两难处境,主要来源于四个领域:(1) 遗传学、新生儿治疗、血液肾透析以及器官移植;(2) 临终选择,包括与预先指示[②](advanced directives)以及安乐死相关的内容;(3) 文化差异;(4) 管理式医疗(managed care)与社会工作伦理。工作者常常会在与这四个领域相关的服务中面临伦理问题的艰难选择。

工作者在处理医务社会实践中的伦理问题时要从以下几个方面去努力。

第一,工作者要坚持专业基本价值观和理念。主要包括:以人文主义精神为根本进行专业服务;以患者为中心的服务理念;在进行服务时不断澄清个人价值观,对自我有较好的了解;在遇到伦理两难困境时,抱着中立态度解决问题。[③]

第二,在分配稀缺医疗资源时,工作者要坚持公正原则。

当医疗资源稀缺时,比如器官移植中的僧多粥少,工作者就面临资源分配的选择难题。通常而言,在分配稀缺资源时要坚持以下标准:(1) 平等原则(equality),即每个服务对象都应该获得同样的服务;(2) 需要原则(need),即根据最迫切需要原则分配稀缺资源[④];(3) 补偿原则(compensation),即根据过去和目前遭遇到的压迫状况来分配资源,那些社会最弱势的群体应该优先得到服务;(4) 贡献原则

---

① 〔美〕伊丽莎白·雷诺兹·维尔福:《心理咨询与治疗伦理》,侯志谨译,北京:世界图书出版公司,2010年,第353～356页。

② 预先指示是一份书面文书,这份文书用来说明当你无法为自己作出医疗决定时,委托别人如何帮你作选择。通常包括生前遗嘱(living will)以及对健康照顾具有持久权力的法定代理人(a durable power of attorney for health care)。

③ 陈钟林、黄晓燕:《社会工作价值与伦理》,北京:高等教育出版社,2011年,第184～185页。

④ 遇到需要同样迫切的服务对象时,这个问题变得很难处理。在社会服务机构中常常还根据社会分类模型(social triage model)来处理类似问题。在考虑需要原则的同时,还要考虑哪种服务最可能成功、效果最好。尽管看起来同社会工作的价值观相悖,但在极端的情境中,不失为一种选择。

(contribution)，即根据个体的社会贡献来决定资源分配①。

第三，在处理临终选择问题时，工作者要谨慎处理相关伦理议题。

临终选择总是涉及如知情权、自决权等重大伦理议题，由于涉及医学技术伦理、医院规范以及患者自身复杂的能力可能性而变得特别具有挑战性。

(1) 工作者要了解预先指示如生前遗嘱和健康照顾代理委托书，并和服务对象讨论这些文书；

(2) 工作者要努力确保所有服务对象能平等地使用健康照顾资源；

(3) 工作者的角色是确保服务对象对可能的行动过程以及后果知情，并鼓励服务对象作出自己的选择。②

第四，工作者在提供医务社会工作服务时必须注意文化差异性。

不同的文化会使个体形成不同的医疗观念，这要求工作者在提供服务时必须关注服务对象不同的文化背景来保障服务效能。

(1) 提高个人对文化多样性信念的敏感度，尊重每个服务对象的独特性；

(2) 熟悉服务对象有关健康、疾病以及治疗的信念；

(3) 在评估中避免类型化，强调个体的差异性；

(4) 鼓励多样化文化背景的服务对象作出医疗选择；

(5) 帮助其他健康照顾专业人士理解有关健康问题的文化多样性；

(6) 在医疗照顾设施以及大型社区中倡导理解和接纳多样化的健康信念。③

第五，在管理式医疗系统中工作的工作者要担负起更多的为所有有需要的社会成员倡导和提供健康照顾的责任。医疗费用上涨，“看病贵”已成为中国医疗体制面临的难题。起源于美国的管理式医疗在控制医疗费用方面效果显著，各国纷纷尝试，并将之与本国医疗保障体系结合起来对医疗成本进行控制。1998 年 12 月国务院颁发了《关于建立城镇职工基本医疗保险制度的决定》，这种合同式管理标志着中国走向管理式医疗的一个开端。

管理式医疗是一个发展中的概念，大致可定义为：把医疗服务的提供与医疗服务所需资金的供给结合起来的一种系统，这种系统的医疗服务对象为加入该系统的成员。管理式医疗的根本原则是要负责管理病人所需要的各种服务，并将这些服务结合起来。基本的目标是通过促进恰当有效地使用医疗服务来降低医疗费用。由于这种医疗系统对于医疗使用者、医疗使用内容有着严格甚至刻板的规定，

---

① Congress, Elaine P., *Social Work Values and Ethics*, Nelson Hall, Inc. 2009, P 71.

② Congress, Elaine P., *Social Work Values and Ethics*, Nelson Hall, Inc. 2009, P 75.

③ Congress, Elaine P., *Social Work Values and Ethics*, Nelson Hall, Inc. 2009, P 78.

经常出现有需要的患者被该体系排除在外的现象。为此工作者要积极担负起倡导责任，努力使有医疗需要的服务对象都能在该医疗体系下得到服务。工作者应从以下几个方面努力：

(1) 告知患者他(她)们的保健福利(health benefit)，拒绝或改变服务提供者的权利，以应对医疗补助型管理式医疗招募计划(medicaid managed-care enrollment plans)并没有涵盖足够选择的问题；

(2) 协调医生的预约诊疗时间表确保在合理时间内有足够的医生满足患者的诊疗需要；

(3) 不能要求无家可归者加入这一计划，因为在特定的地区会限制向他(她)们提供诊疗设备；

(4) 医疗补助型管理式医疗的参与者必须能得到必要的紧急医疗服务；

(5) 特殊群体如孕妇必须能获得产前服务，学龄儿童必须可以在学校内获得保健服务；

(6) 医疗补助型管理式医疗的患者服务对象必须能获得社区精神健康服务；

(7) 社会工作服务必须涵盖在管理式医疗计划里。①

第六，工作者要具备与某些重大医疗议题(如安乐死、堕胎、有偿器官移植等等)有关的伦理、医疗以及法律知识，积极倡导先进的医疗理念。

医疗组织环境的特殊性要求工作者了解某些医疗知识、有关某些重大医疗决定的法律规定以及伦理学对某些医疗问题的分析和认识，以更好地为患者提供服务。另外，就中国现实情况而言，器官、骨髓捐赠以及献血的数量还远不能满足现有需要，其中一个重要的原因是民众缺少相关的知识和理念，因此工作者还要担负起倡导代表社会进步的医疗观念的责任。

总之，随着科学技术的发展，医学领域面临着更加复杂的伦理议题。这就要求从事医疗领域服务的工作者能够根据该领域的最新变化考虑专业价值观和伦理规范的实践问题，并不断总结，提高自己的能力。

---

① Congress, Elaine P., *Social Work Values and Ethics*, Nelson Hall, Inc. 2009, P 80.

案例8-3：亨廷顿舞蹈疾病阴影下的抉择[①]

Terry受雇于一家大型研究医疗机构的遗传学咨询部门。最近她被安排为Bill和Sue夫妇提供服务。这对夫妇具有亨廷顿舞蹈病的遗传基因，这种基因通常会遗传给男性后代。他们现在有一个4岁的女儿。Sue的父亲在40多岁时表现出该病的症状，在与疾病抗争多年后于5年前去世。现在Sue已经怀孕三个月，并经诊断是一个男孩。现在无法确定这个孩子是不是遗传了该疾病的基因。Sue想堕胎，但她丈夫不同意，因为他想要一个男孩。

案例分析：

在这个案例中，工作者要处理的主要伦理议题首先是如何帮助Sue运用有关亨廷顿舞蹈病的知识。工作者必须具备或了解该疾病的基本知识、治疗效果及相关规定等。与医院以及医生积极沟通以了解能否在出生前就确认孩子是否患有该疾病。工作者要处理的伦理议题包括如何对待未出生的婴儿以及对持有不同立场的相关服务对象作出回应等等。在这里不同当事人对堕胎的态度都会因为亨廷顿舞蹈病变得难以选择，自决权会因夫妻双方的不同态度变得难以实践。而这些问题的解决都要基于对该疾病的认识以及医院的相关规定。总之，工作者必须结合组织环境的特点和特殊问题来解决伦理冲突。

第三节　特定服务方法运用过程中的伦理责任

按照是否直接与服务对象建立专业关系、提供服务，可以将社会工作的服务过程分为直接服务方法和间接服务方法。社会工作者在运用直接服务方法和间接服务方法的过程中也需要明晰自己要肩负起的伦理责任。

一、特定直接服务方法的特征及服务焦点

个案、小组和社区工作构成了社会工作直接服务的三大方法。它们的共同点是了解个体需要，解决个体问题。但彼此之间也存在很多差异，使得工作者的伦理责任体现出不同特点。

个案工作属于微观层次的社会工作服务，其服务对象系统是个体，通过服务帮助个体实现个体行为或人际关系的改变。个体通常是因为正经历着个人适应、人际关系的难题或者环境压力而寻求专业服务。这个层次的服务焦点是带来个体功

---

① Congress, Elaine P., *Social Work Values and Ethics*, Nelson Hall, Inc. 2009, P 69.

能的改变。个案工作者需要了解个体、人际、家庭以及群体的动力学、人类发展、社会心理学以及环境影响的个体效应等相关知识。

小组工作属于中观层次的社会工作服务，其服务对象系统是群体或组织，通过与群体或组织的互动解决小组成员（以下简称“组员”）的问题。这个层次服务的焦点是群体或组织的改变。群体或组织的功能、结构、角色、决策模式以及互动方式都会影响改变的过程。小组工作者需要理解群体或组织系统结构的动力学知识、组织计划、决策制定以及解决冲突的技巧。

社区工作属于宏观层次的社会工作服务，其服务对象系统是邻里、社区以及社会，通过专业介入实现社会变迁。宏观层次的社会工作服务反映了通过社会变迁改善生活质量的专业追求。社区工作者通过发起社会行动和社会变迁帮助解决群际紧张以及社区问题，其工作活动主要有社区组织、经济发展、法律行动以及政策影响等。社区工作者需要具备社区规范及价值观的知识，能从社会及文化意义上理解各种社会机构和社会弱势群体，具备动员社区以及采取保障人权行动的技巧。

根据系统理论，系统某个层次的变化会带来其他层次的变化，个案工作、小组工作和社区工作也会相互影响，并趋向整合。因此社会工作价值观和伦理的核心在这三种服务方式中不会有质的差异，但这三大方法在服务对象系统、关注焦点以及所要具备的知识和技巧方面都有不同，因此实践中的伦理议题肯定会表现出不同形式，使工作者面临不同挑战。

二、 个案工作的伦理实践分析

个案工作与个案管理是一个专业的助人过程，专业性强，要求高。作为个案服务的核心元素之一，工作者在个案过程中的态度、言行，会对服务对象产生重大影响，工作者本身也会在服务过程中受到很大影响。所以，社会工作者对专业伦理的把握非常重要。个案工作的最大特征是单个服务对象系统（individual client system）。

在个案服务中，专业伦理是社会工作者的行事准则，是建立在专业价值基础之上的一套行为标准。优秀的个案工作者除应具有个案专业知识和技能、良好人格特质外，更需要精深的伦理实践能力，遵守适当的专业原则与标准，以增进服务对象的利益。个案工作者还常常扮演个案管理员（case manager）的角色，即社会工作服务或人类服务机构以及其他服务传递情境中的个案管理团队成员。这种角色强调工作者的合作能力。

个案工作的价值观和伦理规范的相关内容与其他章节内容多有重复，本节不再赘述。但要指出，个案工作者还要注重宏观层次的干预和服务，即寻求宏观社会政策、社区环境等各方面的改变来帮助服务对象。为此，个案工作者可以按照下列步骤去操作：

(1) 分析服务对象环境系统的优势和局限；

(2) 勾画期望的结果；

(3) 选择策略改善系统；

(4) 评价策略的效能；

(5) 不断修正期望的结果和策略。[①]

总之，个案工作构成了社会工作服务的基本形式，也是经常被使用的工作方法。个案工作者必须遵循社会工作的价值观和伦理规范，并结合宏观层次的介入策略，才能为服务对象提供更好的服务。

三、小组工作的伦理实践分析

多个组员构成小组工作的多服务对象系统，组员之间也会通过沟通形成各种各样的关系，这使得社会工作的伦理规范和原则运用于小组工作时变得很复杂。

第一，小组工作者要坚持小组社会工作的基本价值观。

小组工作的基本价值观包括承认小组成员的尊严和价值、坚持社会公正以及强调互助的责任。在前面各章中对前两种价值观已经作了详细解释，此处不再赘述。互助的责任强调这样一种理念：人只有通过互助才能生存下去并满足自己的需要，人们也有能力彼此互助。小组工作以这种相互依赖的观念为根基。每个组员都能够为小组作出贡献，也有权利从小组中汲取自我成长的力量。小组工作者是影响小组的重要力量，也是小组的一员，有责任帮助组员发展有利于实现互助目的的沟通模式和行为规范。

第二，小组工作者要认识到人类关系的重要性。

小组工作者需要以尊重、接纳、同理、开放以及真诚的态度对待组员；不能借助专业能力欺骗、利用组员，不能与组员有性牵连以及其他可能伤害组员的关系。小组工作者有责任帮助组员之间发展接纳以及建设性的互助关系，它是小组工作的重要服务媒介。在小组中建立互惠契约是保障小组工作者及组员就小组相关事宜达致相互理解的一种有效方法。

第三，小组工作者要充分关注保密权利在小组工作中的复杂性和风险性。

---

① NASW *Standards for Social Work Case Management*，引自 http://www.socialworkers.org/practice/standards/sw_case_mgmt.asp.

小组是多服务对象系统，工作者即使能确保自己对每个组员担负起保密的伦理责任，也无法确保每个组员都会这样做。在处理小组工作中的保密伦理议题时，工作者要遵循以下原则：

(1) 明晰可能影响小组工作者角色的个人价值观和偏见，避免将个人价值观强加于小组；

(2) 在小组内明确讨论保密议题，关于保密的限制条件尤其要讨论清楚；

(3) 在小组内发展有关保密的规范；

(4) 明确告知组员加入小组的益处和代价；

(5) 帮助组员理解个人、小组以及社会的需要；

(6) 将民主和自决的价值观操作化。①

还有学者指出，要促进小组内部的保密水平还应遵循下列原则：了解与保密相关的法律以及政策，避免将个人的价值观强加给他人，与组员就保密议题在契约中清晰表达，评估对于特定的小组所应具有的适当的保密水平是怎样的，帮助小组发展有关保密的规范，在小组的早期和中期积极探索保密议题。② 在小组中讨论保密议题要考虑小组的类型和成员特征，包括成员的能力和问题。对于儿童和青少年小组，小组工作者还应与组员的父母或监护人讨论保密议题。

小组工作者还可以通过角色扮演等实用方法来保证组员获得足够技能和判断力来避免有意或无意的泄密。组员想象在现实生活中可能会碰到的各种泄密情境及如何应对，以使他们相信自己有能力尊重保密性，也相信其他组员对于保密的承诺。通过制作介绍强调保密重要性的录像，同时展示组员如何应对诱使其破坏保密性的模拟事件，也是不错的有效方法。

第四，自决原则在小组工作中遇到的挑战。

自决原则在应用于小组工作中时具有特殊的难题：

(1) 强制性组员的自决权利存在一定的限制。有些组员是由于法律或医疗的强制性需要参加特定小组，其自决权在一定意义上已经被违背了。小组工作者要在这类小组中公开讨论权威与组员自我选择的问题，让组员了解这种强制性参与小组的理由和意义，还要让组员知道自己可以在小组契约的框架内自由决定如何参与小组的活动和进程。

(2) 服务对象自决权利与集体主义文化之间需要协调。在许多文化中，都强

---

① Congress, Elaine P., *Social Work Values and Ethics*, Nelson Hall, Inc. 2009, P 85.

② Garvin, Charles D., Gutiérrez, Lorraine M., Galinsky, Maeda J., *Handbook of Social Work with Groups*, the Guilford Press, 2006, P 81.

调个体在作选择时必须基于其所在群体的利益。这样的观念与小组工作所强调的组员互赖、互助、群体问题的解决、尊重人类的多样性是一致的。只要小组的目标、目的没有凌驾于个体之上，而是着眼于组员的福祉，那么服务对象自决的权利和集体的利益就可以和谐共处。小组工作者一定要让组员了解个体自我决定的权利同小组规范、目标之间的关系。

(3) 服务对象自决与发展小组共识之间常会出现紧张状态。在小组决策中，组员的个人选择需要进行一定的修正以解决小组中出现的冲突，实现小组目标。小组工作者要利用专业能力、影响力和技巧帮助小组发展小组理念、小组目标、小组情感及小组规范。这不是损害组员自我选择的权利，而是向其提供一个新的视角，帮助组员了解小组对于个体成长的意义，这恰恰是组员知情同意权利的体现，也是其自决权利的体现。小组工作者不能为了自身或他人的利益控制小组成员，但基于组员的需要以及小组成员的福祉适当运用权威是符合伦理的。

4. 小组工作者对于组员的指导程度取决于组员自我决策的能力。

针对不同的情境，综合分析组员的权利和能力、小组发展阶段以及法律和情境施加的限制等因素，小组工作者可以适当地采取从自我反思性、建议性、说明性到决定性指导的不同模式。只要小组工作者能促使小组尽快承担起自身的责任，那么其工作实践的行为就是符合伦理的。一旦组员具有掌控自己生活的能力，小组工作者就要将自己的责任和权力移送给组员，权力也就从工作者这里流动到了小组中。

除此之外，坚持多元文化主义，发展自己的专业知识和能力也是小组工作者必须承担起的伦理责任。总之，在已积累的理论基础上、借助已被验证的干预技巧、遵循一定的伦理原则从事服务，是小组社会工作者的责任和义务。

案例 8-4：小组工作中的保密之难[①]

Paula 是一个年轻的工作者，在一家公立学校里带领一个为 7 个女生开设的讨论小组。从小组一开始，她就向组员指出了保密的重要性，但她还是担心青少年的同辈关系会使保密的规范受到威胁。在一次小组聚会中，只来了两个组员。Paula 开始了解组员缺席的原因。原来上次小组活动时，一个女孩和大家分享了自己以前曾与人有过同性恋关系。活动结束后，一个组员告知了自己的成年家人，结果被家人强制离开了小组。而其他组员则觉得该小组并不安全，自己说的话可能会被小组外的人员知道，所以也不愿继续参加该小组活动了。

---

① Congress, Elaine P., *Social Work Values and Ethics*, Nelson Hall, Inc. 2009, P 88.

案例分析：

该案例生动地展现了在小组工作中某些伦理原则实践起来会遇到多么大的挑战。组员的人口学特征、小组的规模、讨论的议题都会影响到保密原则的实践效果。在该案例中，青少年群体的特点以及同性恋话题的禁忌性是导致保密原则难以被保障的主要原因。工作者在带领小组时，必须对这些因素详加考虑并作好预案。比如，在小组中事先通过分享特定的案例和角色扮演，让组员知道保密的重要性以及如何应对现实生活中可能出现的泄露信息的要求。还可以让组员了解如何以恰当的方式讨论一些禁忌话题，在小组活动结束后再次强调为该组员保密的重要性等等。如果一旦出现了上述情况，工作者应该寻求督导帮助，并积极应对泄密后可能给组员、尤其是分享秘密者带来的不良后果。

四、 社区工作的伦理实践分析

工作者运用社区实践技术时要坚持与所有社会工作实践一样高的价值观和伦理标准，而且由于社区工作干预的范围更广、变革造成的好的或有害影响的潜力更大，社区工作者也许对专业价值观和伦理规范要更为坚持，难度也更大。在实践中，社区工作者可以参考如下伦理实践的标准：

第一，牢记社区社会工作实践应持有的价值观。

社区工作者是同居民一起工作，而不是替社区解决问题，必须强调社区自我决定社区问题的选择、解决顺序和解决方式，尊重社区的自决权。社区工作者在社区工作的各个阶段和各个领域都要动员、组织和教育居民的参与和能力建设。社区工作中涉及社区公共事务的决策时必须坚持民主和理性的原则。社区工作者还要坚持过程目标和任务目标并重的原则，既要注重解决社区的实际问题，又要注重提高居民的意识和能力，培育社区的集体合作精神和社区归属感。

第二，社区工作者要坚持倡导的伦理责任。

通过社会和政治的倡导去获得社会资源的公正分配与社会正义的实现，是工作者的责任。美国社会工作协会《伦理守则》第六条(工作者对广大社会的伦理责任)中提及了工作者的倡导责任。社区工作者必须践行该责任，代表和支持社区利益，并为此积极学习相关知识，不断提高干预技巧，采取切实有效的措施改变社区中存在的不利于社会公正和平等的现象和问题。

第三，社区工作者要坚持知情同意的伦理原则。

尽管工作者要为了社区的整体利益积极践行倡导责任，但必须尊重社区成员的知情权。社区工作者不能为了让社区成员获得更大的利益而使其处于危险之中。如果没有知情同意，社区成员不应该被置于一种通过有害的方式产生的社会、集体和制度的利益之中。知情同意要求工作者做到以下几点：同意是必须被告知的；服务对象有权获得关于风险、风险将带来更大利益的可能程度、任何个人的获益与受损评估，以及在倡导和变革努力的过程中工作人员承担的组织和职业方面的约束等方面的正确信息。工作者有责任警告服务对象其行为可能给其自身带来的风险，有责任警告服务对象在任何个人或者社会变革的努力过程中可能遭遇的风险。矛盾的境遇、工作者的意识形态的承诺和职业的利益都不能驱逐道德和伦理规范。对于工作者的责任心和服务对象的自我决定权以及增能来讲，知情同意是十分必要的。[①]

服务对象和行动系统在对其所得和风险进行评估的基础上，应当有参与或者不参与的机会和权利，他们需要获知以下信息：工作者或发起机构将给予他们保护的程度和与他们共同分担风险的程度。服务对象在知情后有权同意或者拒绝。

第四，社区工作者在揭发不公、发起社区行动时必须特别谨慎。

社区工作者社区行动的理由通常是服务对象处于一定的社会不公之中，而这种不公总是指向某种政策制度的缺陷、执行者的不力甚至是社会或法律方面的丑闻。揭露这些现象是发起社区行动的重要环节。揭发可能要付出个人的代价，使自己和服务对象面临危险，所以社区工作者必须慎重。芮施和罗(Reisch & Lowe)对潜在的揭发者提供了一些指导，在充分确认谴责谁和谴责是否公开后，揭发者必须考虑以下几个问题：

(1) 我正在进行的行动是为了公共利益和物品，还是个人的利益和动机？

(2) 存在的事实是否使该行动具有正当的理由？所有内部的解决措施是否都已经尝试过？

(3) 对于这些公共利益的义务在价值上是否超过了对同事和事务所的责任？

(4) 对于同事和事务所的伤害能否降到最低限度？有没有伤害最少的方法？[②]

社会工作者对雇主的承诺进行揭发应当在机构内部所有解决问题的措施已采取过的情况下才能进行。根据芮施和罗的看法，采取其他解决问题的措施在伦理上也会在考虑了以下三个原因后被拒绝：没有符合当时情况的其他可以使用过的手段；没有充裕的时间来运用其他的方式，或者不解决、不曝光的损害在价值上超

---

① 〔美〕戴维·A.哈德凯瑟等：《社区工作理论与实务(第二版)》，夏建中等译，北京：中国人民大学出版社，2008年，第26页。

② Reisch, M., & Lowe, J. I., "of Means and Ends" Revisited, Teaching Ethical Community Organizing in an Unethical Society, *Journal of Community Practice*, 2000, 7(1), pp 19-38.

过了不成熟的揭发者在内部措施全部尝试后进行揭发的损害；该组织非常腐败，存在着让知情者沉默的无处不在的危险，或者被那些巧言善辩所驳倒。[①]

第五，社区工作者要辨析和明确自己伦理责任所要针对的服务对象。

社区工作者通常会受雇于特定机构或组织，因此需要为该机构或组织负责。但同时社区工作者还需要对服务对象（通常是社区居民）或者专业的行动目标负责。因此社区工作者必须决定和清楚要对谁履行怎样的责任。在实践中确实存在着相互冲突的忠诚和模糊的要求。一般而言，在社区工作中把要求或支持有计划的变革的人看做是服务对象系统，其涵盖的范围有时甚至超出社区居民群体这样的概念。只有确定了服务对象系统，社区工作者才能使社区工作的伦理维度得以有效踏实地实践。

总之，社区工作的伦理实践由于服务对象系统的复杂性和广阔性、要处理问题的广泛牵连性，要求社区工作者必须在实践中小心处理相关伦理议题。只有这样，才能推动社区的建设和发展，造福广大社区居民。

案例 8-5：谁是服务对象？

小李是受雇于某机构的工作者，正在某社区发起远离毒品的社区行动。老郑是该社区所辖一所学校的校车司机。他为此次社区活动提供了很多好想法，还争取到了很多资源。但在该社区行动的几次会议中，小李发现老郑常常是一身酒气。小李觉得有必要告知老郑所属单位，但他担心会影响正进行的社区行动。

案例分析：

在该案例中，我们可以看到由于社区工作的多维性给社会工作伦理和价值观带来的挑战。首先，服务对象的确定就是一个难题，是老郑、坐校车的孩子还是整个社区成员？其次，社区行动的目标如何与个体问题（老郑酗酒）的解决相协调？就本案例而言，工作者必须注意到社区当中的某个成员与整个社区之间的联系。比较恰当的处理方式是与老郑积极沟通，鼓励他寻求帮助。

五、间接服务过程中的伦理责任问题

工作者不仅提供直接服务，而且也提供间接服务。间接服务包括社会工作行政、社会工作督导和咨询以及社会工作研究等内容。在间接服务实践中，工作者也会遭遇到伦理责任问题。

第一，参与社会政策制定的工作者要反思政治意识形态对自身的影响。

---

① 〔美〕戴维·A. 哈德凯瑟等：《社区工作理论与实务（第二版）》，夏建中等译，北京：中国人民大学出版社，2008年，第29页。

对主流价值观的认识、对社会问题的界定、资源分配以及解决方案等方面的冲突会大大影响社会政策的制定过程。反映在政治意识形态中的社会价值观会影响社会政策的形成以及行政管理过程。政治意识形态会影响工作者自身对公共议题或私人困扰与需要的认识，影响自身对责任的区分和对社会条件的责难，甚至直接影响解决方案的走向。因此从事社会工作行政的工作者必须认真反思政治意识形态对自己的影响，主要包括对自由主义、新自由主义、保守主义、新保守主义和激进主义的认识①，根据实际情况、坚持保障服务对象福祉的原则。

第二，扮演行政管理者角色的工作者在分配稀缺资源时要坚持公正原则。

关于稀缺资源的分配原则，在医务社会工作部分已经有所提及。就预算有限的社会政策的制定而言，工作者可参考如下建议：

(1) 要维持那些能使不富裕的群体受益的项目，同时工作者还要努力使所有有需要的人获得服务；

(2) 机构要根据需要原则而不是成本收益原则来提供服务；

(3) 要发展服务传递的一体化，因为两层次（two-tier）模式常常使得社会中最贫穷、最弱势的群体受损；②

(4) 行政管理者有责任避免削减面向政治无权者的服务，因为这些人没有能力就自身服务的缺失进行呼吁或抗争；

(5) 为了争取对最有需要的有益项目的支持，行政管理者有责任主动采取政治行动。③

第三，扮演督导角色的工作者要坚持公正分配的原则安排被督导者的工作，同时处理好与被督导者的关系。

从事督导的工作者既要处理好督导关系，同时还要处理好工作安排的相关问题。社会工作伦理规范明确指出督导要在自身知识和能力范围内对被督导者进行督导，为此要接受持续教育；同时还要避免督导中的双重关系。作为督导的工作者要遵循以下工作分配的原则：

(1) 平等，即具有同样职位和薪水的工作人员都应担负同样的责任并获得相同的工作安排。

(2) 服务对象的需要，即应根据服务对象的需要来安排被督导者的工作。

---

① 有关这几种政治意识形态的内容参见 Brenda Dubois Karla Krogsrud Miley, *Social Work: an Empowering Profession (Fifth Edition)*, Pearson Education, Inc. 2005, P 257.

② 这个原则主要强调社会工作者在制定预算有限的社会政策时要坚持平等原则，不同的群体尤其是弱势群体应该能够得到相同的服务资源。

③ Congress, Elaine P., *Social Work Values and Ethics*, Nelson Hall, Inc. 2009, pp 143-144.

（3）被督导者的需要，即进行工作安排时要考虑被督导者自身的需要。

（4）被督导者的权力（power），即要考虑被督导者的能力以及意愿进行工作安排。①

第四，从事社会工作研究的工作者要处理好有关研究的伦理议题。

社会工作研究是不断提升服务品质的重要保障。在社会工作研究中，工作者也必须注意伦理问题的处理，主要包括知情同意、保护研究与评估的参与者、满足服务对象的需求等。还要注意处理好无能力提供知情同意的受试者的善后工作、某些情况下无须知情同意的处理、保密与隐私权的保障、研究与评估结果的正确报道，处理好与研究和评估有关的利益冲突，做好与研究和评估有关的教育议题等等。

第五，工作者要处理好跨领域的合作关系。

社会工作者常常要与不同领域的专业人士共同为服务对象服务。在同这些专业人员进行团队合作时要遵循一定的伦理规范，具体表现在：

（1）明确跨领域团队的功能和各个成员的角色。

（2）向其他领域的工作者宣传和教育专业实践中工作者的角色。

（3）向团队其他成员展示工作者可以根据服务对象契约以及团队参与的原则进行哪些工作。

（4）在讨论服务对象及其家庭时要向其他成员说明服务对象自决以及保密的价值观。

（5）在面对冲突时能与其他成员一起来解决。

（6）在伦理委员会内部倡导服务对象的权利和利益。

（7）与相似领域内的社会工作专家一起倡导服务对象的需要和权利。②

总之，在社会工作的间接服务领域，社会工作价值观与伦理议题常常表现得不够明显，工作者要保持足够的伦理敏感度，以免伤害服务对象的权益。

本章小结

1. 不同的服务群体处于不同的生命周期，具有不同的人口学特征。这种服务人群及其主要问题的差异性使得社会工作者的伦理实践面临不同的挑战。

---

① Congress, Elaine P., *Social Work Values and Ethics*, Nelson Hall, Inc. 2009, P 146.

② Congress, Elaine P., *Social Work Values and Ethics*, Nelson Hall, Inc. 2009, pp 127-128.

2. 工作于某些组织环境中的社会工作者，在处理服务对象问题时，必须结合不同组织环境的特点和要求向服务对象提供服务。

3. 关系亲密的多服务对象特征使得家庭工作者的伦理实践面临诸多难题。服务对象独立性不足、有权利的关系人众多使得学校社会工作的伦理议题变得复杂。医疗机构的专业技术性、权威性以及医院特有的伦理规范使得工作者面临更多的伦理挑战。

4. 个案工作中的伦理议题要求除了遵循一般的社会工作价值观和伦理原则外，还要注意宏观层次的介入策略和服务。小组工作者要通过与成员积极沟通、建立群体规范以及技巧训练解决保密和案主自决等伦理议题。社区社会工作者要明确价值观和伦理议题针对的服务对象是谁，坚持倡导责任，保障服务对象的知情同意权利，在揭发不公、发起社区行动时必须特别谨慎。

5. 社会工作研究、督导以及社会政策和行政的伦理实践失误给服务对象带来的伤害常常比较隐晦，工作者要不断反思，保持伦理敏感度。

6. 工作者在直接服务与间接服务中要注意分析服务对象的特征，了解其所在组织环境的特征，掌握社会工作的相关价值观以及伦理规范，熟悉相关法律规定，通过与各相关利益人以及组织机构的积极沟通和合作灵活处理实践中出现的伦理议题。

B 主要术语

民族文化相对主义(Ethno-relativism)：是一种不断适应现实结构中的文化差异的能力，处在不断的发展过程之中并能够观察到发展的不同阶段。

预先指示(Advanced Directives)：是一份书面文书，这份文书用来说明当你无法为自己作出医疗决定时，委托别人如何帮你作选择。

管理式医疗(Managed Care)：把医疗服务的提供与提供医疗服务所需资金的供给结合起来的一种系统，这种系统的服务对象为加入该系统的成员。

同伴互助项目(Peer Helping Program)：是培训学生成为其他面临成长困境学生的支持人的社会工作服务项目。

个案管理员(Case Manager)：社会工作服务或人类服务机构以及其他服务传递情境中的个案管理团队成员。

C　练习题

1. **案例讨论**:假设你是一家大型医院的工作者,服务对象是一个70岁的老人。医生说这位老人可能会在半年内去世。没有人告知他的病有多么严重。一天他问你:"我是不是要死了?"他的医生和孩子都在逃避这个问题。请问你如何回应他的问题?

2. **案例讨论**:新浪网报道,41岁的北京人廖舟因家境困难,为给患尿毒症的妻子做透析治疗,骗取医疗费17.2万元。因为妻子没有北京户口,不能享受北京医保。假设你是廖舟所在社区的工作者,他在案发之前向你告知了自己的做法,并感到很绝望和内疚。请问你会如何处理这个问题?

3. **案例讨论**:司女士是某超市的促销员。过去十年里,她因为丈夫的外遇问题与其冲突不断、甚至被打。前几天又因为被丈夫打,住进了当地的妇女之家庇护中心。今天在和你面谈时,她说丈夫保证不再打她。她想回家继续和丈夫过日子。请问你会如何处理这样的情境?

D　思考题

1. 如何处置在不同年龄人群服务中遇到的伦理问题?
2. 家庭和学校社会工作的实务伦理原则和标准分别有哪些?
3. 医务社会工作的实务伦理原则和标准是什么?
4. 社会工作直接服务的三大方法在实践中所运用的伦理原则和标准有何异同?
5. 社会工作间接服务中需要注意哪些伦理责任?

E　阅读文献

1. Garvin, Charles D., Gutiérrez, Lorraine M., Galinsky, Maeda J., *Handbook of Social Work with Groups*, the Guilford Press, 2006, pp 76-90.

2. Congress, Elaine P., *Social Work Values and Ethics*, Nelson Hall, Inc. 2009, pp 69-80; pp 117-150.

3. Reamer, F. G., *Social Work Values and Ethics*, Columbia University Press, New York, 1999, pp 123-154.

4.〔美〕戴维·A．哈德凯瑟等:《社区工作理论与实务(第二版)》,夏建中等译,北京:中国人民大学出版社,2008年,第一章,第22～31页。

5.〔美〕伊丽莎白·雷诺兹·维尔福:《心理咨询与治疗伦理》,侯志谨译,北京:世界图书出版公司,2010年,第八、十二章,第217～243页、335～360页。

第九章　社会工作实习与研究中的伦理议题

本章讨论的伦理议题主要发生在社会工作机构实习、社会工作研究等特殊场域中。实习是社会工作专业训练中非常重要的一部分，也是达成专业教育目标的必要手段。社会工作者除了进行实务工作，还会开展一定的研究工作，其目的或为探寻社会问题成因，或为完善社会政策，或为及时了解和掌握服务对象需求以提供适宜的服务。作为实习生的准社工和社会工作研究者，也需要承担相应的伦理责任。

第一节　社会工作实习中的伦理议题

社会工作实习指学校有计划、有督导地组织学生到机构或社区中接受实务技能训练和价值观培养的过程。① 在实习中，实习生逐渐做到专业知、觉、行三者的统一与融合，逐渐形成专业自我；学习整合运用社会工作专业的价值、原则、理论与方法，培养社会工作者应有的价值与态度，为毕业以后独立从事专业服务进行心理和实务技能的准备。实习生同专业工作者一样有义务遵守伦理守则中的各项规定。

一、对服务对象的伦理责任

(一) 社会工作实习生身份的公开

专业伦理要求工作者应说明自身实际拥有的专业资历，对于任何有关自身资历的不实之说都应采取措施予以更正。实习生应在实习机构对服务对象公开自己的身份，与服务对象建立以诚实为基础的关系。专业的声明可以更好地确认实习生在专业关系中的权利和义务。

实习生也许担心公开身份会失去服务对象，或者害怕对建立信任关系不利（服

---

① 史柏年、侯欣编：《社会工作实习》，北京：社会科学文献出版社，2003 年，第 2 页。

务对象可能对实习生的专业水准缺乏信心，或者知道实习生实习完会离开，不愿意花费精力建立关系）。如果实习生遭遇这样的经验时，可以及时向实习督导反馈；或者告知服务对象关于实习生一服务对象一实习督导三者之间的关系，向其说明双方之间还包括作为第三方的有经验的实习督导；说明在实习过程中，实习生并非随意的、无目标的摸索和实验，而是在督导人员有计划的安排下，有目的、有步骤地学习如何将专业价值与技巧应用到为社会成员提供实际服务的过程中去。

实习生身份并不代表他们没有能力，而是他们需要在机构中与更有经验的工作人员密切合作来获取更多的经验和知识。如果实习生和实习督导视公开实习生的身份为一种贬低身份的做法，那么这种态度一定会传递给服务对象。①

(二) 执行知情同意原则

实习生应清楚理解并保证服务对象充分理解知情同意的内涵和重要性，确保服务对象真正明白签署知情同意书的必要性、所要求信息的本质和局限，以及如果他们选择拒绝签署会带来什么后果等。实习生一般情况下应遵守有关知情同意原则的伦理标准和规范。有时某一研究课题会被作为一个作业或项目加入到实习内容中，在收集资料时，实习生必须告诉服务对象为什么收集这些信息；如何对个人隐私进行有效保密；如果服务对象谢绝参与，将会有什么后果。

实习生在进行实习经验汇报、讨论和分析时，必须消除可辨识的与个人或实习单位有关的人名、机构名称等信息。实习生也应该告知服务对象他们将如何进行汇报，保证对涉及个人和机构隐私的信息进行保密。与服务对象面谈的录像属于机构所有，只能用于服务对象就面谈或会议录像签署的同意书中所述目的。在有些情况下，实习协调员组织研讨会，需要实习督导准备实习生与服务对象面谈的录像带，由于录像带不是在机构内使用，知情同意原则的落实会出现问题，所以最好在知情同意书上加上录像带的可能用途，并向服务对象解释其意思②。

案例 9-1：知情同意

某实习生在一家儿童和家庭中心实习。该机构服务于低收入、存在种族和文化障碍、面对众多社会问题的社区。一位知名的家庭治疗师被邀请为员工做一节教学的课程，服务对象是刚刚被派给该实习生的服务对象家庭。实习生需要获得该家庭的许可，家庭成员包括一位母亲和她的两个孩子，分别是 17 岁和 11 岁。11

---

① 〔加〕玛丽昂·博戈、伊莱恩·韦达：《社会工作实习督导实务：理论与过程（第 2 版）》，曾家达等译，北京：社会科学文献出版社，2011 年，第 123 页。

② 同上书，第 120 页。

岁的孩子被确定为目标服务对象，他参与了一起在操场袭击一名儿童的事件。

实习生在解释了其目的后，获得了母亲在同意书上的签名。家庭治疗师的面谈在一个很大的房间里进行，里面有很多人观摩，面谈过程中，母亲说她签字是因为她害怕说不，因为警察告诉她需要去这家机构获得帮助。其实在众多人面前面谈让她感到很不舒服。[①]

上述案例说明，尽管专业机构都要求遵守知情同意原则，但有的工作人员态度比较马虎，并不慎重考虑如何操作。实习生要对服务对象的易受伤害性保持敏感，服务对象可能在服务机构中感到无助，甚至在接受服务的过程中也会产生这种无助感。知情同意原则贯穿于整个服务过程，实习生不应简单化、程序化地开展相关工作，一定要综合考虑各种影响因素，使服务对象的权益得到切实维护。

（三）遵守保密原则

实习生应该清楚地理解并向服务对象说明有关保密原则的内涵和重要性。实习生在实习过程中应遵守有关保密的一般伦理标准和规范。

中国社会工作者协会的《中国社会工作者守则》、民政部的《社会工作者职业道德指引》明确规定：注意维护工作对象的隐私和其他应予保密的权利。社会工作者应在不违反法律、不妨碍他人正当权益的前提下，保护服务对象的隐私，对在服务过程中获取的信息资料予以保留。[②] 作为实习生的准社工，应对介入过程获得的所有信息保密。如果需要与机构之外的其他专业人员共享服务对象的信息，一定要取得服务对象的书面同意；服务对象有权查阅有关他们情况的记录。

所谓保密，通常是指相对保密，而不是绝对保密。在实习中，督导者要对学生所掌握的情况进行评估，确定实习生是否准确地掌握了服务对象的需求和问题。因此，有关服务对象的资料，实习生无法对专业督导保密。实习生应该告知服务对象，与他们有关的面谈或小组记录将会交给其实习督导审阅，从而获得督导意见，以便为服务对象提供更有效的协助。

实习生应告知服务对象，法院有权索取有关服务对象的资料。例如，在矫正和儿童福利的机构中，替服务对象保密的原则并不能应用于那些虐待、伤害儿童的服务对象。美国50个州都有法律规定，专业人员应该迅速向有关机构报告任何被怀

---

① 〔加〕玛丽昂·博戈、伊莱恩·韦达：《社会工作实习督导实务：理论与过程（第2版）》，曾家达等译，北京：社会科学文献出版社，2011年，第193页。

② 民政部：《社会工作者职业道德指引》第二章第八条；中国社会工作者协会：《中国社会工作者守则》2.03。

疑的儿童虐待与忽视事件。在某些州，法律还要求专业人员报告对老人的虐待事件。同样，如果服务对象有严重的自杀企图或伤害他人的企图，也应该毫不犹豫地打破保密原则，通知相关专业人员、服务对象的家人和可能遭到侵害的人。①

如果实习生可能会被要求就服务对象的情况作证，那么他们必须在面谈开始之前让服务对象知晓。同样重要的是记录和笔记，必须随时根据服务对象的进展进行更新，并且对观察到的事实保持客观。实习生不能在电话中向任何人透漏信息，包括律师和警察。对信息的索取必须通过书面的形式，实习生应当与实习督导认真地讨论任何回复。在没有服务对象准许的情况下，不应该把有关信息透漏给第三方。②

保密的相对性还表现在：社会工作研究人员、评估人员和质量保证人员必须阅读有关的记录。一般而言，服务对象没有理由不让这些人接触有关他们的资料。然而，如果有关的研究与评估工作没有必要直接与服务对象联系，没有必要知道服务对象的姓名、工作单位、家庭住址与电话号码等个人信息，那就尽量不要泄露。这也符合美国社会工作者协会《伦理守则》中的规定："社会工作者为教学与训练目的而讨论到案主时，除非案主同意暴露机密资料，否则不可泄露任何可供辨认的信息。"③

一般来说，实习生在课堂上和实习研讨会上做个案报告时，只要实习生隐去服务对象的真实姓名以及一些能被辨明的独特特征，就不算违反保密原则。在描述服务对象时，不要让人从中能推测出服务对象是谁，必要时需省略、改变一些细节。如果实习生从其他同学的个案报告中推测出了服务对象是谁(因为一位服务对象可能接受多家机构或多位工作人员的服务)，也应严格遵从保密原则。保密的问题很复杂，应该认真地研究机构有关保密的原则，遇到问题多与督导、实习指导老师商量。应该在服务对象披露重要的情况之前而不是之后告诉他们保密原则的局限性，因为服务对象披露的情况很可能把他们自己送进监狱。④

二、对实习机构的伦理责任

实习生应该清楚理解并遵守工作者对于机构责任的一般伦理标准和规范。由于实习身份，实习生还要特别注意以下相关伦理责任。

---

① 库少雄：《社会工作实习》，武汉：华中科技大学出版社，2003年，第198页。

② 〔加〕玛丽昂·博戈、伊莱恩·韦达：《社会工作实习督导实务：理论与过程(第2版)》，曾家达等译，北京：社会科学文献出版社，2011年，第121页。

③ 美国社会工作者协会：《伦理守则》1.07(p)。

④ 库少雄：《社会工作实习》，武汉：华中科技大学出版社，2003年，第199页。

（一）体现出基本的职业操守

实习生不仅要发挥个人的专业技能，同时要处理好与机构、机构工作人员以及服务对象的关系，这不仅仅体现一个实习者应具备的基本素质，也是社会工作专业形象的延伸。为此，社会工作实习人员应该表现出基本的职业操守：第一，守时，不迟到早退，实习期间不擅离职守（非公事或未经报备不可离开单位）；下班前应将分内事做完，并完成交班才可下班；下班后未经机构工作人员及老师同意不可再回单位。第二，注重礼仪，包括仪表端庄，穿着实习服或者服装仪容整齐；注意礼貌，包括在职教育听讲之礼节，说话得体，不谈个人私事；态度稳重，勿大声谈笑、勿随处就食；注意电话礼节，如接服务机构电话或对讲机对答要有礼貌。第三，有责任感，爱惜机构的公物财产，保持单位的整洁。第四，保持专业性人际关系，勿收受礼物或借东西。第五，主动学习，争取机会，不确定之事一定要询问实习督导或指导老师后方可执行，切勿提供错误信息或作出无法弥补之事。

（二）与其他专业人员合作，履行社会工作职责

实习生应该学习尽快成为机构的一部分，主动阅读相关资料，对实习机构适用于实习生的期望和规则及其沟通渠道有清楚的了解。在条件允许的情况下参与机构生活，能够与机构员工、其他的实习生及其他专业人员合作，履行社会工作职责。实习生在机构中虽然不是正式的员工，但是学生应通过实习尝试扮演专业服务人员的角色，依据服务对象的理解、需要、能力及机构的功能和具体情境，帮助服务对象澄清目标，积极利用机构和社区资源，运用服务网络满足服务对象的需求。作为机构的实习工作人员，实习生可以向所在社工服务机构反映实习中发现的问题，并可提出建设性意见与建议。在与其他专业人员合作过程中，时刻注意对同事的伦理责任：尊重、保密、合作、咨询、服务的转介等。

（三）遵循机构政策和工作程序，听从用人单位的工作安排

为了实习顺利进行，实习生应当自觉遵守所属机构的规章制度和工作程序，了解并认同实习机构独特的组织结构、服务以及它在福利系统的角色，自觉维护机构形象。实习生还须遵守所属地区的社会工作者守则，听从用人单位的工作安排。有些地区对社会工作实习培训有明确规定。例如，《深圳市社会工作实习生管理办法》（试行）中明确要求实习生在开展社会工作实务时只能从事辅助性工作，须在指导人员的指导下进行，不得单独从事社会工作实务。该办法规定实习生在深圳实习期间，必须参加市社工协会统一举办的实习培训。若培训期满且考试合格者将

取得实习培训合格证。毕业后继续留在深圳从事社会工作的，该合格证可视为岗前培训合格证。若未修满培训学时，或未通过考核的，已参加部分学时仍可折抵相应的岗前培训学时；实习生除了必须参加实习培训外，还可以参加社工服务机构和市社协举办的其他实习生社会工作培训。[①]

另外，在任何情况下，实习生绝对不应将载有服务对象个人资料的机构记录携带离开机构地点。实习生须在机构办事处内书写及完成工作记录。

三、与实习资料有关的伦理责任

在实习过程中，实习生特别要注意与资料有关的伦理责任，目的在于保障服务对象个人资料的隐私。

(一) 收集实习资料时要注意的守则

实习生在督导老师的指引下须征询有关收集个人资料的适当方式。在任何情况下，实习生须遵守以下原则：一是须以合法和公正的手法收集个人资料，而且收集资料必须是为了直接与资料使用者的职能或活动有关的合法目的；二是收集个人资料不应是用做将来可能的职能或活动；三是在收集资料前，应有安排以明确告知资料当事人此类资料将会用于什么目的及此类资料可能移转什么类别的人；四是在收集资料前，应明确告知资料当事人有要求查阅及要改正此类资料的权利。[②]

(二) 认真做好实习记录

实习生须认真做好实习记录。在记录过程中，每一个事件或行动都应当有日期、签字，并且简明易懂。内容必须是基于事实和观察，根据事实和观察所得的观点或印象也是可以接受的。记录是不能更改的，这是非常重要的，如果有些是添加或修改过的，那么这些改动应该是公开的，并同时保存原始的版本。

实习生必须采取所有切实可行的步骤以确保实习记录中资料的准确性，其保存亦不应超过获得有关实习目的所需的期限。实习生应该于会谈或小组活动后及早书写记录，以确保记录内容不会因记忆淡忘而出现误差。为了加强实习记录的准确性，实习生可以采用录音或录影方式将会谈或小组过程记录下来。当然，在进行任何录音或录像前，实习生必须征求机构的指示并得到服务对象的同意才可进

---

① 深圳市社会工作者协会：《深圳市社会工作实习生管理办法(试行)》(2011 年 2 月 21 日)，深圳市社会工作网(http://www.szswa.org/index/association/detail.jsp? id=730)。

② 史柏年、侯欣编：《社会工作实习》，北京：社会科学文献出版社，2003 年，第 236 页。

行。实习生还须审慎存放和处理这些记录资料，将记录转化成文字及经督导老师审阅后尽快将相关资料销毁。实习生一般不要在联网状态下使用电脑编辑实习记录，若因需要必须联网使用，还须设法避免记录被别人意外地查阅。同时还要注意的是，最好不要将记录的档案资料存放于联网电脑的硬盘中。载有服务对象个人资料的实习记录只应用做实习督导和学习及评估的用途。在实习评估之后，实习生必须设法确保记录的妥善保存。①

四、实习评估中的伦理原则

在实习过程中，实习生应该按要求提交工作记录和实习报告，这是学校对学生实习的作业要求。因为只有通过工作记录和实习报告，学校的实习指导老师才能够对学生的实习进行更准确的督导和评估。同时，学生通过完成工作记录和报告，也可以对实习过程进行整理、反思，有助于实习效果的达成。

实习评估是社会工作实习教育的一种必要手段。实习生可事先主动与督导讨论评估的程序，包括时间、标准、评估工具等，了解实习评估的各个环节。实习生如果能积极地参与整个评估过程，将提高自身的学习与改变动机，会更加清楚地了解自己在实习过程中的表现和收获，也能够增进评估效果。为此，实习生应该在实习中主动配合机构和实习导师完成对其实习过程的持续性的和最终的评估工作，坦诚、开放地面对自己在实习中的优缺点，将评估作为促使自己专业成长的重要手段。

五、实习专业关系中的性界限

美国社会工作者协会《伦理守则》明确地规定服务对象和社工之间专业关系的边界。显然，在专业关系的背景下，实习生作为一名准社工和服务对象之间任何形式的性关系都是禁止的。当然，在学生和实习督导或实习指导老师这样的专业关系中也有明确的性界限。如美国社会工作者协会就规定，承担督导或教育职责的社会工作者，不得与被督导者、学生、受培训人员或其他其行使专业管辖权的同事发生性关系，或有性接触。② 有证据表明，社会工作实习生与实习指导老师之间的性关系会造成一定伤害，并且有可能造成学生的模仿性行为。这种性关系有可能被照搬和强化到学生其后与当事人的关系中。在美国，一项对481位心理咨询和

① 史柏年、侯欣编：《社会工作实习》，北京：社会科学文献出版社，2003年，第239页。

② 美国社会工作者协会：《伦理守则》2.07(a)。

辅导工作者的全国性调查发现，从统计结果上看与督导有性关系的学生有可能与将来的当事人、学生和被督导者重复这一关系形态。在报告与指导老师有性接触的人中，近25%的人表示其后与当事人有性关系，跟老师没有这种性关系的学生的发生比例只有6%。[①]

美国社会工作者协会《伦理守则》还明确说明，社会工作者不应对受督导者、学生、受训者或同事进行以下的性骚扰：性的示好，性的诱惑，要求性行为及其他含有性本质的语言或肢体的接触。[②] 但是，实习生所处的层级位置让他们处于一定的弱势地位。实习机构中可能没有明确的关于性骚扰的处理措施。在校外教学实习机构中，面对任何或真或假有性暗示意味的行为，实习生可能感觉更容易受到伤害。在国外，实习生感到督导之外的机构工作人员行为中带有性暗示的情况已呈上升趋势。在某些情况下，该工作人员是主管或者比实习督导权力大的人。当遇到性骚扰时，实习生可以向实习督导、学院的教学—实习联络员或者与两者同时都提到他/她的顾虑，某些情况下，实习生可以申请换一个实习机构实习，但这种做法并不总是必需、可行或者明智的。

在工作环境中的性吸引，无论是实习生和服务对象之间、实习生和实习督导之间或者与实习机构中的其他雇员之间，都有可能看起来是相互的，但是因为他们处于职业关系当中，权力、权威以及工作情境中的首要目标都会让这种行为显得危险。[③] 实习生在实习中可以主动与学校老师和实习督导进行讨论来制定关于防止性骚扰的措施，这样学生在情况发生、他们感到无法控制时可以向实习指导老师咨询。

第二节　社会工作研究中的伦理议题

社会工作研究指研究者根据专业伦理和研究伦理，使用恰当的研究方法，搜集和分析与社会工作有关的资料，协助达成社会工作目标的过程。在实际社会工作研究中，研究者会面对许多伦理上的两难问题，必须决定该如何抉择，而且多数问题牵扯到两种价值——追求科学知识与不侵犯研究参与者或社会上其他人士的权

---

① 〔美〕拉尔夫·多戈夫等：《社会工作伦理——实务工作指南(第七版)》，隋玉杰译，北京：中国人民大学出版社，2005年，第134页。

② 美国社会工作者协会：《伦理守则》2.08。

③ 〔加〕玛丽昂·博戈、伊莱恩·韦达：《社会工作实习督导实务：理论与过程(第2版)》，曾家达等译，北京：社会科学文献出版社，2011年，第126页。

利——之间的平衡。伦理守则和其他的研究者可以提供一些必要的指导，但是信守并实施合乎伦理的行为还是掌握在个别研究者手中。专业的社会工作研究需要研究者既具有研究技术的正确知识，又具有对于研究所牵扯到伦理层面问题的敏感度。美国社会工作者协会（NASW）规定：社会工作者在从事评估或研究时应审慎地考虑可能产生的后果，而且应该遵循已有的保护评估和研究参与者的指引，并适时向机构的审查委员会提出咨询。[①]

一、对研究参与者的伦理责任

（一）自愿参与原则

按照美国社会工作者协会《伦理守则》的规定，社会工作研究者要充分尊重研究参与者是否参与的自我意见，慎重对待社会工作研究的根本的伦理原则就是自愿参与：绝不强迫任何人参与研究，所有人的参与必须是自愿的。[②]

社会工作研究不能强迫任何人参加，意味着研究参与者同意参加研究（如回答问题），而且可以选择在任何时间退出研究。研究者依赖研究参与者的自愿合作，所以研究者需要缜密地设计并提出问题，以尊敬的态度对待研究参与者。这一规范看似容易，做起来却很困难。参与者合作的动机是相信自己会从中得到好处，或者担心不合作会在日后遭受报复。例如，一位社区工作者从事社区福利研究，通过一些小学分发问卷，由学生带回家交给家长填写。虽然问卷上声明是自愿填写，但学生家长担心不参加会影响孩子在学校的学习、生活，所以他们感觉合作比不合作对自己的孩子更加有利。

自愿参与原则还意味着研究者在招募参与者时所许诺的补偿不会对潜在的研究参与者形成诱惑。比如在中国，因为参与某项研究而获得高于每月1500元人民币的补偿就可能足以对某些低收入阶层人士形成诱惑，从而卷入研究。所以理论上不建议这种补偿很高，以免对潜在的研究参与者形成诱惑。也许给予实物作为表达感谢的礼物更为合适。

当然，自愿参与原则有时可能会直接与研究的要求发生或多或少的冲突。例如，在一个社区满意度的描述性调查中，如果填写问卷的人、接受电话采访的人都是自愿参加的，概括性可能会受到质疑，因为自愿参加研究的这一行为本身可能是某种特殊个性的反映，而研究结果就难以体现各种类型特别是不愿意参加研究的群体的真实情况了。只有用科学方法抽出的样本中的大多数对象都参加了研究，

---

① 美国社会工作者协会：《伦理守则》5.02(d)。

② 美国社会工作者协会：《伦理守则》5.02(e)。

不管是自愿的还是多少有点不情愿的，研究者才能把样本的调查结果推论到总体，得出较为准确的科学结论。

（二）知情同意原则

根据美国社会工作者协会《伦理守则》，社会工作研究必须遵守知情同意原则：指研究者应获得参与者的自愿参与和书面的告知后同意；对于拒绝参与的情况，应该没有任何潜藏的或实质的剥削和处罚；也不能不当的诱导参加。告知后同意的信息应该包括：请求参与的性质、范围和时间以及阐明参与研究的危险性与利益；社会工作者应告知参与者，他们有权在任何时候退出评估和研究而不受处罚。[①]因此，社会工作研究者要让研究参与者了解他们将要去参与的是什么形式的研究活动，活动的性质是什么，研究的程序有哪些，研究的风险有多大，是否有什么收益或可能受到什么伤害等。研究参与者看完并理解这份"知情同意书"中的各项陈述后，可以签名表示他们知道这些风险，并且是在没有受到任何形式强迫的情况下完全自愿地参与研究的。当然，某些研究如隐藏身份的田野研究，其研究方案经机构审查委员会（Institutional Review Board，IRB）审查通过后可以不必签知情同意书，大规模样本受访者的匿名调查也不必签知情同意书。

知情同意书作为一份书面的同意参与协议书，需要提供以下内容：

（1）关于研究的目的与程序的简要描述，包括期望的研究执行期限；

（2）说明参与研究可能涉及的风险与不适；

（3）对记录的匿名保密与绝不外泄提出保证；

（4）关于研究者的身份职称，以及何处可以取得关于受试者权利或是关于该研究问题的资讯；

（5）关于参与完全是出于自愿，并且随时可以中止，而且不必受罚的陈述；

（6）可能使用替代程序的陈述；

（7）关于任何支付给研究参与者报酬以及研究参与者人数的陈述；

（8）提供研究发现摘要报告的陈述。[②]

看待知情同意这项伦理议题的另一种方法，就是修正研究者与参与者间的关系。研究者与研究参与者间的关系是平等的，而非传统意义上研究者握有高于研究参与者的权力与权威。一旦采取平等的立场，知情同意这项伦理议题就不存在

---

① 美国社会工作者协会：《伦理守则》5.02(e)（h）。

② 〔美〕劳伦斯·纽曼、拉里·M．克罗伊格：《社会工作研究方法：质性和定量方法的应用》，刘梦译，北京：中国人民大学出版社，2008 年，第 125 页。

了；相反，研究者让参与者了解研究技巧，研究参与者则成为研究的积极贡献者，双方互蒙其利。通常，使用某些抽样方法可以创造这样的平等关系。例如知情人抽样法、焦点团体法以及社区论坛法等，使社区成员都有机会同时成为研究的参与者与贡献者。研究者与研究参与者间的平等关系是参与式研究的特色。[①]

(三) 避免强迫特殊群体参与的原则

美国社会工作者协会《伦理守则》规定：当评估和研究的参与者没有能力给予告知后同意时，社会工作者应对参与者适当的解释，获得参与者能力范围内的同意，并且取得适当代理人的书面同意。[②] 研究如果涉及没有能力提供书面授权者是不合乎伦理的，除非满足两个条件：法律监护人授予书面同意和研究者遵守所有的不伤害研究参与者的伦理原则。例如，一位社工想要对中学生进行抽烟与毒品酒精使用的调查，如果这项调查是在校内进行的，学校方主管必须给予许可，而且对任何法律上未成年的研究参与者作研究，都需要获得家长的同意书，其实最好也取得每一位学生的同意。

强迫他人参与研究是不合乎伦理的，这包括给予他们其他方法无法取得的特殊利益。例如，指挥官命令士兵去参与研究，老师规定学生要做过研究参与者才能通过这门课程，或是咨询师期待服务对象完成一项调查作为继续接受治疗的条件等，这些都是不合乎伦理的做法。即使是研究者以外的其他人士（例如雇主）强迫别人（例如受雇者）参与研究也是不合乎伦理的作为，即使是告知后的同意，也会变成扭曲性的同意。

(四) 不伤害原则

在社会工作研究中，研究者要严格遵守美国社会工作者协会《伦理守则》的规定："应保护参与者避免不当的身体或精神的痛苦、伤害、危险或剥削。"[③]不伤害原则指研究者要确保研究不会对研究参与者生理、心理造成任何伤害，以及对其个人收入、工作等方面造成不利影响。

1. 避免对研究参与者造成生理伤害

社会工作研究中最基本的伦理原则是研究者不应该对参与者造成任何生理伤

---

① Christine Marlow：《社会工作研究方法》，石志伟等译，台北：洪叶文化事业有限公司，2001 年，第 193 页。

② 美国社会工作者协会：《伦理守则》5. 02(f)。

③ 美国社会工作者协会：《伦理守则》5. 02(j)。

害。研究者应该在开始作研究之前，就预先设想可能会涉及的风险，包括基本的安全事项(如建筑物的安全、桌椅与仪器等)。如果研究的内容涉及压力，预料研究参与者可能会受伤害或是有遭受攻击的危险时，就应该而且必须立即排除有可能遭受危险的研究参与者(如心脏病患者、精神障碍或患有其他疾病者)。研究者对因参与研究而造成的伤害负有不可推卸的道德与法律上的责任。如果他不再能够保证研究参与者的人身安全，就应该立即终止自己的研究计划。

2. 避免对研究参与者造成心理伤害

社会工作研究中研究参与者造成生理伤害的风险比较少见，但是研究者可能使人们处于充满压力、尴尬、焦虑或不愉快的情境当中。例如，研究参与者经常被要求透露他们的反常行为，不为一般人所认同的态度，或低收入状况、领取社会救济等贬低身份的个人特质，透露这些资料多少会让研究参与者感觉到不舒服。

社会工作研究也可能迫使研究参与者面对平常不太可能考虑的问题，即使这类信息并不直接透露给研究者，类似的问题也还是会发生。参与者回顾过去时，某些可能不正义、不道德的经历会浮现在眼前，如此一来，研究本身就可能成为研究参与者无休止痛苦的根源①。

研究者绝对不应该制造不必要的、超过产生预想结果所需要的最低限度的压力，或对研究目的没有直接和正当作用的压力。如果研究的压力产生长时间的作用，研究者应该持续追踪，并向研究参与者提供免费的心理咨询或其他可能的一切帮助。经验丰富的研究者若考虑从事会导致强烈压力或焦虑的研究，一定要对引起焦虑或不舒适的情境事先做好预防措施。在研究计划阶段，他们应该先向曾经作过类似研究的学者与心理健康专家请教，过滤高危险性的群体(例如情绪有问题或心脏有问题的人)，并且要安排发生危险状况时对研究采取紧急干预或终止的措施。研究者应该在研究前就取得研究参与者的知情同意，而且研究结束后立即向其介绍研究的主要结果。②

3. 避免对研究参与者造成法律伤害

研究者有责任保护研究参与者不会增加被逮捕的风险。如果参与研究会提高被逮捕的风险，研究参与者就不会信任研究者，也不会愿意参与未来的研究。研究者可以在进行某类研究之前取得不受执法机关干预的保证。例如，美国司法部就

---

① 〔美〕艾尔·巴比:《社会研究方法(下)》，邱泽奇译，北京:华夏出版社，2000 年，第 110 页。

② 〔美〕劳伦斯·纽曼、拉里·M. 克罗伊格:《社会工作研究方法:质性和定量方法的应用》，刘梦译，北京:中国人民大学出版社，2008 年，第 121 页。

对研究犯罪行为的研究人员提供过书面的弃权声明书。① 又如，劳德·汉弗莱斯(Laud Humphreys)的“茶室交易研究”至今受到人们批判，认为该研究可能会带来潜在的法律伤害。该研究主要是探讨在公园的公共厕所内陌生人相遇时的同性恋行为。那些为进行同性性行为而使用洗手间者称之为茶室。最典型的茶室相遇包括三个人：两个正在进行性行为的人，一个旁观者(把风者)。为收集资料，汉弗莱斯开始出现在公共厕所内，当遇到紧急情况的时候，他会提供旁观者的服务。许多参加此行为的人皆为已婚男性，他们希望在保有同性恋秘密的同时，又不失去自己已有的社会地位，所以他们都不愿意接受会谈。于是汉弗莱斯记下他们的车牌号码，经由警方追踪到他们的姓名、地址，然后伪装避免被他们发现，同时他到这些男人家中去拜访他们，并向他们说明他正在作一项研究，以这样的方式，他收集到了在茶室中不能收到的个人资料。但是，这个研究也引起了很多的争议：研究人员没有得到知会同意就对研究参与者进行了研究；采用欺骗的手段；研究参与者的名单可能会被他人用来讹诈和要挟对方，造成婚姻的解体甚至是犯罪的诉讼。②

4. 避免对研究参与者造成其他伤害

社会工作研究还可能对研究参与者的个人收入、工作前程或生活造成负面影响。例如，研究者进行一项实习督导的调查研究，得到的结论是督导员的表现欠佳，结果使督导员失去了工作。又如某位研究者研究福利金的领取者，结果，这些领取福利救济者丧失了他们的健康保险，使得他们的生活质量降低。当发生这类伤害时，遵守伦理的研究者会异常敏锐，应个别评估每个个案，权衡潜在利弊得失，思考可能采取的预防及补救措施。

(五) 匿名和保密原则

在社会工作研究中，研究者为了研究社会行为可能会触及研究参与者的个人隐私。例如，调查研究者利用问卷收集到人们的意见、看法、观念及信仰等背景资料；研究者有时候使用双面镜或隐藏式麦克风对研究参与者进行“监看”、“监听”；实地研究者可能观察非常私人层面的行为或偷听人们的谈话，使研究参与者的隐私在完全没有预警之下遭到侵犯或破坏。无论研究者采取哪种研究方式，根据美国社会工作者协会《伦理守则》规定，都必须注意尊重研究参与者的隐私权，通常以完成收集资料后不暴露研究参与者的身份来保护其隐私权。可以采取两种形式：

---

① 〔美〕劳伦斯·纽曼、拉里·M. 克罗伊格：《社会工作研究方法：质性和定量方法的应用》，刘梦译，北京：中国人民大学出版社，2008年，第123页。

② 同上书，第121页。

匿名和保密(它们常被混为一谈,实际是有所差异的),这两种形式都要求把个人身份及其答案分别处理。

1. 匿名

匿名指研究者为保护研究参与者的身份,使研究参与者处在一个不用名字或假名的状态。当研究者运用访谈法时,由于访问员是从一个可以辨别的研究参与者那里收集相关资料的,因此访谈是无法匿名的。当问卷写上辨识号码以助于追踪及提升回收率时,匿名性就会有问题。向研究参与者确保匿名原则不但使受访者感到安心,同时也能提升回答的客观性。例如,你询问有关偏差行为的问题(如吸毒、非法同居、同性恋等),如果能做到匿名,研究参与者才可能提供真实的回答,即使有少数研究参与者自愿透露自己的姓名,研究者也应当见到后立即把它抹掉。

2. 保密

保密是指研究者知道研究参与者的身份及其回答,但研究者在向公众宣布自己的研究信息时,保证所透露的信息不与特定的个人与情景联系在一起。显然,进行访谈因为无法确保匿名,保密就显得格外重要。美国社会工作者协会《伦理守则》规定:"社会工作者应告知参与者保密性的任何限制、为保障保密性所采取的行动、记载研究资料的记录何时将被销毁。"①在研究开始之前,无论在口头上或问卷的说明信函上,研究者都应该先向研究参与者解释保密原则,应该主动向研究参与者许诺保密原则,告诉对方自己在任何情况下都不会暴露他们的姓名和身份,一切与他们有关的人名、地名和单位名都将使用匿名,必要时还应该删除那些敏感性材料。

社会工作研究中大多数有关保密的内容似乎都是些琐碎细小的事,但是在研究进行过程中却是绝对不应该忽视的。研究者可能由于粗心大意将一些敏感性的资料文件放置在无关人员可能会看到的地方,研究者还有可能在与他人闲聊中不经意地谈到他们的研究参与者,这些都是极不应该的。特别是当研究参与者不止一个人,而他们在研究的过程中又彼此认识的话,研究者应该特别注意不要在他们中间传播彼此的情况,并且告诫他们不要将彼此的情况告诉其他的人。

有时,保密原则也会遭遇到较严重的威胁。某些研究者往往会接到传票,法院想从他们那里获取有关其研究参与者的资料,这类要求或命令常常给研究者造成很大的被动和困扰,也可能会给研究参与者造成较大的侵犯或伤害。

只要采取一些必要的措施,是可以减少或避免泄密的。研究人员应该加强保密原则的观念,对于敏感性资料应有所限制,只能允许必要的研究人员接触,而对

① 美国社会工作者协会:《伦理守则》5.02(l)。

于无关人员要尽量避免他们接触。有关私人资料的信息文件，不用时应该立即锁在柜子里。在某些研究里也许并不需要记录参与者的姓名、身份、喜好及其他有关资料，但在某些研究中也许必须要有若干来源出处明确的资料，在这类研究中，也许用编号方式就可达到目的就不一定非要用姓名，可以将问卷或资料上的姓名抹去。如果非常需要，可以将标有姓名的部分写下对应编号，而把姓名与编号对照参考用的名册另行存放，由专人保管取用。当不再需要有关私人身份的资料时，应该尽快销毁。在最后的研究报告中，原则上不应该包括能够辨识出个人身份的任何陈述。有的研究报告通常包括一个向有关人员致谢的部分，如果研究者在这个部分明确列出研究参与者的名字，那么为他们制造匿名的努力便会前功尽弃。因此，在撰写这个部分之前，研究者需要与研究参与者商量，问他们是否愿意将自己的真实姓名列出来。有的研究参与者也许可能需要阅读研究报告初稿以后才能作出决定，在这种情况下研究者应该给他们寄一份初稿。如果研究报告定稿之前研究者因为某些原因没有与研究参与者就这个问题达成共识，一般的做法是在致谢部分不提及研究参与者的真实姓名以及他们生活和工作的地点。

（六）不欺骗原则

虽然，很多研究者认为对研究中的伦理问题应该持一种比较谨慎、灵活的态度，对事情的判定必须考虑到研究的具体情境，考虑到研究进行时的各种条件、有关人员之间的关系以及研究有可能带来的后果，但是作为社会工作研究者，应该清楚美国社会工作者协会《伦理守则》中有明确的规定："社会工作者从不设计和执行未经参与者同意程序的评估和研究，例如：自然观察法和档案研究。以下的情况除外：对研究加以严格和负责任地审查而发现它对未来具有科学性、教育性、应用性的价值，同时除非同等效果的替代方案并不需要告知后同意和告知后同意并不易得到。"[①]也就是说，研究者使用欺骗、伪装研究，或使用隐藏性的研究方法是不符合伦理规定的。

研究者在不得已（确实有科学上、教育上或实用上的价值，而且没有其他可行的方法）的情况下采取某种程度上的蒙蔽行为是可以接受的。他们需要向"机构审查委员会"提交自己的研究计划书，以及如何进行欺骗的计划。研究人员常常向审查委员会提出的策略就是，在整个研究过程中，保持公开的程序，只是在某个环节中，暂时性地隐瞒某个细节或者是部分信息。此外，还必须告诉研究参与者，实验程序结束后，他们会了解到整个过程的全部真实信息。研究参与者还需要事先知

① 美国社会工作者协会：《伦理守则》5.02(g)。

道，在实验过程中，有些信息被保留了，如果他们想退出研究，是可以的，他们的资料也不会进行分析处理。他们还有权力知道整个实验的情况，并且有权力知道为什么要采用欺骗的方式来收集资料。①

二、遵守学术规范，避免学术不端

作为社会工作研究者，一方面需要切实保障研究参与者的基本权益，另一方面需要严格遵守学术研究规范。研究者在研究过程中违背基本的学术道德和学术规范行为，主要表现为伪造数据、窜改数据和剽窃等，通常称之为学术不端。

如何避免发生学术不端行为？作为社会工作研究者，应该明确学术研究的基本规则和道德底线。美国社会工作者《伦理守则》明确说明诚信是社会工作的核心的价值观之一，清晰阐述“社会工作者不应参与、宽容或涉及有关不诚实、欺诈或诱骗等行为”②。具体而言，研究者在各环节都要严格遵守学术研究规范，尊重他人的知识产权。

（一）在选题阶段尊重他人的研究成果

美国社会工作者《伦理守则》指出：“社会工作者应批判地检视与取得最新的社会工作有关知识，并且在专业的实务中充分地使用评估与研究所得到的证据。”③任何研究活动都可能与已有的研究成果发生关联。社会工作者使用他人智力劳动产生的成果时，要注意到知识产权问题，必须尊重他人的研究成果，不能为了显示自己研究成果的创新性和独创性而对已有相关研究采取回避或视而不见的方式，在自己所著的论文或著作中，对前人或他人已有的研究不作出任何说明及评述。

首先，研究者在选题阶段必须充分查阅与自己选题相关的研究的全部内容，了解已有成果的理论框架和研究背景、该研究使用的研究方法（包括研究参与者、研究方式、抽样设计、样本特征、资料分析方法等等）、主要结论。④ 在系统查阅的基础上，研究者还应对已有的研究进行全面的梳理，总结在该问题的研究上，他人已经取得了哪些成果，还存在哪些不足，然后提出自己的研究问题。其目的在于了解相关的学术史，知道从哪些方面创新，正所谓“有破才有立”。如果不作系统全面的文

① 〔美〕劳伦斯·纽曼、拉里·M. 克罗伊格：《社会工作研究方法：质性和定量方法的应用》，刘梦译，北京：中国人民大学出版社，2008年，第124页。

② 美国社会工作者协会：《伦理守则》4.04。

③ 美国社会工作者协会：《伦理守则》5.02(c)。

④ 风笑天：《社会学研究方法（第二版）》，北京：中国人民大学出版社，2005年，第62页。

献梳理而闭门造车，有时花费巨大精力而取得的成果却可能是已有成果的重复，必定会造成很大的浪费；或者轻率地认为自己的研究是填补空白，或者以回避他人研究成果的方法来填补“假想的空白”，都是不规范的。

其次，研究者必须客观地评价他人的研究成果。一个真正的研究者，在任何时候都应该站在客观的立场，坚决彻底地抛除任何学术研究以外的因素，能始终用实事求是的精神评价他人的研究成果、评述自己的研究课题，不偏不倚、恰如其分地下中肯的结论。坚持就事论事，只看成果本身有无创新、观点正确还是偏颇、结论在多大范围内适用、还存在哪些相对薄弱的环节、研究成果能体现多少专业理论素养和研究水平、有没有深入研究价值和理论借鉴意义、对专业领域和社会贡献究竟有多大等等。除此之外，不应过多考虑其他研究者是否是专业领域的权威、是否有很高的社会地位、是否出身“学术名门”、是否提供项目支持与援助、个人品德及与自己的关系如何等因素。另外，评述时不能带有任何感情色彩，尽量使用中性、规范的学术语言。

再次，研究者必须说明自己的成果与已有成果之间的关系，实事求是地对自己的研究成果进行学术定位。作这样的说明是对他人研究成果的尊重，因为他人的研究可能为自己的研究提供了某些启示，同时也是对同行和读者负责，因为更多人可以通过相关研究，直接了解最新的学术进展和进一步发展的可能性。作为一个严谨的研究者，应该清楚学术活动是一项有着很强继承性的特殊活动。对于大多数选题涉及的领域和内容，前人或同时代的其他人应该涉足并研究过，想要找到所谓的“空白”并不容易。说明自己的成果与已有成果之间的关系就是将自己的研究放在一个“知识的地图(Knowledge Map)”①中，对自己的研究进行客观的学术定位。

(二) 论证过程中杜绝捏造和窜改数据

社会工作研究者无论作什么样的研究，其最终目的都是分析问题、解决问题，无论提出什么样的理论或假说，都应该进行严谨的证明。不管是对所提假设的证实还是对已有知识的证伪，研究者都必须做到以下几点：

其一，概念必须界定准确。如果研究中涉及既定概念的使用，必须充分尊重概念的原本含义，尽量做到把其内涵呈现出来。如果原有的概念只是在特定情境下对研究参与者的不完全表述，还存在着不确定性和不完整性，则应该对这一概念进

① 《恪守学术规范推进学术创新——“首都中青年学者学术规范论坛”纪要》，《社会科学论坛》，2004年第12期。

行修订甚至重新定义。一旦要提出新的概念,则必须对新概念进行科学界定、准确定位和规范表述。

其二,立论必须有据。科学研究活动要求每一项研究都建立在充分事实的基础上。社会科学研究的材料主要来自人们对社会的观察(包括某个历史时期人们对社会的观察或记录)。研究者坚决不能捏造数据、窜改数据,必须使用真实有效的论据。从本质上说,任何一项科学研究都是可以重复的。要使自己的研究获得学界的承认,就必须使这项研究具有可重复性,即这项研究是可以并经得起检验的:依据方法,他人亦可获得同样的资料;依据提供的文献,他人可以获得同样的资料。因此,对研究中的资料来源作真实、详尽的说明是每一个研究者对学术负有的责任和义务。

其三,论证必须严密。证明过程中的逻辑严谨是任何一门学科的基本要求。对于研究者而言,在下每一个判断性的结论时,既要考虑所依据的材料是否合适,是否充足,也要考虑所进行的逻辑推理是否严密。论述观点要注意形式逻辑的矛盾律,不要前后矛盾,不能武断臆测。任何学科的研究都要求证明过程必须做到逻辑严密,不能犯自相矛盾的错误。文章的结论必须是一步一步推导出来的,至少要符合形式逻辑中的"三段论"的要求。作任何一项研究,研究者的思想都要有确定性,研究思路要保持前后一致,不仅要考虑支撑材料是否恰当和充实,也要考虑所进行的逻辑推理是否严密和无懈可击。"学术创新"应该是建立在严格的逻辑证明的基础上的。没有经过证明的思想火花最多只能称为"假设",而不能当做"创新"。[①]

(三) 分析和报告中力求严谨和客观

在规范的研究报告中,方法介绍是一个不可或缺的部分。研究者要清楚、明白地介绍自己的研究方法和研究过程中各种操作的关键细节(尤其是运用调查研究法时)。研究者也有义务将研究设计的缺陷及限制进行详细陈述,使读者和同行切实了解其研究的可信程度和研究结论的适用性。尽管承认一些技术上的缺陷可能会使人感觉有失体面,但是在科学研究的规范性面前,严谨、诚实的科学态度是更为重要的。

在结果分析方面,研究者应牢记确保数据的准确性也是社会工作研究中的一条重要准则。美国社会工作者协会《伦理守则》规定:"社会工作者应准确地报告评估和研究的发现。他们不应该伪造或曲解结果,对于经标准发行程序出版的资料

---

① 曹树基:《关于"学术研究规范"的几点思考》,《文汇报》,1999年1月2日。

中若发现错误，应采取行动校正之。"[①]研究者应客观地对所有搜集到的有关资料采用最适当的分析方法，依据研究设计进行客观、正确的分析，使读者能完整掌握研究的结果，不可刻意选择或遗漏实际的资料，不能故意排除负面的以及非预期的研究资料，更不得制造假资料或为了支持预期的假设而窜改数据、修改资料。

分析之后，研究者应客观诠释资料所代表的意义，并翔实报道分析的结果。例如，人们经常会针对有项目出资人的研究提出怀疑：那些为研究项目出资的人，会对研究有所要求吗？研究者可能会受到来自资助者的压力，产生的结论可能不够真实，甚至是完全按资助者的意图进行。为了应对这些怀疑，人们期待研究者以独立的、客观的、诚实的方式实施并报道自己的研究[②]。很多学者甚至一些媒体都认为只有正面的发现才值得报告。其实在一项科学研究中，发现两个变量之间并无关系也是非常有价值的。例如，在关于士兵对提升制度的意见的研究中，美国社会学家斯托弗(S. A. Stouffer)坚持要找出为何宪兵会认为军中升迁制度是合理的而航空兵却不那么认为的原因，如果他发现研究结果与预想不一样就放弃分析，那么"参照群体"和"相对剥夺"理论的发现就要推迟了。[③]

(四) 引注务求客观公允、准确规范

社会工作研究活动是一项专业性很强的活动。每个人的精力有限，绝大多数学者穷毕生精力也只能在一个或几个相关的领域有所突破，有所贡献。社会工作又是综合性很强的学科，对一个问题的解释往往需要借助于其他相关学科的知识。囿于学力，研究者就不得不引述其他学者的研究作为自己的证明。严肃的研究者会注意合理使用引文，对已有学术成果的介绍、评论、引用和注释，应力求客观、公允、准确。《高等学校哲学社会科学研究学术规范(试行)》对引文问题作出明确规定："引文应以原始文献和第一手资料为原则。凡引用他人观点、方案、资料、数据等，无论是否曾发表，无论是纸质或电子版，均应详加注释。凡转引文献资料，应如实说明。"[④]

规范的研究者在学术性研究报告中引用他人的研究成果时，总是详细地注明

---

① 美国社会工作者协会：《伦理守则》5.02(n)。

② 〔英〕马丁·丹斯考姆：《做好社会研究的10个关键》，杨子江译，北京：北京大学出版社，2007年，第163页。

③ 〔美〕艾尔·巴比：《社会研究方法(下)》，邱泽奇译，北京：华夏出版社，2000年，第116页。

④ 教育部社会科学委员会：《高等学校哲学社会科学研究学术规范(试行)》，2004年8月26日。教育部网站，http://www.moe.edu.cn/publicfiles/business/htmlfiles/moe/s3103/201001/xxgk_80540.html。

所引用的作者姓名、书名、版权和页码，以示对其他学者的尊重；否则的话，将被人们视之为剽窃。

对于为自己的研究提出了实质性帮助包括重大启发的人在文章中应该表示感谢。有的时候研究者在报告中使用了别人的观点，或者使用了某个核心概念，但这个观点或概念不是公开发表的，而是研究者与他人对某个问题进行讨论，其中一位讲了一些对这个问题的看法，或共同讨论激发出的概念，最后这种观点或概念被吸纳进自己的研究成果，应在文中用注释方式说明这个观点或概念的形成过程，说明哪些人为该观点或概念的形成作出了贡献，以示对他人知识产权的尊重。在研究中时刻做到尊重已有研究成果，实质上也是尊重那些成果背后严谨治学、求真求实的研究者。

社会工作研究领域里的伦理议题不仅涉及所有与研究有关的人员和社会机构，而且贯穿于研究的全过程，并且具有十分丰富的内容层次，当涉及具体的文化差异时情况更加细微而复杂，导致许多研究中道德上的两难。因此，对研究者来说，不仅要牢记有关的原则和法规，遵守这些伦理原则，而且要对可能出现的伦理道德问题保持足够的敏感，及时敏锐地加以识别，意识到自己应该承担的责任，在科学的方法要求以及研究可能危及的人权和价值之间取得巧妙的平衡，采取相应措施适当地加以处理。可以相信，好的伦理与好的研究方法是同时并进、相辅相成的，认真考虑研究中的伦理问题可以使研究者更加严谨地从事研究工作。

A 本章小结

1. 社会工作实习生对服务对象的伦理责任主要体现为实习生身份的公开、执行知情同意原则、遵守保密原则。

2. 社会工作实习生对机构的伦理责任有：体现出基本的职业操守；能够与其他专业人员合作，履行社会工作职责；遵循机构政策和工作程序；听从用人单位的工作安排。

3. 实习学生特别要注意与资料有关的伦理责任，目的在于保障服务对象个人资料的隐私。

4. 实习学生特别要注意与资料有关的伦理责任，在收集实习资料时遵守相关准则，认真做好实习记录。在实习评估中积极参与、主动配合。

5. 社会工作研究者对研究参与者的伦理责任包括：自愿参与原则、知情同意原则、避免强迫特殊群体参与的原则、不伤害原则、匿名和保密原则以及不欺骗原则。

6. 社会工作研究者应遵守学术规范，避免学术不端。在选题阶段尊重他人的研究成果，在论证过程中杜绝捏造和窜改数据，在分析和报告中力求严谨和客观，引注务求客观公允、准确规范。

B　主要术语

社会工作实习（Social Work Practice）：指学校有计划、有督导地组织学生到机构或社区中接受实务技能训练和价值观培养的过程。

社会工作研究（Social Work Research）：指研究者根据专业伦理和研究伦理，使用恰当的研究方法，搜集和分析与社会工作有关的资料，协助达成社会工作目标的过程。

自愿参与（Voluntary Participation）：指社会工作研究不强迫任何人参与研究，所有人的参与必须是自愿的。

知情同意（Informed Consent）：指研究者应获得参与者的自愿参与和书面的告知后同意；对于拒绝参与的情况，应该没有任何潜藏的或实质的剥削和处罚；也不能不当的诱导参加。

匿名（Anonymity）：指研究者为保护研究参与者的身份，使研究参与者处在一个不用名字或假名的状态。

保密（Confidentiality）：指研究者知道研究参与者的身份及其回答，但研究者在向公众宣布自己的研究信息时，保证所透露的信息不与特定的个人与情景联系在一起。

不伤害原则（No Harm Principle）：指研究者要确保研究不会对研究参与者生理、心理造成任何伤害，以及对其个人收入、工作等方面造成不利影响。

学术不端（Scientific Misconduct）：指研究者在研究过程中违背基本的学术道德和学术规范行为，主要表现为伪造数据、窜改数据和剽窃等。

C　练习题

1. **案例讨论**：某学生在妇女咨询中心实习，她接到了一个服务对象的律师打来的电话，电话是有关服务对象四岁女儿的监护问题，这个服务对象目前被警察拘留。律师告诉她一个至关重要的听证会即将开始，他需要她提供一些信息来为听证会做准备。学生在电话中给了律师他所需要的信息。第二个星期，她的实习督导通知她，她接到了机构主任的电话，告知学生的服务对象威胁要起诉机构，因为机构在没有得到她允许的情况下透漏了她的个人信息。[①]

讨论该案例中涉及的伦理问题。

2. **案例讨论**：一位高校教师正在进行一项关于男女学生同居问题的研究，他要求班上的全部学生用20分钟的时间完成一份早就拟好的调查问卷。当然他告诉所有学生进行这项研究（填写调查问卷）是自愿参与的，但同时又说不填这份调查问卷的学生，必须另外写一篇3000字的学术论文上交。

这很明显是一种特殊的强迫案例。这个教师利用权威强迫学生填写调查问卷参与了研究。常被提出支持这种要求的论点有：通过其他渠道找研究参与者可能非常困难并且可能要支付许多费用；以学生为研究参与者的研究所得到的知识将对社会发展有利，对学生将来的成长也有利；学生将会因直接体现真实的研究情境，而对研究有更多的了解。[②]

讨论上述案例中关于"胁迫"的三种观点，并分析有关的伦理问题。

D　思考题

1. 社会工作研究伤害到研究参与者的方式可能有几种？
2. 如何看待社会工作实习学生身份的公开问题？
3. 学生实习时收集个人资料须遵守的原则有哪些？
4. 在实习过程中，学生应该如何处理专业关系中的性界限问题？
5. 在研究分析和报告中要注意哪些研究规范和伦理问题？

E　阅读文献

1. 库少雄：《社会工作实习》，武汉：华中科技大学出版社，2003年，第八章，第193～211页。

---

① 〔加〕玛丽昂·博戈、伊莱恩·韦达：《社会工作实习督导实务：理论与过程（第2版）》，曾家达等译，北京：社会科学文献出版社，2011年，第193页。

② 〔美〕劳伦斯·纽曼、拉里·M．克罗伊格：《社会工作研究方法：质性和定量方法的应用》，刘梦译，北京：中国人民大学出版社，2008年，第127页。

2.〔美〕拉尔夫·多戈夫等:《社会工作伦理:实务工作指南(第七版)》,隋玉杰译,北京:中国人民大学出版社 2005 年,第五章,第 69～92 页,第九章,第 126～145 页。

3.〔美〕Bonnie L. Yegidis, Robert W. Weinbach:《社会工作研究方法》,黄晨熹、唐咏译,上海:华东理工大学出版社,2004 年,第二章,第 30～57 页。

4.〔美〕劳伦斯·纽曼、拉里·M. 克罗伊格:《社会工作研究方法:质性和定量方法的应用》,刘梦译,北京:中国人民大学出版社,2008 年,第五章,第 116～159 页。

5.〔加〕玛丽昂·博戈、伊莱恩·韦达:《社会工作实习督导实务:理论与过程(第 2 版)》,曾家达等译,北京:社会科学文献出版社,2011 年,第七章,第 116～127 页。

6. 史柏年、侯欣编:《社会工作实习》,北京:社会科学文献出版社,2003 年,第七章,第 236～239 页。

第十章　伦理难题和处遇模式

本章主要关注社会工作者实务过程中所面临的伦理难题以及基本的工作原则和方法。社会工作者在遇到伦理难题时，必须判断要采取的专业行为或实践本身对服务对象的影响，做出符合专业道德规范的行为。在这一过程中需要专业社会工作者厘清面临的主要伦理困境是什么；面对伦理困境，如何进行伦理抉择；以及如何处理可能产生的伦理危机。

第一节　伦理困境

社会工作者在实务过程中，经常会面临伦理困境的严峻考验，能否有效应对并妥善处理，不仅可以反映其实务运作能力，而且从整个社会的角度，也会影响着社会工作的专业地位。

一、伦理困境的含义与类型

(一) 伦理困境的含义

洛温伯格(Frank Loewenberg)和多戈夫(Ralph Dolgoff)指出："社会工作实践中的伦理问题起源于作为现代社会特点的价值的多元性和矛盾性。……当一个从业者面临两个或两个以上相互冲突的价值时，伦理困境就可能会产生，诸如公正与平等、服务效用与效率、或者能力与平等。"[①]瑞默认为伦理困境是专业核心价值中对专业人员要求的责任与义务发生相互冲突的情形，而社会工作者必须决定何种

---

① Frank Loewenberg and Ralph Dolgoff, *Ethical Decision for Social Work Practice*, New York: F. E. Peacock, 1988, p 44. 转引自罗肖泉：《践行社会正义——社会工作价值与伦理研究》，北京：社会科学文献出版社，2005 年，第 221 页。

价值要优先考量。[1] 罗肖泉认为，社会工作实务中的伦理困境有四个基本内涵：是带有伦理特性的困难和问题，是发源于价值观冲突的困难和问题，是诱发伦理抉择的困难和问题，是诉诸道德责任感的困难和问题。[2]

借鉴诸多学者的定义，伦理困境指专业价值中对从业者要求的不同责任与义务之间发生相互冲突的情况。社会工作者在实务过程中，由于复杂的情境现实以及服务对象的特殊性而面临多元性的价值冲突与多样性的伦理选择的艰难境地。

（二）伦理困境的类型

按照不同的划分标准，伦理困境类型各异。当然，各种类型的划分只是相对意义上的，在实务中有些类型会有重合。

1. 按照成因划分

按照伦理困境的成因，主要有五种类型：目标的冲突造成的困境、忠诚的冲突造成的困境、责任的冲突造成的困境、角色的冲突造成的困境、利益的冲突造成的困境。[3]

2. 按照伦理守则中消极义务与积极义务之间的矛盾冲突来划分[4]

社会工作伦理守则中包含“消极义务”和“积极义务”两部分。积极义务是指社会工作者必须做一定行为的义务，如“社会工作者应尊重当事人的隐私权”；而消极义务指社会工作者不能做一定行为的义务，如“社会工作者不得参与、纵容或涉足不诚实、欺诈和蒙骗”。消极义务中，有一部分是规定明确的，社会工作者自应遵守，无须讨论；有一部分是规定不明确的，便可能造成工作者在实务进行中的一些困境。积极义务有时也可能与消极义务中不明确的部分相互冲突。因为社会工作专业伦理守则中不明确或无法明确的地方，而造成实务中的“决策困境”，如保密与泄密、自决的权利与尊重、自由意志与环境、协助的方式与选择；由“消极义务”与“积极义务”两相冲突而造成的困境即“结构困境”，如弱势个人与强势社会的冲突、案主需求与科层体制的矛盾、专业伦理与个人伦理的差异、西方经验同本土文化的

---

① 〔美〕Frederic G. Reamer：《社会工作价值与伦理（第二版）》，包承恩等译，台北：洪叶文化事业有限公司，2000 年，第 74 页。

② 罗肖泉：《践行社会正义——社会工作价值与伦理研究》，北京：社会科学文献出版社，2005 年，第 221～222 页。

③ 罗肖泉、尹保华：《社会工作实践中的伦理议题》，《学术论坛》，2003 年第 3 期。

④ 本部分主要参考徐震：《专业伦理与社工伦理》，载王永慈等主编：《社会工作伦理：应用与省思》，台北：台湾辅仁大学出版社，2002 年，第 11～13 页。

差异。

也有学者指出，并非所有社会工作者面临的伦理难题都是真正的伦理困境，很多伦理困境实际上产生于伦理标准与个人利益之间的冲突，是“假”困境。如哈德凯瑟(David A. Hardcastle)等认为，在有的情况下，困境并不是存在于两个同样强制性和对立的伦理标准之间，而是存在于伦理标准与实际的利己主义之间。这时的困境与两难是真实的，也是重要的，但是并不牵扯伦理上的两难，实际上反映的是伦理标准与实际的利己主义之间的矛盾。① 例如，社会工作者在服务过程中，对其女案主产生了爱慕之情，希望能与她有进一步的交往。但是社会工作伦理不允许这样做，于是，社会工作者认为自己陷入到伦理困境中。实际上，造成这种困境的原因在于社会工作者的个人利益与专业准则之间出现了偏离。因此，这是一种假困境。

但是，从目前国内大多数文献来看，对伦理困境的讨论并非按照如此严格的划分，通常，学者将这种“假困境”也作为伦理困境的一种类型而加以讨论。本书亦遵从大多数文献的划分，将“假困境”也视为因个人价值与专业价值之间的矛盾和冲突而导致的伦理困境。

二、伦理困境的成因

目前，学界对于伦理困境成因的研究视角是多元的。总的来看，伦理困境的产生主要受到以下因素的影响：

(一) 社会工作专业与价值自身的特性

社会工作专业本身具有鲜明的道德特征，并且与伦理问题密切相关，其自身的某些特性，使其易产生伦理困境。

1. 社会工作价值和伦理体系的矛盾性与竞争性

社会工作专业价值与伦理内部存在着某种程度的矛盾和冲突。如社会工作专业伦理强调“助人自助”，同时又强调服务对象的自决。假设服务对象在社会工作者的帮助下，正在逐步改善，但是执意退出服务，由此使社会工作者面临自决与助人的困境。

在理论界，对于伦理问题的处理也存在着一定的争议。价值中立者认为，社会

---

① 这里参考了〔美〕戴维·哈德凯瑟等的《社区工作理论与实务（第二版）》（夏建中等译，北京：中国人民大学出版社，2008 年）一书中第 26～27 页的论述。该书中将“ethical dilemma”翻译为“道德两难”。

工作者不应该强迫服务对象接受专业或社会工作者个人的价值观。而价值介入者则认为社会工作者应当在维护服务对象权益的前提下建议或主动影响其接受专业或社会工作者个人的价值观,以便能在较短的服务时间里看到服务的成效。这些有争议的问题本身便会使社会工作者陷入两难境地。

2. 社会工作实务过程中的模棱两可和不确定性

从总体上看,任何以人为主要工作对象的专业和职业都面临着模棱两可和不确定性。在社会工作实践中这种形势更加严峻。

首先,服务对象所面临的问题往往是多方面的和错综复杂的,一系列问题完全有可能同时出现在一个人身上,甚至有时服务对象自己都无法说清楚需要什么帮助,社会工作者就更难理出头绪、抓住重点。

其次,社会工作借鉴和吸收了现存的许多学科的知识,对相关知识和技术的了解是成功的社会工作实践所必需的。但从目前看,社会工作者的知识层次是不均衡的。同时,社会工作专业自身的知识体系、专业处遇模式理论以及专业价值观和伦理理论尚不完善,而且争议颇多,很难给予一线的社会工作者一个统一的、确定的指导方案。

最后,社会工作者手中掌握的资源是有限的,这常常使其助人愿望难以实现;服务对象的良性转变最终取决于自身;干预的过程、模式,投入的资金、时间,干预的方向、态度等要受到雇佣机构、政府决策等影响和制约,而不是完全由社会工作者决定的。许多不同的因素同时影响着服务对象,这使社会工作者很难评估自己介入的具体影响。①

(二) 个人与社会(环境)之间的矛盾与冲突

无论是个人自由与社会控制、团体责任与个人责任,还是相互依赖与个人自治、个性化与模式化,都可归结为个人与社会(环境)的关系问题。社会工作价值观冲突归根结底集中在一个焦点上,即个人与社会(环境)的关系问题。② 个人与社会(环境)之间的理想状态,应该是一种双向互动、和谐平衡的状态。但是在日常生活中,个人与社会(环境)之间经常会发生矛盾与冲突。例如,社会工作者应尊重服务对象个体的自由和价值,也应该注重社会责任;社会有责任为个体提供发展所需要的资源,个人也有义务为社会发展作出贡献。诸如此类问题,涉及服务对象个

---

① 罗肖泉:《践行社会正义——社会工作价值与伦理研究》,北京:社会科学文献出版社,2005 年,第 224 页。

② 陈莹:《从个人与社会的关系看社会工作价值观及其冲突》,《社会》,2004 年第 12 期。

体、社会工作者个体以及整个社会结构之间的矛盾和冲突，使社会工作者往往具有各种不同的甚至相反的角色和职责，因此，多样化的价值观并存是社会工作的常态。在一些具体情境下，不同的角色和价值观存在着矛盾和冲突，成为导致伦理困境的主要原因。

（三）不同社会文化的冲突

伦理与价值观是密切相关的，存在着地域、历史的差异性。在不同的地域或历史阶段，权利和优先权的界定不断发生变化。这些变化就可能造成伦理问题。[①]社会工作伦理规范体系的建立与西方社会的价值观密切相关，与中国文化的冲突也是造成伦理困境的一个重要因素。如中国的社会工作受到传统文化的影响，家庭式的亲情价值观有较广泛的文化基础，社会工作者的家长制作风与服务对象的自决直接形成冲突；助人活动以社会工作者为主动，使社会工作变得被动等。[②] 文化的冲突并不会直接显现，但是对社会工作者而言，其影响是巨大而深刻的。

（四）心理学认知因素

从心理学的角度来看，伦理困境源自于人们的认知失调。例如，“尊重案主的自决权”和“在必要时干预案主的生活和行为”是两个相关的认知因素，但从“尊重案主的自决权”推导出的应是“不干涉”的结论，因此就与“在必要时干预案主的生活和行为”的认知因素形成了失调关系。社会工作者若是不能顺利保持认知的一致性，心理上就会产生痛苦的体验，严重时则会陷入无法摆脱的困境。[③]

三、伦理困境的主要议题

社会工作实务过程中会产生多种伦理困境。了解这些伦理困境所涉及的基本议题、表现形式、可参考的处理原则等对于社会工作者有效应对这些伦理困境是十分重要的。

---

① 〔美〕拉尔夫·多戈夫等：《社会工作伦理——实务工作指南》，隋玉杰译，北京：中国人民大学出版社，2005年，第53页。

② 王春霞：《从传统文化视角考察中国社会工作的“本土化”》，《徐州师范大学学报》，2006年第5期。

③ 罗肖泉：《践行社会正义——社会工作价值与伦理研究》，北京：社会科学文献出版社，2005年，第220～221页。

(一) 隐私权与保密限度的冲突造成的伦理困境

案例10-1:保密还是揭发?

红枫是一位初二的女学生,在一次与父母的激烈争吵之后,找到学校社工。红枫向社工倾诉了自己与父母之间的冲突,并告诉社工自己准备离家出走,到一位外地同学家住几天。红枫希望社工能为自己保守秘密,不要告诉老师和父母自己的计划。而社工也了解到,因为红枫一天没有回家,老师和父母已经报警。社工是否将红枫的计划告知老师及其父母?

社会工作者有责任和义务保护服务对象的隐私不受侵犯,这是社会工作伦理的一项基本原则。在美国,违反保密的原则不仅会失去工作机会,甚至有可能遭致法律上的诉讼。[①] 但在具体实务工作中,在一些特殊情况下,社会工作者却又难以做到为服务对象绝对保密,从而陷入困境。

1. 伦理困境的表现及对社会工作者的影响

第一,其他权威机构要求社会工作者对服务对象资料解密。如在服务对象触犯法律后,法院要求社会工作者透露相关的信息。在美国,除非所工作的州提供社会工作者保密的特权,否则社会工作者是有可能在法院的要求下,被迫提供应被保密的服务对象的资料和记录。[②] 而在中国,法律上并没有特别规定社会工作者保密的特权。

第二,服务对象的问题需要借助外界的力量来解决,或者是涉及第三方的利益。如新入职的社工希望与机构同工或者督导来讨论服务对象的情况,家人希望了解服务对象的心理状况和行为表现,服务对象所透露的信息会伤害他人的利益或者侵犯他人的权利。

第三,在小组工作中,有些小组成员可能与其朋友分享其他组员在小组过程中透露的个人信息。

在其他人或机构要求社会工作者解密时,社会工作者若揭露服务对象的信息和意图,可能会危及专业关系的建立,失去服务对象的信任,并违反保密原则;若保密,则可能失去服务对象其他重要他人的信任和支持,影响到社会工作者与其他机构或个体之间的合作关系;在有的情况下,如服务对象有自杀意图时,保密甚至可能会导致一些不可预期的后果;社会工作者若处置不当,也会影响到相关人员的人

---

① 〔美〕Dean H. Hepworth, Ronald H. Rooney and Jo Ann Larsen:《社会工作直接服务理论与技巧》(上),许临高主编,台北:洪叶文化事业有限公司,1999年,第131页。

② 同上书,第134页。

身安全以及机构的声誉等等。

2. 可参考的伦理准则与处理方式

社会工作者在面临是否披露信息的困境时，可以从已有的伦理守则中找到类似的指引。如美国社会工作者协会《伦理守则》[①]规定：除非迫于专业理由，否则社会工作者必须对专业服务过程中所获得的所有信息加以保密。社会工作者应该严守资料机密，一般例外的情况如下：预防案主或可确认的第三者遭遇严重的、可预见的、立即的伤害时，或是法律或法规要求揭露而不需服务对象的同意。无论如何，社会工作者应公开与达成目标最必要且最少量的保密信息，而且只有与目标直接相关的信息才可以公开暴露(1.07c)。

在理论界，许多学者亦认为，虽然保密原则是社会工作者所要遵守的重要原则，但是保密原则也不是一成不变的。通常若发生下列情况之一，社会工作者可以考虑放弃保密原则，将相关情况向他人适当进行披露，或协助案主认识到问题的严重性，使其主动告知相关部门及他人：第一，案主面临生命威胁；第二，案主违反法律，被卷入刑事案件；第三，案主有犯罪意向，可能会危及社工、他人或社会，或者侵犯了他人的基本权利时；第四，案主因生理、心理或其他因素刺激导致心理失常，行为表现十分过激时。[②]

社会工作者可以在一定程度上放弃保密原则，但是应该注意的是，必须以提升对服务对象的服务为主要目的。只有在一些极其特殊的情况下或者非常必要时才能选择透露相关信息。社会工作者在服务开始前，应在知情同意书中，向服务对象告知有限度公开隐私信息的必要性及采取相关保护措施。在紧急情形下，必须打破保密原则而来不及提出报告时，社会工作者事后应当提供相关的证据并补办手续，以记录必要的工作程序。

(二) 案主自决与干预限度的冲突造成的伦理困境

“案主自决”充分体现了社会工作对个人价值、潜能和主观能动性的尊重，强调对服务对象的尊重和对服务对象权益的保障。然而，在社会工作实务中，案主自决的原则也面临诸多挑战。

案例 10-2：服务对象是否可以结束自己的生命？

小 A 是一名医务社工，为一名 88 岁、意识清楚的老年人提供服务。长期以来，

---

① 美国社会工作者协会：《伦理守则》(1996)，美国社会工作者协会(NASW)网页(http://www.naswdc.org/)；中文版参见本书附录部分，下同。

② 林孟平：《小组辅导与心理治疗》，香港：商务印书馆，1998 年。

这位老人为晚期癌症的痛苦折磨。一天晚上，她告诉小A，她弄来一些药物准备结束自己的生命。她向社工道别，并对数月来的关怀表示感谢，最后她请求小A不要干涉她的决定，小A应该怎么办？①

若社会工作者尊重案主自决的原则，就是对老人家人情感与利益的漠视，可能会受到老人家人的质询，甚至可能会受到法律的制裁；若是将此信息告知家人或者医生，则违反保密原则，也可能会使服务对象因为癌症所造成的痛苦而深受折磨，甚至在没有尊严的情况下延续生命。从人之常情，似乎帮助服务对象解脱是比较人道的一种做法，但是，病人欲自杀却置之不理，似乎又是对生命的冷漠，亦不符合社会中的文化与法律等。

在这个案例中，可以发现案主自决原则、保密原则以及生命价值优先原则之间存在着严重冲突。

1. 伦理困境的表现及对社会工作者的影响

在实务中，社会工作者会发现，"案主自决"会遇到诸多挑战。

首先，服务对象有限的知识与"案主自决"权利之间的矛盾，有可能使服务对象的权益并不能得到有效的维护，尤其是那些因为能力受损而无法行使自决权利的服务对象；其次，过分强调"案主自决"原则，强调个人权利，主张个人先于社会，个人福利的权利优先于法律、法规等，导致个人对法律的淡漠和个人与社会的不和谐；第三，当个人权利与他人权利发生冲突时，优先考虑个人权利还是他人权利也是一个很具争议性的问题；第四，服务对象的自决有可能危害到自己的生命，若是尊重服务对象自决，在持反对意见的人士看来，是对生命的冷漠；最后，有些非自愿性服务对象因违反法律、妨碍他人的权利等而受到惩罚，他们是否还具有自由选择的权利？

若尊重案主自决原则，在有的情况下，社会工作者可能会因为不可控制的后果，如服务对象自杀、伤害他人等而招致他人或社会的质疑，社会工作者自身亦可能因为服务对象的决定与社会主流价值不符而陷入到矛盾中；若是强行干预或者解密，则违反了社会工作伦理，破坏已经建立起来的专业关系。那么，社会工作者应该怎样做呢？是遵守案主自决原则还是进行干预呢？在什么情况下，社会工作者可以打破案主自决的原则？干预的限度是什么？

2. 可参考的伦理准则与处理方式

美国社会工作者协会《伦理守则》中指出：社会工作者尊重且促进案主的自决

---

① 案例来源：《社会工作实务（中级）·考前模拟强化训练题二》，《中国社会导刊》，2008年第12期。

权，并协助案主尽力确认和澄清他们的目标。在社会工作者的专业判断下，当案主的行动或潜在行动具有严重的、可预见的和立即的危险会伤害自己或他人时，社会工作者可以限制案主的自决权(1.02)。

因此，尊重案主的自决权并不意味着对案主的任何决定和选择都听之任之，"案主自决"原则也是有一定前提的，在以下情况下，社会工作者的干预行为是必要的：第一，当案主是儿童，以至于缺乏作出适当选择的能力时；第二，当案主有心智障碍或缺乏现实感，以至于无法了解决定可能带来的结果时；第三，当案主的行为结果是无法预测或无法改变时，例如自杀倾向的行为；第四，当暂时性地限制案主自由，可以增进案主未来的自由和自由性时。①

社会工作者在面临以上情况时，有义务使用相关的资源或提供可代表服务对象利益的代理人，保护其选择的机会，并减低案主自决权丧失的程度。② 为了避免由此陷入伦理困境中，在实务中，社会工作者有义务向服务对象提供必要的信息，服务对象有权利在充分知情的前提下选择服务的内容、方式，并在事关服务对象利益的决策中起到主导作用。如果服务对象没有能力进行选择和决策，应根据法律或有关规定由他人代行选择和决策权利。自决权是个人尊严的体现，除非万不得已，即便是社会工作者出于好意，亦不能代替服务对象作决定，因为这样做可能不利于服务对象发展自尊和挖掘潜能。

(三) 个人利益和社会责任的冲突造成的伦理困境

个人利益和社会责任之间"谁先谁后"问题曾经长期困扰着人们。实际上，社会工作者在个人利益与社会责任这一议题上所引发的伦理困境是十分复杂的，既包括由角色冲突所引发的伦理困境，亦包括由忠诚问题所引发的伦理困境。

1. 伦理困境的表现及对社会工作者的影响

社会中的每个人都承担着诸多的角色，包括个人角色、家庭角色、工作角色等等。在有的情况下，个人角色与社会角色之间的角色冲突和角色紧张会使社会工作者陷入到两难的境地。比如，社会工作者代表弱势群体诉求利益时，可能会因此触及某些阶层的利益，甚至会影响未来的职业发展。在这种情况下，一己之利与社会公正孰先孰后？

在社会工作实务过程中，不同主体对社会工作者的角色要求也不尽一致。例

---

① 〔美〕Dean H. Hepworth, Ronald H. Rooney and Jo Ann Larsen:《社会工作直接服务：理论与技巧》(上)，许临高主编，台北：洪叶文化事业有限公司，1999 年，第 131 页。

② 同上书，第 127 页。

如，助人自助的专业角色和社会控制者角色之间的冲突，将社会工作者置于忠诚于谁的两难境地中：面对不同的期待和要求，是忠诚于专业还是忠诚于服务对象的福祉？这一伦理困境对于工作在政府部门或其下属机构的专业社会工作者而言，具有一定的普遍性。作为体制内的专业社会工作者，科层制很容易影响到专业性的实现。社会工作者除了避免科层制所造成的专业性丧失或扭曲，更应该去妥善维护服务对象及社会大众的权益。面对民意与上级领导部门的不同立场，社会工作者应该在既不违反法律、不违反专业伦理，又不伤害自身利益的前提下，进行妥善应对。

实际上，生活在社会中，社会工作者的多重角色是不可避免的。是个人利益优先还是社会责任优先，直接决定着社会工作者在此类情境下介入的策略、方法以及投入的程度：若是个人利益优先，则在处置此类困境时，应以自己的职业发展、机构利益、家庭角色等作为优先考量的因素，避免因为过多干预而危及自身的利益；反之，社会责任则要求社会工作者以促进社会公平和正义、维护绝大多数人的利益为主要的专业准则，即使遇到重重阻碍，亦坚持为整个社会的利益去发声、呼吁和争取。此外，这一伦理困境也影响社会工作者与服务对象之间、与工作机构之间或其他机构之间的信任关系及诚信原则。

2. 可参考的伦理准则与处理方式

对于这一问题，美国社会工作者协会《伦理守则》明确指出：社会工作者的首要责任是促进案主的福祉。一般而言，案主的利益是最优先的。但是，社会工作者对广大社会或特定法律的责任，也可能在某些情形下会取代对案主的承诺，而案主也应被这样告知(1.01)。

(四) 专业关系的界限所导致的伦理困境

案例 10-3："面子"使他进退两难

小张是一家青少年社区服务中心的社工，为社区内的无业、失业青少年提供服务。几次活动之后，小张跟服务对象之间熟悉起来。有一天，一位长期无业的服务对象向小张借 50 元钱，碍于情面，小张没有拒绝。之后，这位服务对象又接二连三向小张借钱。小张很矛盾，若拒绝，服务对象可能不再来参加活动；但继续借钱已经超出小张的经济承受能力。在这一案例中，小张面临怎样的困境，该如何处理呢？

1. 伦理困境的表现及对社会工作者的影响

该案例中，小张借钱给服务对象的行为，已经超出了专业关系。在实务中，工作者时常会遇到双重关系的问题。所谓双重关系，是指社会工作者与服务对象之间除了产生专业关系之外，还有其他社会关系（如亲友关系、商业关系或者社交关系等）。双重关系的存在，会导致服务对象可能被利用，破坏伦理的实务界限，满足社会工作者的个人需求，削弱社会工作者的公正性与判断性，亦有可能伤害到社会工作者自身的利益。[①] 双重关系的产生有很多原因，有的情况下是其他角色介入到专业关系中形成了干扰，例如，服务对象是工作者家人的同事；有的情况下是工作者与服务对象建立了跨越专业以外的关系，如因性吸引导致发生关系等。另外，在一些特殊的服务领域，比如在青少年社会工作中，服务对象很可能将社会工作者看做是朋友、兄弟、伙伴的角色而产生双重或多重的关系，从而形成关系界限混淆。

社会工作者在此困境中，有时会感觉自身权益受侵犯，影响服务投入程度及效果；工作者与服务对象的互动跨越专业关系界限，也将影响服务的公平、正义等价值，影响服务质量；此外，也会使社会工作的专业性和专业地位受到质疑。

2. 可以参考的伦理准则及处理的方式

美国社会工作者协会《伦理守则》提供了诸多可以参考的标准：社会工作者不应从任何专业关系中获取不当利益，或是剥削其他人以得到个人的、宗教的、政治的或是商业的利益(1.06b)。社会工作者不应与现有或先前的案主产生双重或多重的关系，以避免剥削或可能伤害案主的风险。如果双重或多重关系难以避免，社会工作者应采取行动保护案主，并有责任设定清楚的、适当的及符合文化敏感性的界限(1.06c)。此外，1.09a、1.09c、1.13b 等详细规定了社会工作者不能与服务对象发生性关系、不能收受服务对象的物品或者服务等。

香港社会工作者工作守则实务指引[②]中亦明确规定：社工不得滥用与服务对象的关系，借以谋取私人的利益(13)。

台湾社会工作伦理守则[③] 1.4 明确指出：社会工作师应与案主维持正常专业关系，不得与案主有不当关系或获取不当利益。

若是社会工作者在实务中遇到了具有双重关系的服务对象，是否一定要退出或者转介呢？学术界对此一直存在争议，事实上，也有学者认为双重关系实际上在某些场合下是非常重要的。[④] 在遇到由专业关系的界限所导致的伦理困境时，社

---

① 沈黎、刘斌志：《双重关系——社会工作中专业关系的伦理困境》，《西南农业大学学报(社会科学版)》，2006 年第 4 期。

② 香港社会工作者注册局：《社会工作者工作守则实务指引》，香港社会工作者注册局网站(http://www.swrb.org.hk/chiASP/draft_copguide_c.asp)。

③ 台湾社会工作师公会联合会：《社会工作伦理守则》(2006)，台湾社会工作师公会联合会网站(http://www.nusw.org.tw/)/社会工作法规。

④ 〔美〕拉尔夫·多戈夫等：《社会工作伦理——实务工作指南》，隋玉杰译，北京：中国人民大学出版社，2005 年，第 132 页。

会工作者没有必要一定退出，关键的问题是要区分出专业关系和其他关系之间的不同和边界，在服务过程中，在适当时机下告知服务对象专业服务关系上的限制与界限。由于工作环境的特殊性，社会工作者有必要在考虑服务对象的安全与权益的同时，也同时考虑个人的安全，例如：邀请同事同往或警察人员陪同等。

(五) 资源的限制所导致的伦理困境

案例 10-4：科层制下的专业发展

小王是一家非营利组织中的社工。通过政府购买服务的方式，机构获得政府的资金支持。机构为了考核，制定了社工每年的工作量。小王认为工作量太大了，有时觉得很累，打不起精神，影响了服务的质量。社工向机构负责人反映之后，负责人认为工作量是衡量工作成效的重要标准，上级主管部门不关注具体的方法和工作技巧。为此，小王感到压力很大，又无法改变现状。

当资源有限，不可能做到平等分配或者制约服务过程、服务方法与服务质量时，就会有伦理上的问题。在现实生活中，不可能有足够的资源去做任何应该做的事情。资源的限制所导致的伦理困境一方面是社会工作者如何分配自己的掌握的资源，另一方面源于更宏观的社会的资源分配。[①]

1. 伦理困境的表现及对社会工作者的影响

一些工作于非营利组织中的专业社会工作者，往往会因为组织生存的需要，使服务对象服务品质的提升受制于组织的资源。如何在组织资源的限制下，有效完成组织使命、提高服务品质而又维护专业伦理，是很多非营利组织社工面临的主要困境。

从整个社会的资源使用来看，涉及一个宏观结构的问题，即整个社会的资源应该如何分配？应该优先照顾哪些群体？由此产生出一些具体的问题，如对残障群体投入的大量资源是否合适？对老年人提供的稀缺、昂贵的医疗资源是否有价值等等？

类似的伦理困境会影响对服务对象的选择：社会工作者优先满足谁的需求？是那些最有需要的但是却难以接近的个案？还是那些自愿前来的、问题不是很紧迫但是配合度却非常高、比较容易处理的服务对象？

同样，这一困境也会影响到社会工作者对服务的投入程度。若是以工作效率为优先选择，则会尽可能缩短对单个服务对象的服务时间，以使有限的资源产生出

---

① 〔美〕拉尔夫·多戈夫等：《社会工作伦理——实务工作指南》，隋玉杰译，北京：中国人民大学出版社，2005 年，第 121 页。

更大的效益;反之,则不考虑资源的使用情况,以服务对象需求是否得到满足作为服务是否结束的依据。同样,若是以"权利与资格"、"补偿"等原则来考虑整个社会资源的分配,那么,社会中弱势群体的资源使用是基于个体的基本人权,是维持社会公正的必需,反之则会倾向于从社会运行效率等角度来主张削减对弱势群体的资源投入。

2. 可以参考的伦理准则与处理方式

美国社会工作者协会《伦理守则》中可以参照的标准如下:社会工作行政人员应在机构内外倡导为案主需求提供充分的资源(3.07a);社会工作者应倡导资源分配程序是公开且公平的,当并非所有案主的需求都能被满足时,应建立一个没有歧视、适当且原则一致的分配程序(3.07b)。虽然绝对的公平是不可能存在的,对任何一个群体的优先满足都会受到其他群体的质疑或者诟病,但是,社会工作者在任何情况下,都应以社会的公正、服务、人的价值与尊严等核心价值为指引,尽可能地实现服务对象的利益最大化。

事实上,实务过程中的伦理困境要更为复杂多样。但是,万变不离其宗,社会工作者在面对伦理困境时,应在纷繁复杂的现象中,找到相互冲突的价值和伦理,这是解决伦理困境的重要一步。

第二节 伦理抉择

社会工作者在实务过程中,面对各种各样的伦理困境,必然要作出抉择,从而妥善处理困境。一些学者总结了处理伦理困境、进行伦理抉择的一些原则、过程、工具等,为社会工作者的实务工作提供了参照和指导。

一、伦理抉择的含义

伦理抉择是指分析和评估社会工作实务中涉及伦理方面的问题,以便形成恰当的、符合伦理的专业行为的过程。①

伦理相对主义和伦理绝对主义对于伦理抉择的原则、过程等一直存在争议。相对主义拒绝固定的道德法则,判断伦理抉择是否合理是以具体的背景或者产生的后果为依据的。绝对主义强调某些固定的道德原则具有超乎一切的重要性,认

① 〔美〕拉尔夫·多戈夫等:《社会工作伦理——实务工作指南》,隋玉杰译,北京:中国人民大学出版社,2005年,第239页。

为不管结果如何，行动本身有正误之分。绝对主义坚持可以制定伦理原则，这些原则应该在任何情况下都要坚守。[①]

相对主义和绝对主义会直接影响实务中的伦理考虑和抉择。如保密的原则，绝对主义者认为保密是在任何情况下都要遵守的占首位的专业伦理，而相对主义者则会评估给予保密的后果和解密的后果，在权衡两种后果孰重孰轻之后，再决定所应遵循的伦理规范。由于服务对象的心理和行为是可以改变的，因此，应将绝对主义和相对主义结合起来进行伦理抉择。若以统一的绝对的伦理规范来处理实务中遇到的伦理困境，可能会忽视服务对象的差异性；但若完全以相对主义来解决伦理困境，就会使伦理规范的普遍应用性受到挑战。在实务工作中，应努力寻找二者的平衡点，使二者避免相互冲突。

二、 伦理抉择的过程模式

伦理困境的解决，并不是一个单纯的如何作决定的问题。社会工作者最主要的职责，是给他人的选择创造条件，使他们能够作出深思熟虑的决定。为了能够作出有据可依的恰当的伦理决策，要对伦理问题进行有意识的分析，包括参考专业标准、查阅伦理学知识、基于伦理守则进行问题解决等。这一过程也必须根植于对价值观的承诺和专业价值良知。[②] 社会工作者在面对伦理困境时，需要依照一定的过程模式，以尽量避免个人主观行为和非理性行为的出现。

(一) 瑞默伦理抉择的多因素模式

瑞默提出了有助于社会工作者解决伦理困境的几个因素和考察的步骤：

(1) 厘清伦理的议题，包括冲突的社会工作价值与职责。

(2) 找出所有可能被伦理抉择影响到的个人、团体与组织。

(3) 尝试找出各种可采取的行动以及参与者，并评估每种行动的利弊得失。

(4) 审慎地检视赞成或反对每种行动的理由，考虑相关的伦理守则与法律原则；伦理理论、原则与指导方针；社会工作实务理论与原则；个人的价值观，包括宗教的、文化的、种族的价值观与政治的意识形态，尤其要注意那些与自己价值观相冲突的部分。

---

① 〔美〕拉尔夫·多戈夫等：《社会工作伦理——实务工作指南》，隋玉杰译，北京：中国人民大学出版社，2005年，第39～40页。

② 〔美〕伊丽莎白·雷诺兹·维尔福：《心理咨询与治疗伦理》，侯志瑾等译，北京：世界图书出版公司，2010年，第26～27页。

(5) 征询同工以及专家的意见，如机构工作人员、督导、机构行政人员、律师、伦理学家等。

(6) 作抉择并记录作抉择的过程。

(7) 监督、评估与记录伦理抉择所带来的结果。①

瑞默所提出的多因素模式，强调社会工作者应综合考虑不同方面的因素，审慎作出抉择，并记录过程与结果。社会工作者应围绕伦理困境中所包含的议题，综合考察各种因素，才能做出适当的行为。在其多因素模式中也可以看出，处理伦理困境时，伦理原则的优先顺序是一种重要的参考方式，但并不是唯一的参考。

(二) 多戈夫的伦理准则筛查方法和伦理原则筛查方法

多戈夫将伦理准则筛查方法(ERS，即 Ethical Rules Screen)和伦理原则筛查方法(EPS，即 Ethical Principles Screen)作为进行伦理抉择的工具，并指出，在遇到伦理困境时，应当先用伦理准则筛查方法。只有当这一筛查方法不能提供满意的指导时，社会工作者才能使用伦理原则筛查方法。

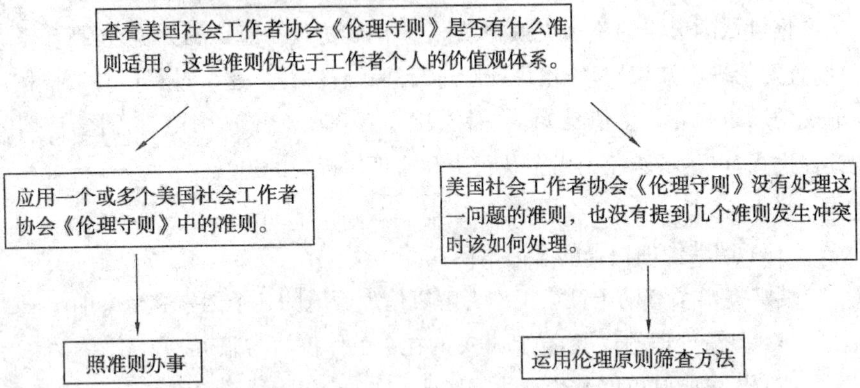

图 10-1 伦理准则筛查方法(ERS)

资料来源：〔美〕拉尔夫·多戈夫等：《社会工作伦理——实务工作指南》，隋玉杰译，北京：中国人民大学出版社，2005 年，第 58 页。

伦理抉择是一个连续的过程，这一过程会因社会工作者的知识能力、实践环境、服务对象情况不同等而呈现出不同的状态。许多国家(地区)在专业社会工作的发展过程中，都从理论、经验、文化等多方面总结出了成文的伦理准则(守则)作

① 〔美〕Frederic G. Reamer：《社会工作价值与伦理(第二版)》，包承恩等译，台北：洪叶文化事业有限公司，2000 年，第 111～112 页。

为本国(地区)社会工作者实务的指引。在多戈夫看来,这是社会工作者伦理抉择时优先使用的筛查方法。但是,有时情境过于复杂,导致社会工作者无法从现行的伦理准则中找到可以具体应用的条例,此时可以使用伦理原则筛查办法。

三、伦理抉择的原则

在人类思想发展的历史上,人们从未停止过对社会中价值抉择标准的追寻和探讨,并因此形成了纷繁复杂的理论流派。例如,罗尔斯(John Rawls)认为社会应该遵循正义优先的原则①;阿玛蒂亚·森(Amartya Sen)认为,自由是一个社会发展的首要目的和手段,也是一个社会行动的价值标准②;功利主义则以行动的结果作为价值判断的标准③。这些理论流派都在一定时期、一定范围内影响着社会秩序的安排,对于形成社会工作伦理抉择的原则也具有十分重要的启发。

(一) 伦理抉择原则的排列模式

伦理抉择原则的优先顺序通常按照一定等级次序来排列,往往是优先满足高一级原则的要求再满足低一级原则的要求。伦理抉择原则的优先排序可以归纳为以下几种模式:

1. 生命优先模式

生命优先模式指面对伦理困境时,社会工作者应当把保护生命放在第一位,然后考虑其他诸如平等、自主和自由等原则。没有人的生命,其他人类所重视和希望拥有的价值就无从谈起,其他价值就没有依附和承载的主体,按此逻辑,生命是第一原则,是基础原则。

2. 道德优先模式

道德优先模式指面对伦理困境时,社会工作者应当根据社会伦理守则和自己的道德良知、道德责任感进行抉择。其特点是出于道德考虑,符合道德标准,为了道德目的。④ 人类在建立道德体系或者价值框架的时候,都必须先在地假定"善"这一基本理念,因此只要谈及道德,这一理念就在逻辑上必定是优先于其他价值原则的。

---

① 〔美〕罗尔斯:《正义论》,何怀宏等译,北京:中国社会科学出版社,1988年,第103页。

② 〔印度〕阿玛蒂亚·森:《以自由看待发展》,任赜、于真译,北京:中国人民大学出版社,2003年,第30页。

③ 边沁:《道德与立法原理导论》,时殷弘译,北京:商务印书馆,2000年,第58页。

④ 章友德:《青少年社会工作》,天津:天津大学出版社,2011年,第24页。

3. 伦理经验模式

伦理经验模式指面对伦理困境时，社会工作者借用集体的力量，采用实务研讨、案例分析的方式，或学术研讨、理论论证的方式，从本土的文化情境出发，总结出一些具有代表性和典型性的伦理抉择经验模式，作为参考依据。

以上三种方式各有侧重，但都强调伦理抉择原则的一般性和普遍性，即通过某种逻辑或者经验，可以找到指引实务过程的通用抉择原则。但亦有学者认为，应依据具体的境遇或情境来进行伦理抉择的原则排序。

4. 特殊情境模式

特殊情境模式指面对伦理困境时，应该在综合考察社会工作价值体系、事件涉及者及其机构的利益、抉择可能产生的效率和效果的基础上作出最后的判断和选择。人们生活在一个具体的日常情境中，好与坏、对与错、是与非等的选择都发生在特定情境中，甚至很多时候双方或者多方都没有错，结果变成了错。因此，需要社会工作者对情境作具体的分析，才能进行最后的价值排序和道德选择。

（二）主要的伦理抉择原则

社会工作专业强调人的价值与尊严，因此，目前学术界普遍应用的伦理抉择原则排序是建立在生命优先这一基本理念之下的。比较有影响的伦理抉择原则主要是由多戈夫、瑞默等人提出的。大多数情况下这些原则都会比较有效。但是如果问题过于复杂，社会工作者在实践中也应该看它们是否适应当时当地的政治、法律制度和社会文化背景等。

1. 多戈夫的伦理抉择原则

(1) 保护生命。既适合保护服务对象生命，也适合保护所有其他人的生命。这一原则高于所有其他义务。(2) 平等与差别平等。所有人在相同的条件下应该得到同样的对待，即同等情况下有权得到平等对待。如果不平等与有待解决的问题有关，不同情况的人应该有权得到区别对待。(3) 自主和自由。培养个人的自决、自主、独立和自由。尽管自由高度重要，但是也不能超越个人自己或其他人的生命权或生存权。(4) 最小伤害。当面临的困境有造成伤害的可能性，社会工作者应该避免或防止这样的伤害。当伤害不可避免时，社会工作者应该永远选择造成的伤害最小、带来的永久性伤害最少和伤害最容易弥补的方案。(5) 生活质量。社会工作者选择的方案应该推动所有人，推动个人以及社区公众有更好的生活质量。(6) 隐私和保密。在与法律和服务对象意愿保持一致的情况下，保护服务对象的隐私。(7) 真诚和毫无保留地公开信息。应当向服务对象和公众披露所有相关信息。①

2. 瑞默的伦理抉择原则

瑞默的伦理抉择原则包括:(1) 伤害到人类行为的必要前提(如生命、健康、食物、住所、心理健康)优先于其他一些伤害,例如欺骗或揭发隐私或威胁到累加善,如休息、教育与财富。(2) 个人基本福祉的权利(包含对人类行为而言必备的善)优先于其他人的自我决定权。(3) 个人自我决定的权利优先于其自身的基本福祉。(4) 我们在自由意志之下同意遵守的法律、机构的规定等的义务应凌驾于我们自己的信仰、价值与原则。(5) 当个人基本福祉的权利与法律、规定以及民间组织中的规则相冲突时,个人基本福祉的权利可优先考量。(6) 防止伤害的义务如饥饿,以及提升公共利益的义务如居住、教育以及社会救助,这两种义务优先于个人财产所有权的权利。②

总的来说,以上两种伦理抉择原则对于中国社会工作者解决具体的伦理困境有重要的借鉴作用。例如,首先,二者都把保护生命放在最高优先位置;其次,强调培养人们的独立和自由意识、尊重案主自决权的重要性;然后依次强调平等、尊重隐私权、保密、诚实等原则,强调个人福利的权利优先于法律、法规和组织的规定,提升公共利益的义务优先于个人财产所有权的权利等。这种“以人为本”的理念对于正在建设法制国家和强调经济利益的中国而言也是有益的借鉴。

但是在中国社会工作本土化发展中,西方伦理抉择的原则也会面临很多挑战。如在中国的道德文化范畴内,个人利益与国家、社会利益发生冲突时,个人利益应该服从集体利益,社会公共利益是优于服务对象个人利益的。因此,社会工作者在强调服务对象的基本利益时,也应该将其置于社会或集体中去提供具体服务,在维护个人利益的同时,亦不能违背国家、社会的基本利益。

总之,作为社会体系重要组成部分的专业社会工作,其所遵循的伦理守则以及伦理原则,不能脱离法律规范,更不能脱离一定的社会背景。只有将专业伦理、法律规范、社会文化及风土人情等综合考虑,才能实现尊重服务对象个人利益、公平分配社会资源以及社会公正等专业目标。

第三节 伦理危机

随着现代生活的多元化和复杂化,社会工作专业伦理不可避免地遭遇到各种

① 〔美〕拉尔夫·多戈夫等:《社会工作伦理——实务工作指南》,隋玉杰译,北京:中国人民大学出版社,2005年,第59~61页。

② 〔美〕Frederic G. Reamer:《社会工作价值与伦理(第二版)》,包承恩等译,台北:洪叶文化事业有限公司,2000年,第106~111页。

冲突和挑战，产生了专业伦理危机。

一、伦理危机的内涵

在日常生活和学术界，"伦理危机"的使用十分频繁，社会工作专业的伦理危机具有一般社会伦理危机的特点，但是也具有其特定的专业意义。

罗肖泉认为："当社会工作者在专业实践中由于主观或客观的原因没能作出恰当的伦理选择时，就有可能将自己甚至所在的代理机构置于伦理危机之中。一般说来，社会工作实务中的伦理危机起因于社会工作者的过失治疗，这是指社会工作者或其他专业人员的行为不符合专业的实务标准——这标准是一般的专业人员在相似的情形下会遵循的服务方式。"①这里界定了一种重要的伦理危机类型，即实践过程中所造成的伦理危机。实际上，伦理危机的内涵和外延要更为丰富。

社会工作作为一个独立的专业，其价值和伦理的作用在于为社会工作者提供一种可参照的标准，维持专业的独立性和科学性，并使社会工作者保持自身与专业、与周围环境的平衡与协调。但是，在重大问题发生或者现实飞速变迁等情况下，打乱了正常的伦理标准，对社会工作者及社会工作专业造成或即将造成比较严重的失范现象，即为社会工作专业的伦理危机。

伦理危机不同于伦理困境。伦理困境主要是指在实务过程中有两种以上的价值或伦理守则同时存在，社会工作者很难作出适当的选择；而伦理危机则强调由于整个社会的道德冲突或急速社会变迁导致缺乏新的伦理标准，对现存的专业伦理或者专业价值产生挑战，使专业处置出现偏差或者错误而导致违反专业伦理行为的发生。

二、伦理危机的主要类别与表现

社会工作专业伦理危机的产生受到多种因素的影响，对专业伦理的功能、标准、实践等多个方面都提出了挑战。

(一) 社会工作专业伦理的功能危机

社会工作专业在长期的发展过程中逐步形成了业内广泛认同的价值观，同时，为从业人员提供了一系列行为标准和规范。社会工作伦理守则在具体实务活动中

---

① 罗肖泉：《践行社会正义——社会工作价值与伦理研究》，北京：社会科学文献出版社，2005年，第298页。

发挥着指引、约束、监督、评估等具体的作用。然而，在多元化价值的冲击之下，专业伦理的功能也受到挑战，各地违背社会工作专业伦理的事件经常出现。例如，台湾省高雄市爆出的社工丑闻。2009 年，一名育幼院的女学生向社工求助，反遭到社工人员性侵害。[①] 香港一名社工被控在云南孤儿院非法与女童性交、严重不道德行为及非礼罪。[②] 更有学者指出，社会工作者在专业化过程中，会在各种压力下将社会中的主流观点传递给服务对象，并且会在各种法律、制度等的制约下发挥一定的政治功能。这种专业主义的取向，在某种程度上违背了社会工作的本质。[③]

（二）社会工作专业伦理的标准危机

在世界各国社会工作专业发展过程中，都建立起了社会工作专业的伦理守则。这种成文的伦理守则通常是建立在文化的普遍性和适用性基础上的，具有一定的包容性。但是，在今天这个越来越多元化的社会中，单一的伦理守则是否能够包容所有的文化？尤其是在全球化联系越来越密切的今天，文化与价值的多元性为社会工作专业在全球的发展提出了挑战。社会工作普适性的专业伦理标准是否能够存在？如何在多元文化下发展出具有文化兼容性的伦理守则或伦理原则？这些问题都使社会工作专业伦理体系面临着冲突和危机。

同时，随着社会的快速发展和技术日新月异的进步，新的社会事物与社会现象层出不穷，原有的道德规范与伦理标准在新生事物上失去了适用性，但新的伦理标准并未建立起来，亦可能将专业伦理标准置于危机之中。例如，克隆技术的发展在很多领域都引起讨论与争议。面对"克隆人"，社工如何界定人的自主性、人的价值与尊严等基本问题？

（三）社会工作专业伦理的实践危机

在社会工作专业服务中，不可避免地会遇到很多伦理困境。通常，这些伦理困境一般不会牵涉法律问题，需要通过一些规范团体来约束，如社会工作者协会。但是，在实务过程中，有些伦理议题的处置结果可能是有害的甚至是犯罪，会造成诉讼、伦理申诉或对社会工作者进行诉讼。类似的治疗过失和错误行为，便是社会工作专业伦理的实践危机。

---

① 中新网新闻：《女生求助反遭社工性侵，高雄市官员承认确有此事》，2010 年 5 月 17 日，见 http://www.chinanews.com/tw/tw_mswx/news/2010/05-17/2286385.shtml。

② 综合报道：《香港社工云南性侵女童罪成候判》，《侨报》2010 年 12 月 16 日 B10 版。

③ 蔡建诚：《专业伦理的政治功能：社会工作的例子》，载文思慧、梁美仪：《专业交叉点——专业伦理的理念与实行》，香港：香港哲学会出版，2000 年。

社会工作者的治疗过失一般表现为两类情形：其一，社会工作者不适当地执行职务，以不合法律或不合专业标准的手段达到目的。例如，社会工作者对服务对象的剥削、欺诈、性侵犯行为，或是社会工作者没有运用适当的专业技巧解决服务对象的问题，或是社会工作者为了自己或机构的利益从事福利金或保险金欺诈活动等。其二，社会工作者没有依据专业标准尽到应尽的义务。例如，在没有得到服务对象同意的情况下泄露服务对象的秘密、未能预防服务对象对自身或他人生命的伤害、在服务对象需要时没能及时出现、违反案主自决原则实行强制性干预等。①

实践危机的形成，并非完全由于社会工作者的主观因素所造成。有的时候，尽管一些社会工作者在面临伦理困境时很小心，会认真权衡每种选择的利弊得失，虚心听取督导和同事的意见，谨慎地作出决定，尽量避免对服务对象造成伤害。但有时候，无论社会工作者做出何种决定，伤害总是不可避免的。

案例 10-5：事与愿违

小兰，女，20 岁，某大学三年级学生。小兰 8 岁丧父，其母守寡至今，是一个十分守旧的传统中国女性。某个晚上，小兰赴约去老师丁某家借书。丁某，男，35 岁，未婚，信奉独身主义，住在学校的单身公寓里。丁某借辅导英语为诱饵把小兰留了下来，趁机又强奸了她，并恐吓她不能报警，否则将诬告她是引诱男人的“狐狸精”。当晚，小兰把被强奸的事告诉了母亲。母亲很伤心，认为唯一的出路就是乞求丁某与女儿结婚。在母亲的逼婚下，小兰乞求丁某娶她，但丁某毫不留情地拒绝了小兰。为了保全“面子”与女儿的学籍，母亲再一次劝女儿“认命”。小兰背负巨大的精神压力，无法继续学业，转向学校社工求助，并要求社工一定不要把自己和老师的“丑事”说出去，否则自己不但书没法念了，也没法活了。②

负责本案的社工认为，丁某的行为已触犯了刑法，构成了犯罪，所以没有听从小兰的“保密”请求，向公安机关报了案。于是小兰的事情也曝光于公众视野下，小兰由于此事给自己造成的巨大伤害而选择了自杀，虽然自杀未遂，社会工作者给服务对象造成的伤害是显而易见的。

从这个案例可以看出，社会工作者往往面临着这样的窘境：行为动机和效果的不一致。虽然在伦理守则或者伦理抉择原则的指引下，社会工作者的动机和实务处置并没有严重的错误，但是由于服务对象的主观认识以及各种客观因素的限制，

---

① 罗肖泉：《践行社会正义——社会工作价值与伦理研究》，北京：社会科学文献出版社，2005 年，第 298 页。

② 此案例根据李晓凤《社会工作个案分析：性伤害引发的心理问题》(《武汉大学学报》，2001 年增刊)中的案例进行了改写。

事与愿违的结果时时会发生。

三、解决伦理危机的途径

社会工作专业伦理危机的产生，是一个十分复杂的问题，既涉及社会工作专业本身的发展，也涉及整个社会的价值伦理发展。各种因素相互交织，使社会工作专业伦理危机的解决具有一定的难度。但是，伦理危机的出现，也是对社会工作专业本身的一个挑战和机遇。作为一门专业、一个职业，中国社会工作专业发展可以借此时机，从以下几个方面着手来应对所面临的伦理危机。

（一）建立健全的社会工作专业教育体系

一个合格的社会工作者，必须对社会工作核心价值有所了解、接受社会工作伦理的陶冶和社会工作服务技巧的训练。因此，作为社会工作者养成的一个重要环节，必须建立起健全的社会工作专业教育体系。在课程安排上，不仅注重直接服务技巧的学习和训练，更应将社会工作价值与伦理的内化贯彻课程体系中。但目前很多高校中未开设相关课程，很容易将专业价值与伦理教育置于一种可有可无的境地，甚至是用技术教育完全取代价值与伦理教育。[①]

社会工作专业教育也应包括法律与社会文化教育。社会工作者的伦理抉择，要兼顾专业伦理、法律规范以及社会文化等多种因素，因此，社会工作者的养成教育应综合、多元。

在学识教育的同时也要加强实务训练。可以采取案例教学法，以社会中发生的或者实习中遇到的事件为案例，综合考虑社会文化、法律与专业伦理等多个方面因素，训练学生的分析与判断能力，以增进其问题解决能力。对于已经入职的专业社工而言，还要建立一个再培训的机制，以期不断提高服务能力，反思实务经验。

（二）建立符合中国制度和文化环境的社会工作专业价值和伦理体系

西方社会工作专业伦理在中国本土化发展过程中，面临着诸多的挑战和冲突，很容易使社会工作者陷入到伦理困境甚至是伦理危机中。因此，中国社会工作专业的发展，应该借鉴西方的专业伦理，从中国的具体情况出发，建设体现中国特点的专业伦理体系，并加以检验和整合，以发展具有文化适应性和可操作性的专业伦理守则。如对于专业关系的界定，可以考虑到中国文化中所推崇的人际关系特点，

---

① 罗肖泉：《践行社会正义——社会工作价值与伦理研究》，北京：社会科学文献出版社，2005年，第323页。

建立一种包含关怀和友谊的工作关系；[①]再如，与其小心翼翼地去保卫其实几乎不可能实现的"纯粹的专业关系"并且因此使自己畏首畏尾、裹足不前，还不如放开手脚，解放思想，建立在中国文化情境中的专业关系。[②]

(三) 完善社会工作者考试和注册制度

社会工作者考试和注册制度，是遴选合格社会工作者的一个重要途径。通过考试、注册，不仅要考察专业的理论知识，更应将社会工作者的专业实务知识和实务经验体现出来，以反映社会工作者的价值和伦理以及面对伦理困境时的处置方式。要达到这一目的，社会工作者的考试制度、考试方式等具体问题都需要进行进一步的研究和探讨。

同时，注册制度作为对社会工作者的监督与评估机制，能够有效约束社工的专业行为，尽可能避免失当处置。港台和欧美地区目前的注册制度已经比较成熟，中国大陆应避免简单复制其他国家或地区的制度体系，而应在反思其成功经验和弊端的基础上，不断发展并完善适合本土情境的注册制度。

(四) 加强政府部门的政策制定、监督、考核等

为了尽可能地避免专业伦理危机的发生，政府部门也应该出台相应的政策，对社会工作专业本身及社会工作的从业者进行考核和监督。近年来国家和地方的一些主管社会工作的部门制定了相应的规则来约束社会工作者的行为。如中国社会工作者协会制定了《中国社会工作者守则》，深圳等地方协会亦先后出台了相关守则来监督、约束社会工作者的行为。2011 年，《深圳市社会工作行业投诉处理规范(暂行)》出台，详细规定了对社会工作者治疗过失等行为进行处罚的程序、规范等具体问题。由此可见，随着近年来中国专业社会工作的快速发展，关于处理"治疗过失"的一些规章制度也开始出台，将逐步规范社会工作专业行为。

本章小结

1. 伦理困境按照成因可划分为目标的冲突造成的困境、忠诚的冲突造成的困境、责任的冲突造成的困境、角色的冲突造成的困境以及利益的冲突造成的困境；按照伦理守则中消极义务、积极义务存在的局限与冲突，可以分为决策困境与结构

---

① 刘华丽：《中国社会工作本土化问题再探讨》，《社会》，2004 年第 12 期。

② 潘绥铭等：《社会工作伦理准则的本土化思考》，《中州学刊》，2012 年第 1 期。

困境。

2. 由于社会工作专业与价值自身的特性、个人与社会(环境)之间的矛盾和冲突、不同社会文化的冲突以及心理认知等原因,伦理困境的产生不可避免。

3. 社会工作实务过程中,常见的伦理困境有隐私权与保密限度造成的伦理困境、案主自决与干预限度造成的伦理困境、个人利益与社会责任的冲突造成的伦理困境、专业关系的界限造成的伦理困境以及资源的限制造成的伦理困境等。

4. 瑞默的伦理抉择多要素模式、多戈夫的伦理准则筛查方法(ERS)与伦理原则筛查方法(EPS)是进行伦理抉择的重要工具。

5. 伦理抉择原则主要有生命优先模式、道德优先模式、伦理经验模式与特殊情境模式。其中以生命优先模式最为常用。

6. 社会工作专业伦理危机主要表现为专业伦理的功能危机、标准危机以及实践危机。

7. 要避免伦理危机的发生,应建立健全的社会工作专业教育体系,建立符合中国制度和文化环境的社会工作价值和伦理体系,完善社会工作者考试和注册制度,并加强政府部门的政策制定、监督和考核等。

B　主要术语

伦理困境(Ethical Dilemma):指专业价值中对从业者要求的不同责任与义务之间发生相互冲突的情况。

双重关系(Dual Relationships):指社会工作者与服务对象之间除了产生专业关系之外,还有其他社会关系(如亲友关系、商业关系或社交关系等)。

伦理抉择(Ethical Decision Making):指分析和评估社会工作实务中涉及伦理方面的问题,以便形成恰当的、符合伦理的专业行为的过程。

生命优先模式(Life Priority Model):指面对伦理困境时,社会工作者应当把保护生命放在第一位,然后考虑其他诸如平等、自主和自由等原则。

道德优先模式(Moral Priority Model):指面对伦理困境时,社会工作者应当根据社会伦理守则和自己的道德良知、道德责任感进行抉择。

伦理危机(Ethical Crisis):指在重大问题发生或者现实飞速变迁等情况下,打乱了正常的伦理标准,给社会工作者及社会工作专业造成或即将造成比较严重的失范现象。

C 练习题

案例分析:小李任职于一家政府的公共服务部门。最近,某社区的居民前来反映:其社区内一家生产化工原料的企业排放污水、废气,严重影响着他们的健康。他们还了解到,因为生产原料的物质有一定的毒性,该厂已有几名员工患病。社区居民希望政府能干预此事,于是小李整理材料向机构负责人汇报此事。由于该企业是当地的纳税大户,企业负责人找到当地政府,通过有关渠道向机构施加了压力,而机构领导也暗示小李最好不要再参与此事。

1. 案例中,社会工作者面临着哪些伦理上的两难?

2. 如果你是该社会工作者,会如何去做?

D 思考题

1. 什么是社会工作的伦理困境?产生的原因有哪些?

2. 简要列举一下社会工作实务中经常面对的伦理困境议题,并分析伦理困境的表现及对社会工作者的影响。

3. 什么是伦理抉择?瑞默的伦理抉择多要素模式有哪些内容?

4. 伦理抉择原则有哪些排列模式?

5. 简述多戈夫的伦理抉择原则。

6. 什么是社会工作专业的伦理危机?表现在哪些方面?

E 阅读文献

1. 罗肖泉:《践行社会正义——社会工作价值与伦理研究》,北京:社会科学文献出版社,2005 年,第五、六章,第 218～303 页。

2.〔美〕拉尔夫·多戈夫等:《社会工作伦理——实务工作指南》,北京:中国人民大学出版社,2005 年,第一部分第三、四章,第 37～65 页;第二部分,第 69～166 页。

3.〔美〕Frederic G. Reamer:《社会工作价值与伦理》,包承恩等译,台北:洪叶文化事业有限公司,2009 年,第三、四、五、六章,第 63～223 页。

4. 陈钟林、黄晓燕:《社会工作价值与伦理》,北京:高等教育出版社,2011 年,

第六章，95～114页。

5. 顾东辉：《社会工作伦理：视角、困境与应对》，《中国社会导刊》，2008年第9期。

6. 江娅：《社会工作中的伦理困境和价值冲突》，《中国青年政治学院学报》，2007年第1期。

附　录

社会工作者职业道德指引

（民政部 2012 年 12 月 28 日）

第一章　总　则

第一条　为加强社会工作者职业道德建设，保证社会工作者正确履行专业社会工作服务职责，根据国家有关规定，制定本指引。

第二条　本指引所指的社会工作者是指通过全国社会工作者职业水平评价，提供专业社会工作服务的人员。

第三条　社会工作者应热爱祖国、热爱人民、拥护中国共产党领导，遵守宪法和法律法规，贯彻落实党和国家有关方针政策。

第四条　社会工作者应践行社会主义核心价值观，遵循以人为本、助人自助专业理念，热爱本职工作，以高度的责任心，正确处理与服务对象、同事、机构、专业及社会的关系。

第二章　尊重服务对象　全心全意服务

第五条　社会工作者应以服务对象的正当需求为出发点，全心全意为服务对象提供专业服务，最大程度地维护服务对象的合法权益。

第六条　社会工作者应平等对待和接纳服务对象，不因民族、种族、性别、户籍、职业、宗教信仰、社会地位、教育程度、身体状况、财产状况、居住期限等因素而区别对待。

第七条　社会工作者应尊重服务对象知情权，确保服务对象在接受服务过程中，了解自身和机构的权利、责任和义务，以及获得服务的情况和可能由此产生的结果。

第八条　社会工作者应在不违反法律、不妨碍他人正当权益的前提下，保护服务对象的隐私，对在服务过程中获取的信息资料予以保密。

第九条　社会工作者应培养服务对象自我决定的能力，尊重和保障服务对象对与自身利益相关的决定进行表达和选择的权利。

第十条　社会工作者不得利用与服务对象的专业关系，谋取私人利益或其他不当利益，损害服务对象的合法权益。

第三章　信任支持同事　促进共同成长

第十一条　社会工作者应与同事建立平等互信的工作关系。

第十二条　社会工作者应主动与同事分享知识、经验、技能，互相促进，共同成长。有责任在必要时协助同事为服务对象提供服务，接受转介的工作。

第十三条 社会工作者应尊重其他社会工作者、专业人士和志愿者不同的意见及工作方法。任何建议、批评及冲突都应以负责任、建设性的态度沟通和解决。

第十四条 社会工作者应相互督促支持，对同事违反专业要求的言行予以提醒，对同事受到与事实不符的投诉予以澄清。

第四章 践行专业使命 促进机构发展

第十五条 社会工作者应认同机构使命和发展目标，遵守机构规章制度，按照机构赋予的职责开展专业服务。

第十六条 社会工作者应积极维护机构的形象和声誉，在发表公开言论或进行公开活动时，应表明自己代表的是个人还是机构。

第十七条 社会工作者应致力于推动机构遵循社会工作专业使命和价值观，促进机构成长、参与机构管理，增强服务能力、提高服务质量。

第五章 提升专业能力 维护专业形象

第十八条 社会工作者在提供专业服务时，应诚实、守信、尽责，积极维护专业形象。

社会工作者应在自身专业能力和服务范围内提供服务。

第十九条 社会工作者应不断内化和践行专业理念，持续充实专业知识和技能，提升专业能力，促进专业功能的发挥和专业地位的提升。

第二十条 社会工作者应继承中华民族优良传统，借鉴国际社会工作发展优秀成果，总结中国社会工作经验，推动中国特色社会工作发展。

第六章 勇担社会责任 增进社会福祉

第二十一条 社会工作者应运用专业视角，发挥专业特长，参与相关政策法规的制定和完善，维护社会公平正义，增进社会福祉。

第二十二条 社会工作者应正确鼓励、引导社会大众参与社会公共事务，推动社会建设。

第二十三条 社会工作者应推广专业服务，促进社会资源合理分配，使社会服务惠及社会大众。

第七章 附 则

第二十四条 本指引自发布之日起施行。

（资料来源：《民政部关于印发〈社会工作者职业道德指引〉通知》，民发〔2012〕240号）

深圳市社会工作者协会

深圳市社会工作者守则

（2008 年）

一、个人操守及素质

1. 社工是公共服务的专业提供者，社会矛盾的有效化解者，社会政策的宣传者和重要执行者，社会管理创新的有力推动者，社会公平的积极维护者，社会建设的“工程师”。

2. 拥有良好道德品质、专业知识和技能，遵纪守法，尽职尽责，维护社会和谐、促进社会进步。

3. 遵循平等原则，尊重每一个人的独特价值和尊严，不因服务对象的出身、种族、国籍、性别、年龄、政治观念、宗教信仰、社会及经济地位等不同而有所区别。

4. 全心全意为公众服务，相信每个人都有发展的潜能，为满足服务对象的自我发展、自我实现而努力工作。

二、工作守则

1. 社工对社会

（1）宣传贯彻国家有关社会工作的政策、法规，大力宣传社会工作的积极作用。

（2）及时向有关部门反映民众的困难和问题并提出建议，努力推动完善社会福利政策和制度，促进提高整体社会福利水平。

（3）本着负责任和建设性的态度，鼓励和组织群众参与社会事务，发挥良好的正面导向作用。

（4）积极推动社会工作行业的整体发展，主动献计献策，促进社会工作专业的发展与创新。

（5）当突发严重自然灾害或社会群体性危机事件时，社工有责任做出及时的专业视角反应，启动危机干预预案，有效地开展专业社会工作，帮助人们走出灾难的阴影，消除恐惧心理，重建生活。

（6）不得运用个人的知识、技能或经验助长有损国家利益和社会公共利益的活动。

2. 社工对用工单位

（1）服务至上、诚信为本，遵守用工单位管理制度，提供优质服务，认真完成服务指标和任务。

（2）尊重用工单位，诚意合作，共同成长，合理维护社工专业独立性，在有矛盾时应坦诚相见，积极寻找合理友善的解决方法。

3. 社工对社工机构

（1）向社工机构负责，遵守机构纪律、服从机构决定、维护集体荣誉，为其提供高效、优质的专业服务。

(2) 作为社工机构的一员,积极维护社工机构整体形象,主动献计献策,提供咨询意见,以提高机构的服务水准。在未经机构同意的情况下,不得擅用机构名义与外界联系,为私人事务招揽服务对象。

4. 社工对社工专业

(1) 坚持诚实、守信、尽责的工作态度,恪守职业操守及助人价值观。

(2) 努力学习和钻研业务,积极参加继续教育和培训,取得专业资格,不断提高专业技术水平和服务质量。

(3) 在专业资格、服务性质、服务方法及统计成效等方面应本着诚实的原则,根据实际情况提供真实可靠的资料。

(4) 积极总结经验,开展专业研究,推动深圳社会工作实务水平的总体提高。

5. 社工对服务对象

(1) 严守服务对象第一优先原则,在工作过程中确保服务对象生命安全。

(2) 对服务对象负责,协助他们获得适合有效的服务,使服务对象知悉其权利、责任、义务;承担社会工作者相应的责任和义务。

(3) 遵守保密原则。对在服务过程中获得的资料,在与公共利益不矛盾的前提下应予保密,如因工作、法律等需要必须公开服务对象的资料时,应尽可能事先取得服务对象或其法定代理人以及社工机构的同意,并对可能识别案主身份的信息进行必要的技术处理。

(4) 尊重服务对象的自决权,培养服务对象的自决能力;当服务对象的行为会伤害自己或他人时,社工可以对其自决权进行适当限制。

(5) 不得滥用与服务对象的关系,借以谋取私人的利益。

6. 社工对同工

(1) 互相尊重,平等竞争,取长补短,友好合作,共同提高。

(2) 对于同工及其他专业人员有损服务对象利益的不道德行为,应采取适当行为予以制止;也应在有需要时维护受到不公正指控的社工利益。

(3) 尊重其他社工机构及社工,不擅自介入其他社工的服务对象,尊重服务对象的选择权。

(4) 合作开展个案时,社工与合作同工之间所作的保密性沟通,在未经资料来源者明确同意下的情况下,不得向服务对象透露与个案工作无关的沟通内容,如社工喜好评价等。

(5) 尽力协助新同工建立、发展专业价值观,辅助其学习专业知识与技能。

(本守则由深圳市社会工作者协会负责解释)

资料来源:深圳市社会工作者协会网站,2010 年 9 月 26 日(http://www.szswa.org/index/socialworkers/detail.jsp? id=185)

深圳市社会工作者协会

深圳市社会工作行业投诉处理规范(暂行)

(2011年)

为规范行业秩序、强化行业自律,营造良好的社会工作发展环境,维护社会工作服务对象、社工使用单位、社工服务机构和社会工作者本人的合法权益,依照法律法规赋予行业协会的职能,并结合《深圳市社会工作者协会章程》和《深圳市社会工作者守则》等行业制度,制定本办法。

第一章　投诉受理的范围

第一条　针对在深圳市社会工作者协会注册的社会工作者等个人会员的投诉,且至少符合以下条件之一:

(一)违反《深圳市社会工作者守则》及其他社会工作执业纪律和执业操守的行为。

(二)在社会工作专业方面故意或过失造成恶劣影响及其他严重后果的行为。

(三)以虚假事实诋毁、贬低社会工作者、社工服务机构或社工使用单位名誉并造成一定影响的行为。

(四)以虚假资料骗取社会工作登记或注册的行为。

(五)其他导致社会工作专业声誉和行业形象受损的行为。

第二条　针对深圳市社会工作者协会单位会员的投诉,且至少符合以下条件之一:

(一)因故意或过失损害社会工作服务对象、社会工作者、社工使用单位合法权益的行为。

(二)无正当理由拒不接受转介社会工作服务对象的行为。

(三)设立不合理条件限制社会工作者流动的行为。

(四)诋毁、贬损同业社工服务机构声誉并造成不良影响的行为。

(五)同行业不正当竞争的行为。

(六)其他导致社会工作专业声誉和行业形象受损的行为。

第三条　下列情况不予受理:

(一)不能够提供基本证据材料或证据材料模糊不清的。

(二)证据材料与投诉事实没有直接必然联系的。

(三)匿名投诉的。

(四)针对非本协会会员的投诉。

(五)人民法院、公安机关等司法、行政机关和仲裁委员会、人民调解委员会等有关组织已经正式受理或已经解决的。

(六)虽有违法、违纪的事实,因法律、法规规定只能由专门机关管辖处理的。

第二章 投诉的形式

第四条 投诉人应当真实、准确完整地阐明具体事实。通过下列方式进行投诉：

1. 书面，2. 电子邮件，3. 电话、传真，4. 当面陈述。

投诉受理部门可以根据需要要求投诉人提交或补充提交书面材料。

第三章 纪律委员会

第五条 纪律委员会成员由 20 人组成，设主席 1 人，副主席 1 人，委员 18 人。

构成包括：社工主管部门代表 20％，行业协会代表占 20％，社工服务机构代表占 20％，本土督导占 20％，一线社工占 20％。

第六条 纪律委员会的产生：按照《深圳市社会工作者协会章程》的规定，除主管部门代表候选人外，其他类别的代表候选人通过报名和推举的方式产生，须经会员代表大会选举通过后当选。

具体方案由协会秘书处报（常务）理事会审议通过，并经登记管理机关审批后生效。

第七条 纪律委员会成员任期三年，可连选连任。

纪律委员会成员名单每年定期公布于协会网站，并报主管部门备案。

第八条 一年内累计两次以上（含两次）无正当理由不履行纪律委员会职责的，由协会秘书处提交会员代表大会表决进行罢免。纪律委员会成员的退出、增补和罢免均由常务理事会决定。

第九条 纪律委员会对会员代表大会负责。

纪律委员会实行主席负责制，纪律委员会主席缺席时，由副主席代为履行。

第十条 纪律委员会的日常行政工作由协会秘书处负责，由协会注册权益部承担受理投诉、联络纪律委员成员及管理档案等日常工作。

第四章 投诉处理小组的组成及工作规范

第十一条 对于每宗投诉个案，由协会秘书处报纪律委员会主席，由纪律委员会主席主持随机抽选 3～7 名纪律委员会成员组成个案投诉处理小组，并指定一名成员为小组组长。

第十二条 投诉处理小组在作出裁决的意见不一致时，以少数服从多数的原则进行表决，但应当将不同意见记录在案。

第十三条 投诉处理小组成员与投诉事项或各方当事人有利害关系的，应当主动申请回避。当事人各方也有权申请投诉处理小组成员回避。投诉处理小组成员的回避由组长决定，组长的回避由纪律委员主席决定，纪律委员会主席的回避由协会会长决定。

第十四条　投诉处理小组成员不得私自摘录、复制或泄露投诉事件的相关材料。严禁将投诉材料转交给被投诉人员，但在调查中需要双方当面质证核实的材料除外。

第十五条　投诉处理小组成员应当全面、客观、公正地处理投诉事件。

第十六条　投诉处理小组成员调查案情时，应当不少于两名成员同时参加，并需出具纪律委员会的公函。

被调查人员应当配合投诉处理小组成员调查取证，如实回答相关询问，不得借故阻挠。不予配合的，将承担对其不利的后果。

第五章　处理投诉的程序

第十七条　协会秘书处收到投诉后 7 个工作日内报纪律委员会主席批准，作出同意受理或不予受理的决定。

不予受理的需书面向投诉人说明理由。

第十八条　同意受理的案件须在受理后 5 个工作日内由纪律委员会主席主持成立投诉处理小组，进入调查调解程序。

第十九条　自投诉处理小组成立后 10 个工作日内，通知被投诉人申辩并提交反驳证据。

第二十条　自投诉处理小组成立 30 个工作日内(特殊情况，经纪律委员会主席批准可延长 30 个工作日)需对案件形成最终的处理意见报告。处理意见报告经纪律委员主席批准后，以深圳市社会工作者协会纪律委员会的名义作出书面处理决定。

第六章　投诉处理决定

第二十一条　投诉处理决定分以下类别：

(一) 对社会工作者的处理决定包括：警告、责令改正、取消评优资格、通报批评、注销注册、行业禁入通报等。

(二) 对社工服务机构的处理决定包括：警告、责令改正、取消评优资格、通报批评、注销机构在社协的注册资格、取消其获得深圳市社会工作者协会与社会基金、企业等单位合作的奖励或资助的资格。

必要时，可以书面建议行政主管部门对社工机构考核评估时予以扣分，在政府购买社会工作服务时建议取消投标资格或裁减岗位数量。

(三) 涉嫌违反行政法规的，报送行政主管机关处理。

(四) 涉嫌触犯刑法的，报送司法机关处理。

第二十二条　对第二十一条第(一)(二)项处理决定不服的，可以向行政主管申诉。

第七章 其他规定

第二十三条 本办法不妨碍投诉人和被投诉人依据相关法律法规申请仲裁和提起诉讼的权利。

在投诉人或被投诉人依据相关规定申请仲裁或提起诉讼后，依据本办法已经启动的程序自行中止。待法定程序结束后，纪律委员会再根据相关生效法律文书做出处理决定。

第二十三条 本办法自会员代表大会通过后生效。深圳市社会工作者协会秘书处负责解释。

资料来源：深圳市社会工作者协会网站，2011 年 5 月 17 日（http://www.szswa.org/index/socialworkers/detail.jsp? id=1130）。

香港社会工作者注册局

注册社会工作者工作守则

前　言

根据《社会工作者注册条例》(第五零五章)第十条,“为了就注册社会工作者的专业操守(包括关乎该等操守的道德事宜)提供实务指引”,社会工作者注册局批准及发出此《社会工作者工作守则》。

制订《工作守则》的主要目的是为保障服务对象[①]及社会人士。为加强社会人士对社工专业的信任和信心,制订工作守则实属必要。

这份文件是注册社会工作者(以下简称社工)日常操守的指引。根据《社会工作者注册条例》第十一条,当社工被指控其操守违反本文件内所列明的专业标准时,注册局将以此《工作守则》作为裁决的依据。这份文件列明社工与其服务对象、同工、所属机构、专业及社会建立专业关系时的道德行为标准。它适用于社工的任何专业行为。

社工须协力推行此《工作守则》,并遵从依据这些守则作出的所有纪律判决,亦应与时并进,紧贴可能不时修订的香港法律。此外,社工应采取足够的措施或行动去预防、劝阻、纠正或揭发其他社工违反《工作守则》的行为。社工也应采取合理和适当的措施,监察其辖下的所有员工及协助社工提供服务的其他人士不会因抵触《工作守则》而引致服务对象的利益[②]受损。

第一部分　基本价值观及信念

1. 社工的首要使命为协助有需要的人士及致力处理社会问题。

2. 社工尊重每一个人的独特价值和尊严,并不因个人的族裔、肤色、家庭/ 社会/国家本源、国籍、文化、出生、性别、年龄、语言、信仰、政治或其他主张、家庭/社会/经济地位、残疾、教育程度、对社会的贡献或性倾向而有所分别。

3. 社工相信每一个人都有发展的潜质,因而有责任鼓励及协助个人在顾及他人权益的情况下实现自我。

4. 社工有责任维护人权及促进社会公义。

5. 社工相信任何社会都应为其公民谋取最大的福祉。

6. 社工有责任更新、提升及运用本身的专业知识和技能去推动个人和社会的进步,务求每一个人都能尽量发挥自己的所能。

7. 社工认同人际关系的重要性,会尽力加强人际关系,务求维持、促进及提高个人、家庭、社团、机构、社群的福祉,帮助社会大众预防及减少困境与痛苦。

第二部分 原则及实务

与服务对象有关

职责

1. 社工首要的责任是向服务对象负责。

文化意识

2. 社工应认同其服务的社群在种族及文化方面存在差异。

3. 社工应对其服务对象的文化熟悉和敏锐，并明白到他们之间在族裔、国家本源、国籍、宗教和习俗各方面的分别。

知情决定及自决

4. 社工有责任让服务对象知悉本身的权利及协助他们获得适切的服务，且应尽量使服务对象明白接受服务所要作出的承担与及可能产生的后果。

5. 如果服务对象是在强制情况下使用服务，社工应向服务对象清楚说明他们的权利和权限，并协助他们尽量获取最大的自主权。

6. 因应服务对象在自决权方面的限制，社工应鼓励服务对象尽量参与有关其目标、选择和可获得服务的决定。

使用数据及保密原则

7. 社工应尊重服务对象在保障私隐和保密个人资料方面的权利。社工也应尽可能充分告知服务对象在某种情况下，保密性所受到的限制，搜集数据的目的及数据的用途。

8. 在公开个案资料时，社工应采取必要及负责任的措施，删除一切可以识别个案中人士身份的数据，并应尽可能事先取得服务对象及相关机构的同意。

9. 社工应采取预防措施，确保和维持透过电子媒介传达至其他人士的数据的保密，并应尽量避免披露足以识别服务对象身份的数据。

10. 当社工透过电子媒介提供服务时，应告知服务对象有关该等服务的限制和风险。

11. 除非能确定私隐得到保障，否则社工不应在任何环境下讨论机密数据。

12. 当法律程序在进行中，社工应在法律容许的范围内，保护服务对象的机密数据。

利益冲突

13. 社工不得滥用与服务对象的关系，借以谋取私人的利益。

性关系

14. 在任何情况下，不论是经双方同意或以强迫方式，社工不应与服务对象进行任何涉及性的活动或性接触。

15. 社工不应为过去曾与其本人有性关系的人士提供临床服务。

持续提供服务

16. 如服务需要收费，社工应尽量使服务对象不会因经济能力而不能及时获取所需要的服务。

收费措施

17. 社工应制订及维持收费的措施，使之能准确地反映所提供的服务的性质和范围；如为私人或独立执业的社工，更应使该等措施能识别由谁提供有关服务。

18. 在提供服务之前，社工应清楚告诉服务对象各种服务的收费率和费用。

与同工有关

尊重

19. 社工应尊重其他社工、其他专业人士及义务工作者不同的意见及工作方法。任何建议、批评及冲突都应以负责任的态度表达和解决。

跨界别协作

20. 社工应以公平和专业的方式执行职务及对待同工，无论对方隶属哪个机构，对他们均一视同仁。

21. 社工应尽量与其他社工及其他界别的人士协作，以提高服务的成效。

22. 当社工作为一个跨界别小组的成员时，应本着社工专业的角度、价值和经验，参与和促成将会影响服务对象福祉的决定。社工应尽量促使及协助该跨界别小组清楚界定小组整体及其个别成员的专业和道德责任。

23. 如果一个跨界别小组的决定引起关于社工道德上的问题，该社工应设法透过恰当的渠道来解决分歧。如果这样仍未能解决分歧，社工应寻求其他适当和符合服务对象利益的途径，来处理他们所关注的问题。

督导及培训

24. 负责督导或提供专业咨询的社工，应透过适当的进修、培训、谘商和研究，以获得和继续具备所需的知识、技能和方法，使自己能够胜任专业督导和培训方面的工作。社工应只在其知识领域或工作能力范围内提供训练或发出指示。

25. 提供督导的社工应该认同督导在教育、支持、发展和工作上所扮演的角色，而不应滥用与下属的专业关系，借以谋取任何利益。

26. 负责督导的社工有责任监察其下属按照本《工作守则》办事。

咨询

27. 无论何时，如咨询同工是为了使服务对象获得最大利益，社工应向同工寻求意见及指导。

28. 社工应只向那些已显示其具备与须咨询议题有关的知识、专长和工作能力的同工，咨询他们的意见。

29. 当社工为了服务对象而须咨询同工的意见时，应只向该同工提供必须的数据。

服务对象的选择权

30. 社工尊重服务对象的选择权，并不应在不尊重其他机构和同工的情况下夺取其他社工的服务对象。

共事同工间的沟通

31. 社工与共事同工之间沟通时所谈及的内容，在未得到原说者明确许可之前，该社工不应向服务对象透露任何超出服务对象个人数据范围以外的内容。

性关系

32. 作为督导或培训者的社工，不应与在其专业权力下督导的下属、学生或受训学员，进行任何涉及性的活动或性接触。

与机构有关

33. 社工应向其雇用机构负责，提供具效率及效能的专业服务。

34. 社工应作出建设性及负责任的行动，以影响并改善雇用机构的政策、程序及工作方式，务求令机构的服务水平不断提升，及使社工不会因执行机构的政策时而抵触这份《工作守则》。

35. 社工在发表任何公开言论或进行公开活动时，应表明自己是以个人身份抑或代表团体或机构名义行事。

36. 社工不应在未经其服务机构同意下，利用机构与外界的联系，为个人的私人业务招揽服务对象。

与专业有关

专业责任

37. 社工从事其专业工作时，应持着诚实、诚信及尽责的态度。

38. 社工应持守专业的价值观和操守，并提升专业的知识。

39. 社工应向有关机构报告任何有违专业工作守则而危害接受社会工作服务对象利益的行为，并在有需要时维护那些受到不公正指控的社工。

职效能力

40. 社工应只在其教育、训练、执照、证书、专业咨询、被督导的经验或其他相关的专业经验的范畴内，提供服务及声称自己具备有关的职效能力。

41. 社工应只在参与研究、训练、专业咨询，及经由熟悉该等介入方法或技巧的人士的督导后，才在实质的范畴内提供服务，或采用对他们来说新的介入技巧或方法。

42. 如果在新兴的实务领域中，仍未有普遍认可的标准，社工应小心判断，并采取负责任的措施，包括适当的进修、研究、培训、专业咨询和督导，以确保他们的工作成效，以及保护服务对象免受伤害。

尊重

43. 社工对专业提出评论时，应持着负责任和有建设性的态度。

陈述

44. 社工不应就个人资料、专业资格、证书、教育、职效能力、服务性质、服务方法或将可达致的成果，作出不确的声明或虚假的陈述。

独立进行社工实务

45. 从事私人执业或独立进行社工实务的社工，应只在其能力范围内提供服务。一旦服务对象的需要超出其能力范围，社工应予以适当的转介。任何有关其服务的宣传，均应建基于该等社工的实际资格、经验和专长。

专业发展

46. 社工有责任不断增进本身的专业知识和技能。

47. 社工有责任协助新加入社会工作专业的同工建立、增强与发展其操守、价值观与专业上的技能与知识。

奉召当值

48. 当有关方面提出明确的要求，特别召集在场的社工，在特定的情况下提供某些服务，社工应奉召当值③。

与社会有关

49. 当政府、社团或机构的政策、程序或活动导致或构成任何人士陷入困境及痛苦，又或是妨碍困境及痛苦的解除时，社工认同有需要唤起决策者或公众人士对这些情况的关注。

50. 社工认同有需要倡导修订政策及法律，以改善有关的社会情况，促进社会的公义及福祉。社工亦认同有需要致力推动社会福利政策的实施。社工不可运用个人的知识、技能或经验助长不公平的政策或不人道的活动。

51. 社工认同有需要致力防止及消除歧视，令社会资源分配更为合理，务使所有人士有均等机会获取所需的资源和服务。

52. 社工认同有需要推动大众尊重社会的不同文化。

53. 社工认同有需要鼓励社会大众在知情的情况下参与制订和改善社会政策和制度。

注释

①“服务对象”是指目前正在接受社工所提供的个人、小组或项目活动等直接服务的人士。

②“服务对象的利益”应由社工在考虑、平衡其服务对象的个人利益及其他有关人士（包括家庭成员、机构、社群、社会等）的权益后，作出专业判断。

③“奉召当值”不适用于透过大众传媒向全体社工发出的呼召。

（附注：如中英文版的内容有歧义，以中文版为准。）

一九九八年十月十六日首次刊宪生效

二零一零年一月十五日修订

（资料来源：香港社会工作者注册局网站，

http://www.swrb.org.hk/chiASP/draft_cop_c.asp）

香港社会工作者注册局

社会工作者工作守则实务指引

前 言

《社会工作者工作守则》于一九九八年十月十六日首次刊宪生效。社会工作者注册局制订《社会工作者工作守则实务指引》的目的在于协助社工加深对《工作守则》的了解,并透过《实务指引》的具体条文使社工更能掌握《工作守则》的要旨及其演绎,从而遵守及落实《工作守则》所厘订的准则。

《实务指引》并非《工作守则》的一部分,而只是一份参考文件。当注册局处理社工是否违反专业操守时,不会单以有关行为是否符合《实务指引》,而作出裁决依据。然而,纪律委员会可中肯及适当地运用有关《实务指引》,包括分析所研讯的投诉个案等等。若纪律委员会在此情况下以《实务指引》作为参考,委员会将会考虑该个案的所有资料与事实根据,而不会因以《实务指引》作参考而使委员会的酌情决定权受限制。

由于纪律委员会在纪律研讯时可将《实务指引》作为参考,故此注册局会尽量安排以确保社工获知或取得最新版本的《实务指引》。若需要修订《实务指引》,注册局会先咨询社工。注册局并会于通过《实务指引》的修订本后以各种方法通知社工。

《实务指引》作为一份参考文件,不能尽列所有可能的情况或照顾到每一个环节。社工于处理问题时应以《工作守则》为大原则,以《实务指引》为参考。为了向其服务对象①提供适切及专业的服务,社工应与时并进,紧贴可能不时修订的香港法律。社工并因应当时情况,在考虑、平衡其服务对象的利益②及其他有关人士(包括家庭成员、机构、社群、社会等)的权益后,作出专业及负责任的判断。

原则及实务

与服务对象有关职责

1. 社工首要的责任是向服务对象负责。

实务指引

1.1 除非其他人的安全及权利会受损害,否则应将服务对象的利益放在首位。

1.2 社工应在能力范围内,根据个人的教育、训练、在督导下取得的经验及合适的专业知识及能力,向服务对象提供服务。

1.2.1 社工若要试行新的工作方法及技巧,应告知其服务对象并获其允许,更须取得其雇用机构及上级的认可。在任何情况下,即使已获其服务对象允许,社工仍不能牺牲服务对象的利益。

1.2.2 假如服务对象所面对的难题并非社工个人能力、或机构的资源与服务范围所能解决时，应予适当转介。

1.2.3 如遇紧急情况，即使所需服务超乎机构的服务范围，社工仍应予以处理，提供实时所需服务，并在有需要时作出转介。

1.3 当社工知悉其个人原因及价值观上的冲突，可能使提供的服务变得不适当或不足够，或会对服务对象造成伤害时，应避免向该服务对象提供服务。

1.4 社工应尽量避免可能导致与服务对象利益冲突的关系及/或承担。假如利益冲突可能发生或无可避免，社工应尽可能表明立场并将利益上的冲突知会服务对象，及使服务对象知悉他有要求终止或调动服务的权利。

1.5 除于特殊或非社工所能控制的情况外，社工应在转职或调动工作岗位或终止服务时，小心考虑所有环境因素及将一切可能发生的不良影响减至最低，并作出恰当安排，以协助服务对象应变，及将工作交托给另一位同工。

文化意识

2. 社工应认同其服务的社群在种族及文化方面存在差异。

3. 社工应对其服务对象的文化熟悉和敏锐，并明白到他们之间在族裔、国家本源、国籍、宗教和习俗各方面的分别。

知情决定及自决

4. 社工有责任让服务对象知悉本身的权利及协助他们获得适切的服务，且应尽量使服务对象明白接受服务所要作出的承担与及可能产生的后果。

实务指引

4.1 社工应在提供服务初期，以切合服务对象背景及能力的方式，在可能范围内，使他们知悉所接受服务的权利、义务、机会和风险。

4.1.1 社工不应故意隐瞒或提供虚假数据，致使服务对象不能获得应有的权益，或可能在未能掌握具体情况下，作出重要的决定。

4.2 社工应将自己的名字、职位、角色与及注册社工的身份，正确地告诉服务对象。

4.3 社工应将投诉的途径告诉服务对象，且绝对不应阻止服务对象向雇用机构或其他有关当局提出针对他们的投诉。

5. 如果服务对象是在强制情况下使用服务，社工应向服务对象清楚说明他们的权利和权限，并协助他们尽量获取最大的自主权。

6. 因应服务对象在自决权方面的限制，社工应鼓励服务对象尽量参与有关其目标、选择和可获得服务的决定。

实务指引

6.1 社工应鼓励服务对象发挥其自决及自主的能力。对幼童及智障人士，社工应尊重其权利，并尊重他们作出与其利益有关的决定的能力。

使用数据及保密原则

7. 社工应尊重服务对象在保障私隐和保密个人资料方面的权利。社工也应尽可能充分告知服务对象在某种情况下，保密性所受到的限制，搜集数据的目的及数据的用途。

实务指引

7.1 受雇于某一社会福利机构的社工是该机构向服务对象提供服务的代理人，除非已获指派处理某一个案或协助（包括督导）同工处理该个案，社工并无接触其档案的权利。

7.2 与同工分享数据，必须有目的地进行，例如这样做是为了从同工处取得与个案有关的意见或支持。在机构内部会议中，分享数据必须在有目的和与专业交流有关的情况下进行。

7.3 当有需要让非专业同工（例如打字员）接触机密资料时，社工应采取合理步骤去提醒他们需要把有关机密资料予以保密。假如社工认为这个原则未获遵行，应采合理行动去防止重蹈覆辙。个别社工应提高警觉，在有需要时须提醒各协作同工避免泄露机密数据。

7.4 当有充分证据显示对服务对象或可能受其行为影响人士的安全或利益构成真确、迫切又严重的危机时，社工即使未有在事前取得服务对象同意，亦应采取其认为必需的步骤去通知有关的第三者。如有怀疑，咨询有关人士，例如富有经验的同工和专业团体，将会是审慎的做法。至于社工应否将超越保密规限的情况知会服务对象，则须用常理去判定该危机会否恶化。

7.5 从认识服务对象人士征集数据，而可能会揭露了服务对象正接受社工服务时，除非在有充分证据显示服务对象的安全或利益亟待关注的情况下，社工应事前向服务对象取得知情首肯。

7.6 服务对象有权知道在他们的个案档案内所收藏有关其个人或由其提供的资料，或因此而引发的资料，例如社工的意见、判断、处理计划等。服务对象亦可接触其他不同来源的数据或因而引发的数据。除非服务对象在社工接触这些来源前已放弃了权利，否则社工在行动前必须先取得服务对象知情首肯。要有充分证据显示，若服务对象行使接触数据权利，会危害服务对象或有关人士的安全或利益而亟待关注，该权利始会受到限制。如服务对象的监护人欲索取有关服务对象的数据，必须先取得服务对象的知情首肯，同时，社工亦须判断服务对象有否能力作出适当的决定及所作出的决定是否符合服务对象的利益。

7.7 在任何情况下，社工不应用任何储存方法，继续私自保留前服务对象的档案或数据于任何记录上。

8 在公开个案资料时，社工应采取必要及负责任的措施，删除一切可以识别个案中人士身份的数据，并应尽可能事先取得服务对象及相关机构的同意。

实务指引

8.1 除了在转移或转介个案情况下，所有足以识别服务对象的数据（例如：名字、地址、学校名称或工作地点等）皆不能以任何沟通方式传递。

8.2 社工必须取得服务对象及社工的雇用机构知情首肯，始能将服务对象资料公布，如社工认为服务对象没有能力作出适当判断，则社工必须取得其监护人的知情首肯。在向与服务对象并无紧密关系的人士(例如：邻居、工作伙伴、校内教师等)提供个案数据时，社工对任何可能揭露服务对象身份的部分内容，应作合理删除。如有必要公开服务对象个人资料，社工应先取得其同意，并就其是否有能力估计其决定的后果作一评定。

9　社工应采取预防措施，确保和维持透过电子媒介传达至其他人士的数据的保密，并应尽量避免披露足以识别服务对象身份的数据。

10　当社工透过电子媒介提供服务时，应告知服务对象有关该等服务的限制和风险。

11　除非能确定私隐得到保障，否则社工不应在任何环境下讨论机密数据。

实务指引

11.1　社工不应在公众地方，讨论机密资料。

11.2　如果服务对象不听从社工的劝喻而公开讨论其本人个案的内容，社工有责任警告该服务对象有关风险及可能出现的后果。

12　当法律程序在进行中，社工应在法律容许的范围内，保护服务对象的机密数据。

实务指引

12.1　若警方要求社工提供有关其服务对象的个人数据，社工应先取得服务对象的知情首肯。在有需要时，社工应作出专业判断，衡量提供数据会否危害服务对象或其他人士的人身安全或利益。如警方有搜查令，则社工须与警方合作，提供基本及必要的数据，或视乎需要，例如就应否提出申请暂缓该搜查令但又不会阻差办公，寻求法律意见。

12.2　如法庭或经法律授权的机构指令社工，在没有得到服务对象的同意下，披露机密或因社工的身份而获得的数据，而披露该等数据又可能会损害服务对象，社工应要求该法庭或机构撤回有关指令、尽可能收窄该项指令所涉及的范围或密封该等纪录，不让公众人士查阅。

利益冲突

13　社工不得滥用与服务对象的关系，借以谋取私人的利益。

实务指引

13.1　当服务与专业关系已不再需要或已与服务对象的需要或利益脱节，社工应终止该服务或关系。

13.2　社工不得利用专业关系以获取财物上的收益。

13.3　社工不得运用专业关系谋取政治利益。

13.3.1　社工不得影响服务对象，使其投票给自己或其所属政治团体的候选人。

13.3.2　社工应采取步骤使其雇用机构在接受政治人物或政党赞助、服务或协助时，采用一视同仁的政策及程序。

13.3.3　社工不得运用与服务对象的关系，征用他们在自己或所属的政治团体的政治选举运动中充任义工。

13.4　如因处理任何个案而可能导致利益冲突，社工为保障服务对象的利益，应考虑抽身引退及另作服务安排。

13.4.1　当社工发觉有移情(transference)及反移情(counter transference)的情况,而这些情况有可能妨碍其提供服务或损害双方的工作关系时,他们应作出安排,转介服务对象予另一位社工。

13.4.2　社工应尽可能避免向存有亲密、家属、私人、商业或政治关系的人士提供服务。

性关系

14　在任何情况下,不论是经双方同意或以强迫方式,社工不应与服务对象进行任何涉及性的活动或性接触。

实务指引

14.1　社工不应与服务对象性交。

14.2　社工不应抚摸或用任何方法刺激服务对象的性器官。

14.3　如社工在执行其专业职务时,需要察看其服务对象身体的私隐部位,有关机构应安排第三者在场。

15　社工不应为过去曾与其本人有性关系的人士提供临床服务。

持续提供服务

16　如服务需要收费,社工应尽量使服务对象不会因经济能力而不能及时获取所需要的服务。

实务指引

16.1　社工应采步骤尽可能促使其雇用机构设立另类资助或免缴政策,且订立政策及程序去检讨难以负担的服务收费。

16.2　当服务对象在缴费方面遇到困难时,社工应评估有关个案,尽可能取得其雇用机构批准,免缴服务收费,或为服务对象寻找另类资助。

16.3　若服务对象已表明无力缴费,社工应评估服务对象是否急需服务。如属急需,社工应立即处理,并尽可能提供服务。如非急需,社工应提供有关合适的服务和资源的数据,及在需要时予以转介。

收费措施

17　社工应制订及维持收费的措施,使之能准确地反映所提供的服务的性质和范围;如为私人或独立执业的社工,更应使该等措施能识别由谁人提供有关服务。

18　在提供服务之前,社工应清楚告诉服务对象各种服务的收费率和费用。

与同工有关

尊重

19　社工应尊重其他社工、其他专业人士及义务工作者不同的意见及工作方法。任何建议、批评及冲突都应以负责任的态度表达和解决。

实务指引

19.1 当与其他社工、专业人士或义务工作者在处理有关服务对象的手法上有不同的意见时，社工应在发表公开批评前采取步骤去与有关的个人或组织分享其看法，并尝试化解冲突。

19.2 在服务对象面前，社工应尽量避免批评其他社工、专业人士及义务工作者；社工可表达不同的意见，而非批评向同一服务对象提供服务的社工、专业人士及义务工作者的意见及手法。

19.3 对其他社工、专业人士及义务工作者，不得做人身攻击，包括以粗言秽语及侮辱性言论针对某人的人格及诚信。批评应以真实事件和行动为依据。

跨界别协作

20 社工应以公平和专业的方式执行职务及对待同工，无论对方隶属那个机构，对他们均一视同仁。

21 社工应尽量与其他社工及其他界别的人士协作，以提高服务的成效。

实务指引

21.1 为了达致增强专业利益、关注及服务成效，社工应乐意与其他社工分享知识、技能和经验。

21.2 当处理同一服务对象时，社工应尽量与其他社工(不管是否在同一机构工作)分享有关资料，并在执行行动计划时取得协调。

22 当社工作为一个跨界别小组的成员时，应本着社工专业的角度、价值和经验，参与和促成将会影响服务对象福祉的决定。社工应尽量促使及协助该跨界别小组清楚界定小组整体及其个别成员的专业和道德责任。

23 如果一个跨界别小组的决定引起关于社工道德上的问题，该社工应设法透过恰当的渠道来解决分歧。如果这样仍未能解决分歧，社工应寻求其他适当和符合服务对象利益的途径，来处理他们所关注的问题。

督导及培训

24 负责督导或提供专业咨询的社工，应透过适当的进修、培训、谘商和研究，以获得和继续具备所需的知识、技能和方法，使自己能够胜任专业督导和培训方面的工作。社工应只在其知识领域或工作能力范围内提供训练或发出指示。

25 提供督导的社工应该认同督导在教育、支持、发展和工作上所扮演的角色，而不应滥用与下属的专业关系，借以谋取任何利益。

26 负责督导的社工有责任监察其下属按照本《工作守则》办事。

咨询

27 无论何时，如咨询同工是为了使服务对象获得最大利益，社工应向同工寻求意见及指导。

28 社工应只向那些已显示其具备与须咨询议题有关的知识、专长和工作能力的同工，咨询他们的意见。

29 当社工为了服务对象而须咨询同工的意见时，应只向该同工提供必须的数据。

服务对象的选择权

30 社工尊重服务对象的选择权，并不应在不尊重其他机构和同工的情况下夺取其他社工的服务对象。

实务指引

30.1 社工不应游说正接受其他社工服务的服务对象，离开该服务而将该服务对象据为己有。但如社工确实相信其他社工的服务会对服务对象不利，社工应按「与有关同工的」中第21条的实务指引表达其关注。

共事同工间的沟通

31 社工与共事同工之间沟通时所谈及的内容，在未得到原说者明确许可之前，该社工不应向服务对象透露任何超出服务对象个人资料范围以外的内容。

性关系

32 作为督导或培训者的社工，不应与在其专业权力下督导的下属、学生或受训学员，进行任何涉及性的活动或性接触。

与机构有关

33 社工应向其雇用机构负责，提供具效率及效能的专业服务。

实务指引

33.1 如社工认为其雇用机构的政策、规条及规章正削弱其服务的效率和成效，又或损害服务对象的利益，他们应促请其雇用机构注意。

34 社工应作出建设性及负责任的行动，以影响并改善雇用机构的政策、程序及工作方式，务求令机构的服务水平不断提升，及使社工不会因执行机构的政策时而抵触这份《工作守则》。

实务指引

34.1 为了持守社工价值观及服务对象权利，社工应向雇用机构提交建设性评论、响应及建议。

34.2 社工应就可能违反专业守则及有关规章的情况，提醒雇用机构。

34.3 假如社工已试图向雇用机构反映，但机构仍然持续其不当行为，使服务对象利益正受损或可能受损，社工应将事件提请有关团体(如社会工作者注册局)注意。

35 社工在发表任何公开言论或进行公开活动时，应表明自己是以个人身份抑或代表团体或机构名义行事。

实务指引

35.1 在发表个人意见或以个人身份采取行动时，除非得到其雇用机构或所属团体的批准，社工应避免使用任何与雇用机构或所属团体有关联的身份或文件。

36 社工不应在未经其服务机构同意下，利用机构与外界的联系，为个人的私人业务招揽服务对象。

与专业有关

专业责任

37 社工从事其专业工作时，应持着诚实、诚信及尽责的态度。

实务指引

37.1 社工不得在受药物及酒精的不良影响下执行任务。

37.2 社工应让有关方面知悉某一情况所有必不可少的细节，不得隐瞒重要数据，误述或选择性地提出资料，意图欺骗或误导有关方面，致其作出不知情的决定。

37.3 当遇到利益或角色冲突时，社工应自专业处境引退，或先把冲突化解，才继续从事专业活动。

37.4 当社工在专业范畴内持不同意见时，应将争辩局限于有关事件的事实及看法。

38 社工应持守专业的价值观和操守，并提升专业的知识。

实务指引

38.1 社工应有意识地及批判性地审视个人工作时所持的价值观及操守标准，务求与专业的规范一致。在审视过程中，社工需识别及试图克服任何个人或机构的障碍，并寻求方法与资源去将社会工作价值观及操守付诸实行。

38.2 社工应尽量利用个人工作经验，通过专业交流，在发展专业知识方面作出贡献。

39 社工应向有关机构报告任何有违专业工作守则而危害接受社会工作服务对象利益的行为，并在有需要时维护那些受到不公正指控的社工。

实务指引

39.1 当应邀在专业失当调查中提供资料时，社工不得故意隐瞒其他社工专业失当的数据。社工应按个人所知，据实呈报。

39.2 当应邀提供数据，以维护受不公正指控社工时，社工应尽量按所知据实呈报。

39.3 社工应将其他社工的专业失当行为，提请有关团体(例如社会工作者注册局)或有能力制止该行为的有关机构注意。

职效能力

40 社工应只在其教育、训练、执照、证书、专业咨询、被督导的经验或其他相关的专业经验的范畴内，提供服务及声称自己具备有关的职效能力。

41 社工应只在参与研究、训练、专业咨询，及经由熟悉该等介入方法或技巧的人士的督导后，才在实质的范畴内提供服务，或采用对他们来说新的介入技巧或方法。

42 如果在新兴的实务领域中，仍未有普遍认可的标准，社工应小心判断，并采取负责任的措施，包括适当的进修、研究、培训、专业咨询和督导，以确保他们的工作成效，以及保护服务对象免受伤害。

尊重

43 社工对专业提出评论时，应持着负责任和有建设性的态度。

实务指引

43.1 若无事实根据，社工应避免对专业作出负面的评论。

43.2 社工应视提供正面及有建设性的提议为其专业责任的一部分。

陈述

44 社工不应就个人资料、专业资格、证书、教育、职效能力、服务性质、服务方法或将可达致的成果，作出不确的声明或虚假的陈述。

实务指引

44.1 社工所提供有关个人和专业资格的数据，必须真确无讹。专业资格在此是指由学术机构及专业团体所颁授的专业资格。如有需要，社工亦应随时乐意提供文件，证明其注册社工的身份。

44.2 在推广服务时，社工应避免宣示未经证实的工作成效。

44.3 社工应对所提供服务的性质及方法，作出清楚及正确的说明。

独立进行社工实务

45 从事私人执业或独立进行社工实务的社工，应只在其能力范围内提供服务。一旦服务对象的需要超出其能力范围，社工应予以适当的转介。任何有关其服务的宣传，均应建基于该等社工的实际资格、经验和专长。

专业发展

46 社工有责任不断增进本身的专业知识和技能。

实务指引

46.1 为增进本身的专业知识和技能，社工每年宜参加不少于二十小时的专业增值活动。专业增值活动可包括训练课程/项目、讲座、会议、研讨会、论坛、工作坊等有关活动。

47 社工有责任协助新加入社会工作专业的同工建立、增强与发展其操守、价值观、与及专业上的技能与知识。

实务指引

47.1 社工应尽可能乐于提供数据及意见，响应新同工的询问。

奉召当值

48 当有关方面提出明确的要求，特别召集在场的社工，在特定的情况下提供某些服务，社工应奉召当值[③]。

实务指引

48.1 当社工奉召提供协助时，应按照其个人能力，并且在遵守《注册社会工作者工作守则》及《注册社会工作者工作守则实务指引》的大前提下进行。

与社会有关

49 当政府、社团或机构的政策、程序或活动导致或构成任何人士陷入困境及痛苦，又或是妨碍困境及痛苦的解除时，社工认同有需要唤起决策者或公众人士对这些情况的关注。

实务指引

49.1 社工应尽可能，不阻挠这类引起决策者或公众人士关注的资料散布。

50 社工认同有需要倡导修订政策及法律，以改善有关的社会情况，促进社会的公义及福祉。社工亦认同有需要致力推动社会福利政策的实施。社工不可运用个人的知识、技能或经验助长不公平的政策或不人道的活动。

51 社工认同有需要致力防止及消除歧视，令社会资源分配更为合理，务使所有人士有均等机会获取所需的资源和服务。

52 社工认同有需要推动大众尊重社会的不同文化。

53 社工认同有需要鼓励社会大众在知情的情况下参与制订和改善社会政策和制度。

注释

①"服务对象"是指目前正在接受社工所提供的个人、小组或项目活动等直接服务的人士。

②"服务对象的利益"— 应由社工在考虑、平衡其服务对象的个人利益及其他有关人士(包括家庭成员、机构、社群、社会等)的权益后，作出专业判断。

③"奉召当值"在本文不适用于透过大众传媒向全体社工发出的呼召。

（附注：如中英文版的内容有歧义，以中文版为准。）

二零零零年十二月七日首次发出

二零一零年一月十五日修订

（资料来源：香港社会工作者注册局网站，

http://www.swrb.org.hk/chiASP/draft_copguide_c.asp）

社会工作伦理守则

台湾社会工作师公会联合会第二届第二次会员代表大会通过(2006年)

依据社会工作师法第十七条社会工作师公会联合会订定社会工作伦理守则，作为实务指引及处理伦理申诉陈情之基础。

第一章 总 则

一、定义

社会工作以人的尊严与价值为核心，促进全民福祉，协助个人、团体、社区发展，谋求社会福利的专业工作。

案主是指接受社会工作服务的个人、家庭、团体或社区。

二、适用对象

社会工作伦理守则适用对象为社会工作师，社会工作师之服务机构及负有督导、考核、监督、协助社会工作职权者，均应尊重社会工作伦理守则。

三、核心价值

以人性尊严为核心价值，努力促使案主免于贫穷、恐惧、不安，维护案主基本生存保障，享有尊严的生活。

四、社会工作伦理原则：尊重、关怀、正义、坚毅、廉洁、守法、专业

1. 社会工作师应尊重生命，力行平等、诚实、信用原则。
2. 社会工作师应接纳案主的个别差异和多元文化。
3. 社会工作师在社会公平的基础上，支持关怀案主表达需求、增强案主能力，努力实现自我。
4. 社会工作师基于社会公平与社会正义，寻求案主最佳利益的维护。
5. 社会工作师应以坚毅的精神、理性客观的态度帮助案主，协助同僚。
6. 社会工作师应诚实、负责、自信、廉洁、守法自许，并不断充实自我，提升专业知识和能力。

五、社会工作师面对伦理冲突时，应以保护生命为最优先考虑原则，在社会公平与社会正义的基础上，其作为：

1. 所采取之方法有助于服务对象利益之争取。

2. 有多种达成目标的方法时，应选择个案的最佳权益、最少损害的方法。

3. 保护案主的方法所造成的损害，不得与欲达成目的不相符合。

4. 尊重案主自我的决定。

六、社会工作师执业，应遵守法令、社会工作师公会章程及本守则。

第二章　社会工作伦理守则

一、社会工作师对案主的伦理守则

1.1　社会工作师应基于社会公平、社会正义，以促进案主福祉为服务之优先考虑。

1.2　社会工作师应尊重并促进案主的自我决定权，除为防止不法侵权事件、维护公众利益、增进社会福祉外，不可限制案主自我决定权。案主为未成年人或身心障碍者，或无法完整表达意思时，应尊重案主监护人、法定代理人、委托人之意思；除非前开有权代理人之决定侵害案主或第三人之合法利益，否则均不宜以社会工作者一己之意思取代有权决定者之决定。

1.3　社会工作师服务时，应明确告知案主有关服务目标、风险、费用权益措施等相关事宜，协助案主作理性的分析，以利案主作最佳的选择。

1.4　社会工作师应与案主维持正常专业关系，不得与案主有不当关系或获取不当利益。

1.5　社会工作师基于伦理冲突或利益回避，须终止服务案主时，应事先明确告知案主，并为适当必要之转介服务。

1.6　社会工作师应保守业务秘密；案主纵已死亡，社工师仍须重视其隐私权利。案主或第三人声请查阅个案社会工作纪录，应符合社会工作伦理及政府法规；否则社会工作者得拒绝信息之公开。但有下列特殊情况时保密须受到限制：

a. 隐私权为案主所有，案主有权亲自或透过监护人或法律代表而决定放弃时。

b. 涉及有紧急的危险性，基于保护案主本人或其他第三者合法权益时。

c. 社会工作师负有警告责任时。

d. 社会工作师负有法律规定相关报告责任时。

e. 案主有致命危险的传染疾病时。

f. 评估案主有自杀危险时。

g. 案主涉及刑案时。

1.7　社会工作师收取服务费用时，应事先告知案主收费标准，所收费用应合理适当并符合相关法律规定，并不得收受不当的馈赠。

二、社会工作师对同僚的伦理守则

2.1　社会工作师应尊重同僚，彼此支持、相互激励，与社会工作及其他专业同僚合作，共同增进案主的福祉。

2.2　社会工作师不宜或无法提供案主良好服务时，应透过专业分工，寻求资源整合或为适当之专业转介；在完成转介前，应采取适当之措施，以保护案主权益；转介时应充分告知案主未来转介服务方向，并将个案服务数据适当告知未来服务机构，以利转介服务。

2.3　当同僚与案主因信任或服务争议，社会工作师应尊重同僚之专业知识及案主合法权益，公正客观厘清问题，以理性专业的思维、客观的分析，维护案主权益与同僚合理之专业信任。

2.4　社会工作师为维护社会工作伦理，应协助保障同僚合法权益，面对不公平或不合伦理规范之要求，当事人或代理人应向服务机构或各地区社会工作师公会、台湾社会工作师公会联合会、社会工作主管机关申诉，以保障社会工作师合法权益，落实社会工作师专业伦理。

三、社会工作师对实务工作的伦理守则

3.1　社会工作师应致力社会福利政策的推展，增进福利服务效能，依法公平进行福利给付与福利资源分配。

3.2　社会工作师应具备社会工作专业技能，不断充实自我；担任教育、督导时，应尽力提供专业指导，公平、客观评量事件；接受教育、督导时应理性、自省，接纳批评与建议。

3.3　社会工作的服务记录应依法令及相关规范正确、客观的记载；服务纪录应适当妥善保存，保护案主隐私权益及后续服务输送。

3.4　社会工作师在转介个案或接受个案转介，应审慎评估转介后可能的利益与风险，并忠实提供案主转介咨询服务。

3.5　社会工作师应恪遵法律规范，忠实有效呈现工作成果，协助社会工作延续教育与人力发展；争取社会工作师公平合理的工作环境。

3.6　社会工作师应在社会工作伦理规范下，理性、客观、公正处理，参与权益争取活动，并忠实评估其对案主、社会大众所衍生可能利益与风险。

四、社会工作师作为专业人员的伦理责任

4.1　社会工作师，应不断进修努力，提升社会工作专业知能，以服务案主及推展社会福利服务。

4.2　社会工作师应包容多元文化、尊重多元社会现象，防止因种族、宗教、性别、国籍、年龄、婚姻状态及身心障碍、宗教信仰、政治理念等歧视，所造成社会不平等现象。

4.3　社会工作师严禁参与违法之活动，并注意自我言行对案主、服务机构、社会大众所生影响。

4.4　社会工作师应加入社会工作师公会，共同推动社会工作专业发展。

五、社会工作师对社会工作专业的伦理守则

5.1　社会工作师应致力提升社会工作专业形象，及服务质量，重视社会工作价值，落实伦理守则，充实社会工作知识与技术。

5.2　社会工作师应致力社会工作专业的传承，忠实评估社会工作政策、方案的执行，促进社会福利公正合理的实践。

5.3　社会工作师应致力于社会工作专业知能的发展，尊重智慧财产权，乐于分享研究成果予同僚、学生及社会大众。

5.4　社会工作师应致力于促进社会工作专业制度建立，发展社会工作的各项措施与活动。

六、社会工作师对社会大众的伦理守则

6.1　社会工作师应促进社会福利的发展，倡导人类基本需求的满足，促使社会正义的实现。

6.2　社会工作师应致力于社会公益的倡导与实践。

6.3　社会工作师面对因灾害所致社会安全紧急事件，应提供专业服务，以保障弱势族群免于生命、身体、自由、财产的危险与意外风险。

6.4　社会工作师应努力实践社会的公平正义，提供弱势族群合法的保障，协助受压迫、欺凌者获得社会安全保障。

6.5　社会工作师应促使政府机关、民间团体、及社会大众履行社会公益，及落实案主合法权益保障。

第三章　附　则

一、社会工作师违反法令、社会工作师公会章程或本守则者，除法令另有处罚规定者外，由所属之社会工作师公会审议、处置。

二、本守则经社会工作师公会联合会会员代表大会通过后施行，并呈报内政部备查，修改时亦同。

资料来源：台湾社会工作师公会联合会网站

(http://www.nusw.org.tw/)社会工作法规

美国社会工作者协会(NASW)伦理守则

（本守则于1996年8月由美国社会工作者协会代表大会[①]通过，1997年1月施行；经2008年美国社会工作者协会代表大会修订）

2008年美国社会工作者协会代表大会批准对美国社会工作协会《伦理守则的》的以下修订：

1.05　文化能力与社会多元

(c) 社会工作者应通过教育并致力于了解社会多元化的本质，以及关于民族、种族、国籍、肤色、性别、性倾向、性别认同与表达、年龄、婚姻状况、政治信仰、宗教、移民身份或身心障碍等问题。

2.01　尊重

(a) 社会工作者应尊重同事，并且正确而公正地陈述同事的资格、观点和职责。

(b) 社会工作者在与案主或其他专业人员沟通时，应避免对同事的不当的负面评论。不当的负面评论包括对同事的能力水准或是其个人特征如：民族、种族、国籍、肤色、性别、性倾向、性别认同和表达、年龄、婚姻状况、政治信仰、宗教信仰、移民身份或身心障碍等的贬低和批评。

4.02　歧视

社会工作者不应从事、包容、推动或配合各种形式的歧视，包括源自于民族、种族、国籍、肤色、性别、性倾向、性别认同和表达、年龄、婚姻状况、政治信仰、宗教、移民身份或身心障碍等的歧视。

6.04　社会和政治活动

(d) 社会工作者应采取行动以防止和消除那些源自于民族、种族、国籍、肤色、性别、性倾向、性别认同或表达，年龄、婚姻状况、政治信仰、宗教、移民身份或身心障碍所造成的支配、剥削和歧视。

---

① 美国社会工作者协会代表大会是代议制决策机构，由277位经选举产生的代表组成。通过该代表大会，美国社会工作者协会成员制订基本的组织政策，确定项目优先权，并确定对公共和专业事务的集体立场。——教材编者注

序 言

社会工作专业的首要使命在促进人类的福祉,协助人类满足其基本人性需求,尤其关注于弱势群体、受压迫者及贫穷者的需求和增强其力量。社会工作的历史传统和形象定位皆着重于促进社会中个人的福祉和社会福祉。社会工作的基础就是关注那些产生、影响和引发生活问题的环境力量。

社会工作者协同或代表案主来促进社会正义和社会变迁。"案主"概指那些个人、家庭、团体、组织和社区。社会工作者要敏感于文化及种族的多元性,并致力于终结歧视、压迫、贫穷及其他形式的社会不公正。这些活动的形式包括:直接的实务工作、社区组织、督导、咨询、行政、倡导、社会政治行动、政策发展和执行、教育、研究与评估。社会工作者寻求增进人们表达自我需求的能力,同时也追求促使组织、社区和其他社会机构对个人需求与社会问题的回应。

社会工作专业的使命立足于一整套核心价值。这些贯穿于社会工作专业历史的、为社会工作者所信奉的核心价值,是社会工作独特的目标与视角①的基础:

- 服务
- 社会公正②
- 个人尊严与价值
- 人际关系的重要性
- 正直③
- 能力

这些核心价值的组合反映了社会工作专业的独特性,核心价值和由此衍生出的原则必须配合不同的人类社会环境及其复杂性而定。

NASW 伦理守则的目的

专业伦理是社会工作的核心,专业有义务说明它的基本价值、伦理原则和伦理标准。美国社会工作者协会的伦理守则阐述这些价值、原则与标准,以指引社会工作者的行为。这个守则与所有社会工作者、社会工作专业学生均有关,不因他们的专业功能、工作机构或服务对象不同而产生差异。

美国社会工作者协会伦理守则的六个主要目的:

---

① 译文原文中,"发展前"疑有误,英文原文为"perspective",可译为"视角"。——教材编者注

② 英文原文为 social justice,亦译为"社会正义"。——教材编者注

③ 英文原文为 integrity,亦可译为"廉正"。——教材编者注

1. 守则确定社会工作的使命所立足的核心价值。

2. 守则概括了广泛的伦理原则，以反映专业的核心价值，并建立一套指导社会工作实务的伦理标准。

3. 守则帮助社会工作者在专业职责相冲突或产生伦理疑惑时作为相关思考的依据。

4. 守则提供给社会大众了解社会工作专业责任的伦理标准。

5. 守则增进新进实务社会工作者的社会化，使其了解社会工作的使命、价值、伦理原则和伦理标准。

6. 守则阐明了社会工作专业自身的标准，得以评估社会工作者是否有违反职业伦理的行为。美国社会工作者协会有标准的程序来裁定对其会员的投诉。在签署这份守则时，社会工作者被要求配合其实施，参与 NASW 的裁定过程，并遵守美国社会工作者协会的任何纪律、规则和制裁。

当伦理议题发生时，守则提供一整套价值、原则和标准以指引作出决定和行为。它不是提供一套社会工作者在所有情景下如何行为的规范。守则在应用于特定情景时，必须考虑其背景及守则价值、原则和标准间产生冲突的可能性。伦理的职责源于所有的人际关系，包括个人、家庭、社会、专业的关系。

此外，当价值、原则和标准相冲突时，美国社会工作者协会伦理守则并未区别何者是最重要的或何者应加权。当价值、伦理原则和伦理标准冲突时，社会工作者之间对于优先顺序的排列，可能会存在着合理的分歧。在特定情景下的伦理抉择必须依靠个别社会工作者的充分判断，同时也应考虑专业的伦理标准在同辈的审查过程中将会如何被判断。

伦理抉择是一个过程。在社会工作的许多案例中，复杂的伦理议题无法用简单的答案去解决。社会工作者应详加考虑守则中与任何适当的伦理抉择情景有关的所有价值、原则和标准。社会工作者的抉择和行为都必须与本守则的精神与文字相一致。

除了守则外，还有许多有利于伦理思考的信息来源。社会工作者一般应思考伦理理论和原则、社会工作理论和研究、法律、规则、机构政策及其他相关的伦理守则等，并认识到在许多伦理原则中，美国社会工作者协会的伦理守则是社会工作者最首要的伦理守则来源。社会工作者也应觉察到案主的个人价值、文化和宗教信仰，以及实务工作者的个人价值、文化和宗教信仰对伦理抉择的影响。社会工作者应觉察到任何个人与专业价值的冲突，并负责任地加以处理。当面对伦理的两难时，为寻求更多的指导，社会工作者应参考专业伦理和伦理抉择的相关文献，寻找合适的咨询等。这些咨询顾问包括：机构内或社会工作组织的伦理委员会、管理机构、有学识的同事、督导或法律咨询。

当社会工作者协会伦理职责与机构政策、相关法律或规定冲突时，社会工作者应以符合本守则的价值、原则和标准的姿态，尽责地致力于解决冲突。如果尚无可能合理地解决冲突，社会工作者应在做决定前寻求适当的咨询。

美国社会工作者协会伦理守则被美国社会工作者协会及个人、机构、组织和单位采用或作为参考构架。（例如：执照和管理委员会、专业责任险的提供者、法院、董（理）事会、政府机构和其他专业团体等)违反本守则的标准并不自动表示应承担法律责任或违法,只有经过法律与司法诉讼程序才能判定。有违反本守则之嫌者应先经过同辈审查程序,这个程序通常和法律或行政流程是分开的,也与法律审查或诉讼程序区分,以容许专业本身来咨询及规范自己的成员。

伦理守则并不能保证伦理的行为。而且,伦理守则也不能解决所有的伦理议题和争议,或涵盖在道德范围内作出负责任决定的所有复杂层面。更进一步说,伦理守则所阐述的价值、伦理原则和标准,仅供专业人员参考并判断其行动。社会工作者的伦理行为源于他们个人对投入伦理实务工作的承诺。美国社会工作者协会伦理守则反映了所有社会工作者对专业价值信守的承诺。一个品格高尚、明辨善恶、真诚的、寻求可靠的伦理抉择的人,必定会善用这些原则与标准。

伦理原则

以下广泛的伦理原则是立足于对社会工作的核心价值:服务,社会正义,个人的尊严与价值,人际关系的重要性,正直和能力。这些原则设定了所有的社会工作者都应追寻的理想。

价值一:服务

伦理原则:社会工作者最首要的目标就是帮助有需要的人们,并致力于社会问题的解决。

社会工作者应超越个人利益来提供对他人的服务。社会工作者依其专业知识、价值和技术来协助有需要的人们,并致力于社会问题的解决。社会工作者被鼓励在不期望相当经济回报下,自愿地奉献他们部分的专业技能(免费的服务)。

价值二:社会公正

伦理原则:社会工作者要挑战社会的不公正

社会工作者追求社会变迁,尤其要协同和代表弱势、受压迫之个人和团体。社会工作者在社会变迁方面首要的努力应着重于:贫穷、失业、歧视及其他形态的社会不公正。这些活动寻求增加对压迫、文化和种族多元性的敏感度和知识。社会工作者致力于确保服务对象能够获得必要的信息、服务、资源、平等的机会,以及在全民决策上有意义的参与。

价值三:个人的尊严与价值

伦理原则:社会工作者尊重个人与生俱来的尊严与价值

社会工作者以一种关怀与尊重的态度对待每个人,关注个别差异和文化及种族的多样性。社会工作者促进案主对社会负责的自我决定。社会工作者追求促进案主表达他们自我的需求和改变的能力和机会。社会工作者认识到自己对案主以及广大社会的双重责任。他们寻求能够在符合专业的价值、伦理原则和伦理标准下,实践社会责任,以解决案主利益和广大社会利益间的冲突。

价值四:人际关系的重要性

伦理原则:社会工作者应认识到人际关系的核心重要性

社会工作者了解人与人之间的关系是改变的重要工具。社会工作者在助人过程中扮演案主的伙伴角色。社会工作者在有目的的努力之下尝试去增强人际关系,以增强、恢复、维持和促进个人、家庭、社会团体、组织和社区的福祉。

价值五:正直

伦理原则:社会工作者的行为应是值得信赖的

社会工作者要始终清醒地意识到专业的使命、价值、伦理原则和伦理标准,并能付之于实践。社会工作者以真诚和负责的行为,去履行其所属组织实践符合伦理的实务工作。

价值六:能力

伦理原则:社会工作者应在自己专业能力的范围内执行业务,并提升自己的专业技能。

社会工作者应持续地致力于增加自己的专业知识和技巧,并运用于实务工作中,社会工作者应鼓舞自己对专业的知识基础有所贡献。

伦理标准

以下的伦理标准与所有的社会工作者的专业活动均有关系。这些标准关注的是:(1) 社会工作者对案主的伦理责任,(2) 社会工作者对同事的伦理责任,(3) 社会工作者在实务机构的伦理责任,(4) 社会工作者作为专业人员的伦理责任,(5) 社会工作者对社会工作专业的伦理责任以及(6)社会工作者对广大社会的伦理责任。

以下这些标准,有的在专业行为的指引上具有强制性,有的则是被期望去做的。具有强制性的每项标准,其尺度是由那些负责处理违反伦理事件的人员所做的专业判断来把握。

一、社会工作者对案主的伦理责任

1.01 对案主的承诺

社会工作者的首要责任是促进案主的福祉。一般而言,案主的利益是最优先的。但是,社会工作者对广大社会或特定法律的责任,也可能在某些情形下会取代对案主的承诺,而案主也应被这样告知。(例如:社会工作者被法律要求通报案主虐待小孩,或曾威胁要伤害自己或他人)

1.02 自决

社会工作者尊重且促进案主的自决权,并协助案主尽力确认和澄清他们的目标。在社会工作者的专业判断下,当案主的行动或潜在行动具有严重的、可预见的和立即的危险会伤害自己或他人时,社会工作者可以限制案主的自决权。

1.03 告知后同意①

① 此英文原文为"informed consent",亦译为"知情同意"。——教材编者注

(a) 社会工作者只应在获得案主适当而有效的告知后同意的专业关系范围内来提供服务，必须以清楚和易懂的语言告知案主：服务的目标，服务中有关的风险，由于第三者付费规定而产生的服务限制，相关的费用，合理的选择方案，案主可以拒绝或撤回同意的权利，同意的时间范围等。社会工作者应给案主提问的机会。

(b) 如果察主不识字或对实务机构内所使用的基本语言难以理解，社会工作者应采取行动以确保案主的理解。这可能包括：提供案主详细的口头说明，或尽可能安排合格的翻译人员。

(c) 如果案主缺乏告知后同意的能力，社会工作者应寻求适当的第三者的同意，并以案主所能理解的程度告知案主，以保护案主的利益。在这种情形下，社会工作者应确认所找的第三者是符合案主的期望和利益的。社会工作者应采取必要的步骤增强这些案主提供告知后同意的能力。

(d) 如果案主属于非自愿的个案，社会工作者应提供下列信息给案主，包括服务的本质和内容、案主拒绝服务的权利范围。

(e) 如果社会工作者借由电子媒体(如：电脑、电话、广播和电视)提供服务，应告知服务接受者这类服务的限制和风险。

(f) 社会工作者应在录音、录像或允许第三者旁观之前，得到案主的告知后同意。

1.04　能力①

(a) 社会工作者应仅在自己所受的教育、训练、执照、证书，所受的咨询或被督导的经验，及相关专业经验的范围内提供服务和展现自己。

(b) 当社会工作者要在独立的领域提供服务，或使用新的介入技术或取向，应在相当的研习、训练、咨询或接受具备该介入技术或取向的专家督导下才可施行。

(c) 在普遍认同的标准尚未建立的新兴实务工作领域中，社会工作者应谨慎地判断，并采取负责的步骤(包括：适当的教育、研究、训练、咨询和督导)，以确保能胜任这一工作，并能保护案主免受伤害。

1.05　文化能力与社会多元

(a) 社会工作者必须了解文化及其对人类行为和社会的功能，并认识到存在于所有文化中的力量。

(b) 社会工作者应具备对案主文化背景的知识基础，并在提供服务时能展现对案主文化的敏感度，也要能分辨不同人群和文化群体间的差异。

(c) 社会工作者应通过教育并致力于了解社会多元化的本质，以及关于民族、种族、国籍、肤色、性别、性倾向、年龄、婚姻状况、政治信仰、宗教或身心障碍等问题。

1.06　利益冲突

(a) 社会工作者应警觉并避免会影响到专业裁量权和公正判断的利益冲突。当实际或

---

① 英文原文为 competence，亦可译为“胜任”。——教材编者注

潜在的利益冲突发生时，社会工作者应告知案主，并以案主之利益为优先或尽可能保护案主最大利益的态度，来采取必要的步骤解决争端。在某些案例中，有时为了保护案主的利益，必须终止专业关系并做适当转介。

(b) 社会工作者不应从任何专业关系中获取不当利益，或是剥削①其他人以得到个人的、宗教的、政治的或是商业的利益。

(c) 社会工作者不应与现有或先前的案主产生双重或多重的关系，以避免剥削或可能伤害案主的风险。如果双重或多重关系难以避免，社会工作者应采取行动保护案主，并有责任设定清楚的、适当的及符合文化敏感性的界限。(当社会工作者和案主产生超过一种以上的关系，不论是专业的、社交的或商业的关系，即是双重或多重关系。双重或多重关系可能同时存在或接连发生。)

(d) 当社会工作者对彼此有关系的两种或两种以上的人提供服务时(例如：配偶、家庭成员)，必须向所有的人澄清谁才是案主，并说明社会工作者对不同个人的专业职责的本质。社会工作者在面对服务对象间的利益冲突时，或是必须扮演可能冲突的角色(例如：社会工作者被要求在儿童保护个案的争议中作证，或在案主的离婚诉讼程序中作证)，社会工作者必须向有关人员澄清他们的角色，并采取适当行动将任何利益冲突降到最低。

1.07 隐私与保密

(a) 社会工作者应尊重案主的隐私权。除非为提供服务或进行社会工作评估或研究的必要，否则不应诱使案主说出隐私信息。一旦隐私信息提供出来，保密标准就要用上。

(b) 社会工作者若要公开这些保密的信息，必须要经过案主确切的同意，或是经过合法授权的案主代理人同意。

(c) 除非迫于专业理由，否则社会工作者必须对专业服务过程中所获得的所有信息加以保密。社会工作者应该严守资料机密，一般例外的情况如下：预防案主或可确认的第三者遭遇严重的、可预见的、立即的伤害时，或是法律或法规要求揭露而不需案主同意。无论如何，社会工作者应公开与达成目标最必要且最少量的保密信息，而且只有与目标直接相关的信息才可以公开暴露。

(d) 社会工作者应在公开保密资料前，在可能的情况下，告知案主保密资料的公开以及可能产生的结果。不论是社会工作者应法律之要求或是案主同意而公开保密资料，均应如此。

(e) 社会工作者必须和案主及其他利益相关者讨论保密的本质和案主隐私权的限制。社会工作者应与案主讨论在某些情况下保密的信息需要提供出来，以及依法必须解密时对案主可能产生的后果。这项讨论应在社会工作者与案主建立专业关系后尽快安排，而如有必要，在专业关系的全程中均可讨论。

(f) 当社会工作者给家庭、夫妻或团体提供咨询服务，社会工作者应与参与者达成协议，

---

① 此处英文原文为 exploitation，亦译为“利用”。——教材编者注

有关每个成员的保密权利，及对他人所分享的机密资料的保密义务。社会工作者也必须提醒参加家庭、夫妻或团体咨询的成员，社会工作者没有办法保证所有的参与者均能遵守他们的保密协议。

(g) 社会工作者应告知参与家庭、夫妻、婚姻或团体咨询的案主，有关社会工作者、雇主和机构对于社会工作者在咨询中在其成员间公开机密资料的相关政策。

(h) 社会工作者除非获得案主的授权，否则不可泄露咨询机密给付费用的第三者。

(i) 除非社会工作者可以确定隐私权能被保障，否则不可以在任何场合讨论咨询机密资料。社会工作者也不可以在公开或半公开的场所，如：大堂、接待室、电梯和餐厅等，讨论咨询机密资料。

(j) 在诉讼过程中，社会工作者仍应在法律允许的范围内保护案主的机密。倘若未经案主同意揭露这些机密或资料，以及泄密会伤害到案主，即使这是法庭的要求或是其他法定代理人的命令，社会工作者也应要求法庭撤回命令，或是尽可能限制命令的范围，要求保持记录是密封的，或是使记录在公开调查中不会曝光。

(k) 在面对大众媒体时，社会工作者应保护案主的隐私权。

(l) 社会工作者应保护案主书面、电子或其他敏感性资料。社会工作者应采取可行步骤确保案主的记录存放在安全的处所，并确保其他未被授权的人无法接触到这些记录。

(m) 社会工作者对于运用电脑、电子邮件、传真机、电话、电话答录机，以及其他电子或电脑科技传送机密资料时，要注意确保其安全性。必须避免在任何可能情况下泄露可供辨识的资料。

(n) 社会工作者在转送和清理案主记录时，应保护案主的隐私权，也应符合国家法令规章和社会工作者的执照规范。

(o) 社会工作者在面临终止服务、停业或死亡时，应采取可行的防备措施以保护案主的隐私权。

(p) 社会工作者为教学与训练目的而讨论到案主时，除非案主同意暴露机密资料，否则不可泄露任何可供辨认的信息。

(q) 社会工作者在做咨询而讨论到案主时，除非案主的同意或有强制性的需要，否则不可泄露任何可供辨认的信息。

(r) 即使案主去世，社会工作者也应以上述一致的标准来保护案主的隐私权。

1.08 记录的接近

(a) 社会工作者应提供案主合理地接近与其自身有关的记录。如果案主在看到自己有关的记录时，可能会有严重的误解或受到伤害，社会工作者应提供适当的协助以向案主解释或给予咨询。只有在明显的证据显示可能造成案主严重伤害的例外情况下，社会工作者才可以限制案主取得全部或部分的记录。在案主的档案中必须记载清楚案主对记录查看的要求以及限制案主查看全部或部分资料的理由。

(b) 当案主提供案主接触其记录时，社会工作者必须采取行动保护记录中被提及或被讨论到的其他人的隐私权。

1.09 性关系

(a) 社会工作者在任何情况下都不可以和当前的案主发生自愿同意的或是强迫性的性行为或性接触。

(b) 当对案主有剥削的风险或潜在的伤害时,社会工作者不可以与案主的亲属或案主有亲密个人关系的他人发生性行为或性接触。与案主的亲属或与案主有亲密个人关系的他人发生性关系或性接触可能会伤害案主,也会使社会工作者和案主间难以维持适当的专业界限。社会工作者应负有全部责任去建立一种清楚的、适当的,以及符合文化敏感度的关系界限,而不是靠案主、案主的亲属,或是与案主有亲密个人关系的人来负这样的责任。

(c) 社会工作者不可以和以前的案主发生性行为或性接触,以免潜在地对案主产生伤害。如果社会工作者的行为违背了这项禁令,或是声称在某些特殊情况下可以例外,那么是社会工作者而不是案主,应负有完全的责任证明先前的案主并未遭受到有意或无意的剥削、强制或操纵。

(d) 社会工作者不可以对以前曾与自己有性关系之个人提供临床服务。对先前的性伴侣提供临床服务有可能对其产生伤害,并使得社会工作者与个人之间难以维持适当的专业界限。

1.10 肢体接触

如果肢体接触的结果有可能对案主产生心理上的伤害(例如:轻抱怀里或抚爱案主),社会工作者不应与案主有肢体的接触。社会工作者在与案主有适当的肢体接触时,有责任设定一个清楚的、适当的和具文化敏感度的界限以约束类似的肢体接触。

1.11 性骚扰

社会工作者不准对案主性骚扰。性骚扰包括:性的示好、性的诱惑、要求性行为以及其他含有性本质的语言或肢体的接触。

1.12 诽谤的语言

社会工作者在与案主沟通或提及案主的文字或语言中,不应使用诽谤的语言。社会工作者在所有与案主沟通或提及案主时,应使用正确且尊重的语言。

1.13 服务的付费

(a) 对于服务费用的决定,社会工作者应确保收费的价格是公平的、合理的,并且相当于所提供的服务,也要考虑案主的承受能力。

(b) 社会工作者应避免接受案主的礼物或服务以作为专业服务的报酬。交易(特别是牵涉到服务的交易)制造了社会工作者与案主间潜在的利益冲突、剥削及不适当的关系界限。社会工作者只有在极其有限的情况下才可去探索和从事这类交易,如:当地专业人员已接受的做法、对服务的提供而言是重要的、没有强制的交易协商,以及由案主主动提出并得到案主的告知后同意。社会工作者在接受案主的礼物或服务以作为服务的报酬时,其负有完全的责任以表明这项安排不会伤害到案主或专业关系。

(c) 社会工作者经由雇主或机构的安排为案主提供服务时，不应请求私人的费用或其他报酬。

1.14 缺乏决定能力的案主

当社会工作者必须代理无决定能力的案主时，社会工作者应采取合理的步骤以保障此案主的利益和权利。

1.15 服务的中断

社会工作者在面临如服务缺乏、搬迁、疾病、身心障碍或是死亡而导致服务中断时，应尽合理的努力来确保服务的延续。

1.16 服务的终止

(a) 当服务与专业关系不再有需要时，或其不再符合案主需要或利益时，社会工作者应终止对案主以及专业关系。

(b) 社会工作者应采行合理的步骤以避免对仍有需要的案主终止其服务。社会工作者只有在非同寻常的情况下才可仓促地撤回服务，并要审慎思考各项因素，使得负面影响减至最低。社会工作者应协助适当的安排以延续必要的服务。

(c) 社会工作者在付费服务的机构中，如果事先曾与案主有清楚的财务合约说明，如果案主没有对自己或他人有立即的危险，以及如果曾与案主说明和讨论未付款所造成的临床上与其他的后果，则社会工作者可以终止对逾期未付款的案主的服务。

(d) 社会工作者不应为了与案主建立社会的、经济上的或是性的关系而终止其服务。

(e) 当社会工作者预备终止或中断对案主的服务时，应立即通知案主，并且依照案主的需求和意愿寻求服务的转案、转介或延续服务。

(f) 社会工作者如果要离开受雇机构，应该告知案主适当选择延续服务以及这些选择的优点与风险。

二、社会工作者对同事的伦理责任

2.01 尊重

(a) 社会工作者应尊重同事，并且正确而公正地陈述同事的资格、观点和职责。

(b) 社会工作者在与案主或其他专业人员沟通时，应避免对同事的不当的负面评论。不当的负面评论包括对同事的能力水准或是其个人特征如：民族、种族、国籍、肤色、性别、性倾向、年龄、婚姻状况、政治信仰、宗教信仰或身心障碍等的贬低和批评。

(c) 社会工作者应与其他社会工作者同事或其他专业同事合作，以增进案主的福祉。

2.02 保密

社会工作者对于同事在专业关系和转介流程中所分享到的案主资料，应予以保密。社会工作者应确保这些同事了解社会工作者尊重隐私权以及有关隐私权例外情境的职责。

2.03 学科间的合作

(a) 社会工作者担任跨学科团队的成员时,应基于社会工作专业的观点、价值与经验,以参与并贡献于影响案主福祉的决策,应建立跨学科团队作为一个整体和其成员的专业及伦理职责。

(b) 社会工作者所处的团队决定若引发伦理的顾虑,应通过适当的渠道来尝试解决分歧。如果这些分歧无法解决,社会工作者应寻求其他的途径来表明与案主的福祉相一致的关切。

2.04 同事涉入争议

(a) 社会工作者不应利用同事与雇主之间的争议,以谋取职位或其他个人利益。

(b) 社会工作者与同事发生争执时,不应使案主受到剥削,也不应不恰当地与案主讨论社会工作者与同事间的冲突。

2.05 咨询

(a) 社会工作者为案主最佳利益着想,应寻求同事的建议与咨询。

(b) 社会工作者应了解同事的专长领域与能力,在向同事咨询时,应仅就那些拥有咨询主题相关知识、专长和能力的同事为限。

(c) 社会工作者在向同事咨询有关案主的问题时,在达到咨询的目标之下,应尽量减少信息的透露。

2.06 转介服务

(a) 当其他专业人员的特殊知识或专长,对提供案主完整的服务是必要时;或是当社会工作者认为自己的服务没有效果时;或无法与案主有合理的进展但需要更进一步的服务时,社会工作者应将案主转介给其他专业人员。

(b) 当社会工作者要将案主转介给其他专业人员时,应采取适当步骤以有助于依序地完成责任的转移。社会工作者将案主转介给其他专业人员时,在获得案主的同意下,要将所有适当的信息提供给新的服务提供者。

(c) 当转介的社会工作者并未提供专业的服务时,社会工作者禁止在转介时给予或接受报酬。

2.07 性关系

(a) 社会工作者在担任督导或教育者时,不应与受督导者、学生、受训者,或在其专业权威之下的其他同事发生性行为或性关系。

(b) 当有利益冲突的可能时,社会工作者应该避免与同事发生性关系,社会工作者已经或是即将与同事涉及性关系,必要时有职责转换专业责任以避免利益冲突。

2.08 性骚扰

社会工作者不应对受督导者、学生、受训者或同事进行以下的性骚扰:性的示好,性的诱惑,要求性行为及其他含有性本质的语言或肢体的接触。

2.09 同事之个人问题

(a) 当社会工作者直接知道自己的社会工作同事因为个人问题、心理社会压力、物质滥用或心理健康的困难而损及他们的表现及影响他们的实务工作效果时，如果可能的话，应与同事咨询讨论，并帮助其采取补救的行动。

(b) 当社会工作者相信同事的个人问题将影响其实务工作的效果，而这位同事并未采取充分的步骤去面对和处理时，社会工作者应通过由雇主、机构、美国社会工作者协会、执照和管理委员会，以及其他专业组织所建立的适当途径来采取行动。

2.10 同事之能力不足

(a) 当社会工作者直接知道其同事的能力不足时，如果可能的话，应与同事咨询讨论，并帮助其采取补救的行动。

(b) 当社会工作者相信同事是能力不足的，而这位同事并未采取充分的步骤去面对和处理时，社会工作者应通过由雇主、机构、美国社会工作者协会、执照和管理委员会，以及其他专业组织所建立的适当途径来采取行动。

2.11 同事之不伦行为

(a) 社会工作者应采取适当的规范来劝阻、预防、揭穿和纠正同事的不伦行为。

(b) 社会工作者应知晓处理同事不伦行为的现有政策与程序。社会工作者必须熟悉联邦、州和地方政府处理伦理申诉的程序。这些包括由美国社会工作者协会、执照及管理委员会、雇主机构和其他专业组织所制订的政策和程序。

(c) 当社会工作者相信同事的行为不伦时，如果可行或讨论是有用的，应与其讨论大家的关切并寻求解决。

(d) 当社会工作者相信同事的行为不伦的情况下，必要时，社会工作者应通过一些适当的正式渠道来采取行动。(例如：联系州政府负责执照的委员会或管理机构、美国社会工作者协会的调查委员会，或其他的专业伦理委员会)

(e) 社会工作者应该替那些受到不公正的指控为不伦行为的同事辩护并给予帮助。

三、社会工作者在实务机构的伦理责任

3.01 督导与咨询

(a) 社会工作者必须具备适当的知识和技能以提供督导或咨询，但应仅限于自己知识与能力范围内提供督导与咨询。

(b) 社会工作者在提供督导或咨询时，有责任设定一个清楚的、适当的和具文化敏感度的关系界限。

(c) 社会工作者不应该和受督导者发生双重或多重关系，以避免对受督导者产生剥削或潜在伤害的危险。

(d) 社会工作者在担任督导时，对于受督导者的表现应予以公正与尊重的评估。

3.02 教育和训练

(a) 社会工作者在担任教育者、实习督导或训练者时，应仅限于自己知识与能力范围内

提供指导，且提供的是专业中最合乎潮流的、有助益的咨询和知识。

(b) 社会工作者在担任教育者或实习督导时，对于学生的表现应予以公正与尊重的评估。

(c) 社会工作者在担任学生的教育者或实习督导时，若是由学生提供对案主的服务，则有责任采取行动确认案主已依程序被告知。

(d) 社会工作者在担任学生的教育者或实习督导时，不应该和学生发生双重或多重关系，以避免对学生产生剥削或潜在伤害的危险，社会工作教育和实习督导，有责任设定一个清楚的、适当的和具文化敏感度的界限。

3.03 绩效评估

社会工作者应以公正而周全的态度对其他人的表现加以评估，并依据清楚且明示的评估标准而为之。

3.04 案主记录

(a) 社会工作者有责任确保记录的正确性并且能反映出所提供的服务。

(b) 社会工作者应确保记录的内容是充分的且合乎时效的，以利于未来服务的提供和确保服务的延续性。

(c) 社会工作者的档案应尽可能地、适当地保护案主的隐私权，且仅记录与服务直接相关的信息。

(d) 社会工作者在服务结束时应保存记录以供未来需要时使用，并依州政府法律或相关契约要求保留记录若干年。

3.05 付账

社会工作者应建立并维持能准确反映与所提供服务本质和内容相一致的付费方式，并能指明实务机构中由谁提供了服务。

3.06 转案

(a) 当案主正在接受其他机构或同事的服务而来寻求社会工作者的服务时，社会工作者在同意提供服务之前应谨慎考虑案主的需求。为了降低可能的混淆与冲突，社会工作者应与未来可能的案主讨论他(她)与其他服务提供者关系的本质，及与新的服务提供者建立关系后的含义，其中包括可能的利益与风险。

(b) 当新的案主曾接受其他机构或同事的服务，社会工作者在考虑案主的最佳利益下，应与这位案主讨论是否向他(她)先前的服务提供者提出咨询。

3.07 行政

(a) 社会工作行政人员应在机构内外倡导为案主需求提供充分的资源。

(b) 社会工作者应倡导资源分配程序是公开且公平的，当并非所有案主的需求都能被满足时，应建立一个没有歧视、适当且原则一致的分配程序。

(c) 身为行政人员，社会工作者有责任确保机构或组织有足够资源以提供员工适当的督导。

(d) 社会工作行政人员有责任确保他们所负责的工作环境符合且遵守美国社会工作者协会的伦理守则。也有责任消除他们组织内违背、抵触或不鼓励遵守伦理守则的情形。

3.08 继续教育与员工发展

社会工作行政人员和督导有责任为他们负责的所有职员提供或安排继续教育与员工发展。继续教育与员工发展应讲授有关社会工作实务和伦理的新的知识与未来发展。

3.09 对雇主的承诺

(a) 社会工作者一般应坚持对雇主和受雇组织的承诺。

(b) 社会工作者应致力于改进受雇机构的政策、程序及服务的效率与效果。

(c) 社会工作者有责任确保雇主能了解社会工作者应该遵循美国社会工作者协会的伦理守则的义务,以及这些义务所赋予社会工作实务的含义。

(d) 社会工作者不应让受雇组织的政策、程序、规定或行政命令抵触他们的社会工作的伦理实务。社会工作者有责任确保受雇组织的实务工作是与美国社会工作者协会的伦理守则是一致的。

(e) 社会工作者应采取行动以预防或消除受雇组织在工作分派、雇用政策和做法上的歧视。

(f) 社会工作者仅在组织实行公正的人事制度下受雇或安排学生实习。

(g) 社会工作者应尽心地管理受雇组织的资源,适当且明智地保管基金,决不滥用基金或不依指定用途使用基金。

3.10 劳资争议

(a) 社会工作者可以参与有组织的活动,包括:工会的组成和参与,以改善对案主的服务与工作条件。

(b) 社会工作者应在专业价值、伦理守则和标准的指引下投入劳资争议、抗议行动或罢工。在实际或可能具威胁性的罢工或抗议行动发生时,社会工作者在考虑他们身为一个专业人员的首要义务时,可能存在各种不同的意见。社会工作者应该在决定投入行动前,审慎地检视相关的问题以及可能对案主的影响。

四、社会工作者作为专业人员的伦理责任

4.01 能力

(a) 社会工作者在接受任务或受雇时,应仅立足于现有的能力,或具有取得必备能力的意愿。

(b) 社会工作者应致力达成与维持熟练的专业实务和专业功能的发挥。社会工作者应批判地检视与取得最新的社会工作有关知识。社会工作者应经常地阅读专业文献并接受与社会工作实务和社会工作伦理相关的继续教育。

(c) 社会工作者应根据已有知识来提供服务,包括与社会工作和社会工作伦理相关的实

证基础知识。

4.02 歧视

社会工作者不应从事、包容、推动或配合各种形式的歧视，包括源自于民族、种族、国籍、肤色、性别、性倾向、年龄、婚姻状况、政治信仰、宗教或身心障碍等的歧视。

4.03 个人行为

社会工作者不应允许其个人的行为干扰到自己执行专业职责的能力。

4.04 不诚实、欺诈、诱骗

社会工作者不应参与、宽容或涉及有关不诚实、欺诈或诱骗等行为。

4.05 个人问题

(a) 社会工作者不应该让自身的个人问题、心理社会压力、法律问题、物质滥用或心理健康问题影响他们的专业判断与表现，或是危害到社会工作者对其负有专业职责的人之最佳利益。

(b) 当社会工作者自身的个人问题、心理社会压力、法律问题、物质滥用或心理健康问题影响他们的专业判断与表现时，应立即寻求咨询，并采取适当的补救行动，包括：寻求专业协助，调整工作量，结束实务工作或采取其他必要措施，以保护案主及其他相关人员。

4.06 失言

(a) 社会工作者的言语和行为，应清楚地区分是代表个人自我或是代表社会工作专业、某个社会工作专业组织，或社会工作者的受雇机构。

(b) 社会工作者若代表专业社会工作组织发言，应正确地代表其在组织中正式的与被授权的地位。

(c) 社会工作者应确认他们对案主、机构和社会大众所表述的专业资格、证书、教育程度、能力、会员身份、所提供的服务和可以达成的结果都是正确的。社会工作者应只能表述他们实际拥有的相关专业资格，并对其他人任何不正确或是欺骗的资格陈述采取行动更正之。

4.07 招揽

(a) 因为潜在的案主之特殊情况，而使其较容易受到不当诱惑、操纵或强制的影响，所以社会工作者不应对潜在的案主进行强制招揽。

(b) 因为案主或其他人的特殊情况而较容易受到不当诱导，所以社会工作者不应要求案主或其他人为自己提供表扬信的签名(包括要求案主同意使用案主先前的陈述作为表扬信而签名)。

4.08 承认功绩

(a) 社会工作者仅对于自己曾实际执行的工作与贡献过的实务享有责任和功绩，这包括了著作权。

(b) 社会工作者应诚实地承认其他人所做的努力和贡献。

五、社会工作者对社会工作专业的伦理责任

5.01 专业的正直

(a) 社会工作者应致力于维持并提升高标准的实务工作。

(b) 社会工作者应支持和促进专业的价值、伦理、知识与使命。社会工作者应透过适当的调查和研究、积极的讨论,及对专业负责任的批判来保护、提高与增进专业的正直。

(c) 社会工作者应贡献时间和专长,以促进对社会工作的价值、正直与能力的尊重。这些行动包括:教学、研究、咨询、服务、立法公证会、社区中的演说,以及参与专业组织。

(d) 社会工作者应对社会工作知识基础有所贡献,并且和同事分享自己在实务工作、研究和伦理方面所得的知识。社会工作者应寻求对专业知识的贡献,并且在专业会议和研讨会中分享知识。

(e) 社会工作者应采取行动以预防不被认可和不符资格的社会工作服务。

5.02 评估与研究

(a) 社会工作者应监督和评估政策、方案的执行和实务工作的介入。

(b) 社会工作者促进与催化对知识发展有益的评估和研究。

(c) 社会工作者应批判地检视与取得最新的社会工作有关知识,并且在专业的实务中充分地使用评估与研究所得到的证据。

(d) 社会工作者在从事评估或研究时应审慎地考虑可能产生的后果,而且应该遵循已有的保护评估和研究参与者的指引,并适时向机构的审查委员会提出咨询。

(e) 社会工作者在从事评估或研究时,应获得参与者的自愿参与和书面的告知后同意;对于拒绝参与的情况,应该没有任何潜藏的或实质的剥削和处罚,也不能不当的诱导参加。应对参与者的福祉、隐私权和尊严予以适当的尊重。告知后同意的信息应该包括:请求参与的性质、范围和时间以及阐明参与研究的危险性与利益。

(f) 当评估和研究的参与者没有能力给予告知后同意时,社会工作者应对参与者适当的解释,获得参与者能力范围内的同意,并且取得适当代理人的书面同意。

(g) 社会工作者从不设计和执行未经参与者同意程序的评估和研究,例如:自然观察法和档案研究。除非以下的情况除外①:对研究加以严格和负责任地审查而发现它对未来具有科学性、教育性、应用性的价值,同时除非同等效果的替代方案并不需要告知后同意和告知后同意并不易得到。

(h) 社会工作者应知会参与者,他们有权利在任何时间退出评估和研究而不会得到任何惩罚。

(i) 社会工作者应采取适当行动以确保评估和研究的参与者有权获得适当的支持性

---

① 此处"除非以下的情况除外"亦可译为"除非以下的情况出现"。——教材编者注

服务。

(j) 社会工作者在从事评估和研究时，应保护参与者避免不当的身体或精神的痛苦、伤害、危险或剥削。

(k) 社会工作者在从事服务工作的评估时，其讨论应仅限于专业的目的，而且只与从专业的角度关心此咨询的人讨论。

(l) 社会工作者在从事评估或研究时，应确保参与者和从他们身上所获得的资料的匿名性及保密性。社会工作者应告知参与者保密性的任何限制、为保障保密性所采取的行动、记载研究资料的记录何时将被销毁。

(m) 社会工作者在报告中评估和研究结果时，除非获得适当的同意授权揭露，否则应除去足以辨识身份的信息以保障参与者的隐私权。

(n) 社会工作者应准确地报告评估和研究的发现。他们不应该伪造或曲解结果，对于经标准发行程序出版的资料中若发现错误，应采取行动校正之。

(o) 社会工作者在从事评估或研究时，应留意并避免和参与者有利益冲突的双重关系。当有真实的或潜在的利益冲突发生时，应知会参与者并采取以参与者利益为优先的态度解决问题。

(p) 社会工作者应该教育自己、学生和同事有关研究实务的责任。

六、社会工作者对广大社会的伦理责任

6.01 社会福利

社会工作者应促进本土社会及全球的整体福祉，并增进人们及其社区与环境的发展。社会工作者应倡导与人类基本需求满足有关的生活条件，并促进社会、经济、政治和文化价值与制度能符合社会正义的实现。

6.02 公共参与

在社会政策与制度的发展过程中，社会工作者应促进社会大众了解如何参与公共事务。

6.03 公共紧急事件

社会工作者应尽最大可能地为公共紧急事件提供适当的专业服务。

6.04 社会和政治行动

(a) 社会工作者参与社会和政治行动，确保所有人民都能公平地得到其所需要的资源、就业机会、服务和机会，以使个人基本需求获得充分的满足与发展。社会工作者必须知晓政界对实务工作的影响，应倡导政策与立法的改变，以改善满足人类基本需求的社会条件，并促进社会的正义。

(b) 社会工作者应采取行动以扩大所有人群的选择和机会，并对于弱势人群、处于劣势者、受压迫者、受剥削的个人和团体给予特别的关注。

(c) 社会工作者应促进人们对美国境内与全世界的多元文化与社会的尊重。社会工作者应促使政策与实务工作均展示对差异的尊重、支持文化知识与资源的扩展、倡导展示文化

资产的项目与制度、促进保护所有人群权益并确认其社会正义与公平的政策实施。

(d) 社会工作者应采取行动以防止和消除那些源自于民族、种族、国籍、肤色、性别、性倾向、年龄、婚姻状况、政治信仰、宗教或身心障碍所造成的支配、剥削和歧视。

2008 年修订部分译自美国社会工作者协会网站："Code of Ethics *of the National Association of Social Workers*"(http://www.socialworkers.org/pubs/code/code.asp)

中文版资料来源：中国社会工作协会网站>协会工作>国际动态>美国社会工作者协会(NASW)伦理守则(http://www.cncasw.org/xhgz/shjz/200711/t20071109_4981.htm)。

外国人名译名对照表

（按译名的汉语拼音排序）

艾利斯	Ellis，Albert
巴勒特	Bartlett，H. M.
贝内特	Bennett，M. J.
比斯泰克	Biestek，Felix P.
布拉默	Bramme，Lawrence M.
布朗德士	Brandeis，Louis
多戈夫	Dolgoff，Ralph
戈登	Gordon，W. E.
哈德凯瑟	David A. Hardcastle
汉弗莱斯	Humphreys，Laud
汉密尔顿	Hamilton，James C.
基斯—鲁卡斯	Keith-Lucas，A.
卡尔—桑德斯	Carr-Saunders，A. M
瑞默	Reamer，F. G.
列维	Levy，Charles S.
罗	Lowe，J. I
罗尔斯	Rawls，John
罗兹	Rhodes，Margaret L
洛温伯格	Loewenberg，Frank M.
马斯洛	Maslow，A. H.
麦克里德	McLeod，D. L.
梅耶	Meyer，H. J.
莫拉莱斯	Morales，A. T.
庞佛瑞	Pumphrey，Muriel W.

芮施	Reisch，M.
森，阿玛蒂亚	Sen，Amartya
史魄林	Siporin，Max
斯普鲁伊尔	Spruill，Jean
斯托弗	Stouffer，S. A.
泰勒	Tyler，L.
托克维尔	Tocqueville，Alexis de
谢弗	Sheafor，B. W.
耶拉加	Yelaja，Shankar A.

后 记

由于中国社会工作专业界现阶段还没有完整和规范的成文守则，本教材的编写几乎面临着无章可循的困境。相比于国内心理学界、医学界在专业伦理建设（如成文守则、专业期刊、专门机构等）方面的进展，中国社会工作价值伦理教学、研究和实践还相对落后。为了解决专业教学的急需，本书编者在专业实践和教学积累还相当有限的情况下，开始着手本教材的编写。本教材从拟订提纲到成稿，前后共六易其稿，经历了整整一年半时间。其中每一稿的编写、审校和修订，对各位参编者来说都是一个专业反思和知识提升的过程。大家通过反复的研讨，逐步对教材各章的内容结构有了较具体的认识和把握。

本教材在编写过程中注重体现以下几个基本原则：

第一，“文本化”。基于国内外已有的专业伦理守则和研究文献，着力将专业实践中得到普遍认可的专业伦理体系、概念和知识点作为本教材的基本内容。

第二，“本土化”。注重厘清中外社会工作价值体系中具有共性的要素，正视全球化发展、社会文化变迁和现有专业实践能力的有机互动。

第三，“实务性”。力图突显专业伦理的应用性，尤其说明核心价值、伦理原则、伦理标准等内容层次的区别及其操作途径，解释其实践含义。

由于大部分编者是初次着手专业伦理研究，尽管始终抱有积极的态度并付出极大的努力，但在多大程度上能达到以上原则目标还难于预期过高。但愿这本教材能对今后专业伦理的进一步梳理研究提供一定的参照。希望在本教材的使用当中，听取广大同行和学生的改进意见。

本书各章分工如下：

第一章　高鉴国　吴限红　山东大学

第二章　赵新彦　青岛大学

第三章　陈海涛　山东建筑大学

第四章　魏永娟　山东青年政治学院

第五章　张　健　山东财经大学

第六章　王　冠　山东师范大学

第七章　郑庆杰　山东建筑大学

　　　　张　健　山东财经大学

第八章　解玉喜　山东大学

第九章　邱　莉　济南大学

第十章　孙艳艳　山东大学

　　　　乔世东　济南大学

本教材作为集体合作的成果，首先得力于一批年轻有为的高校学者的积极参与，具体的写作都是由他们完成的。三位主编和副主编始终不辞辛劳，反复统稿，进行内容和文字加工。山东大学社会工作系孙艳艳老师除承担教材章节的编写任务外，参与校读了全部教材清样，其认真、细致的工作，改善了教材的编写质量。对本教材的写作，加拿大不列颠哥伦比亚大学社会工作学院殷妙仲教授给予大力指导，并校阅了全书初稿。山东大学哲学与社会发展学院哲学系伦理学教研室卞绍斌副教授、山东大学医学院医学伦理教研室王云岭博士参与了本教材的审订工作，提出许多宝贵意见，帮助编者作了不少修改。山东大学2010级、2011级社会工作专业硕士研究生刘慧、张利萍、宫晓慧、黄京京等协助进行了部分资料编辑工作。山东人民出版社王海玲、马洁编辑为本教材的编写和出版付出了大量心血，没有她们的积极组织和周到服务，本教材难以如期面世。

主编

2012年7月

后记二

近年来，中国社会工作事业继续呈现快速发展的趋势，社会工作价值伦理问题也成为日益引人重视的领域和课题。2012 年 12 月，民政部颁发了《社会工作者职业道德指引》，2014、2015 两个年度社会工作价值伦理研究连续被列入国家社会科学基金项目选题。为配合以上新的发展，编者对 2012 年 10 月本教材的第一版进行了修订，在教材中补充了民政部《社会工作者职业道德指引》的相关内容，并修改了个别文字错误。本次教材的修订，获得山东大学 2014 年精品教材建设立项的支持。

主编

2015 年 2 月 28 日

图书在版编目（CIP）数据

社会工作价值与伦理 / 高鉴国主编. -- 济南 ：山东人民出版社，2012.10（2025.1重印）
高等院校社会工作专业精编通用教材
ISBN 978-7-209-05774-5

Ⅰ. ①社… Ⅱ. ①高… Ⅲ. ①社会工作－中国－高等学校－教材 Ⅳ. ①D632

中国版本图书馆CIP数据核字(2011)第099030号

出版策划：王海玲
责任编辑：马　洁
封面设计：蔡立国

社会工作价值与伦理
主　编　高鉴国
副主编　赵新彦　张　健

山东出版传媒股份有限公司
山东人民出版社出版发行
社　址：济南市市中区舜耕路517号　　邮　编：250003
网　址：http://www.sd-book.com.cn
发行部：(0531)82098027　82098028
新华书店经销
济南万方盛景印刷有限公司印装

规　格　16开（169mm×239mm）
印　张　19.25
字　数　330千字
版　次　2012年10月第1版
印　次　2025年1月第9次
ISBN 978-7-209-05774-5
定　价　36.00元

如有质量问题，请与印刷单位联系调换。电话（0531）88985701